AF444242

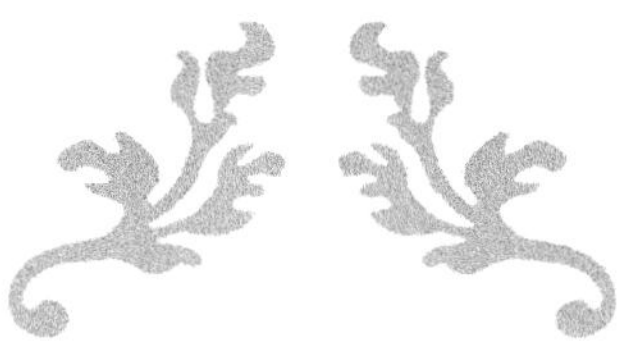

# בניין עדי ע.ד

הלכות אישות במבט חז"ל

# בנין עדי ע.ד

## אישות בעיני חז״ל

# שו״ע או״ח סימן ר״מ עם הסבר

## שו״ת בהלכות אישות למעשה

מהדורה רביעית

כתיבת הספר ארכה מאות שעות של מחקר והכנה, ונעשה כל מאמץ להביא מקורות מדויקים לכל הלכה. בכל זאת, שגיאות מי יבין, ולכן אני מבקש לכל מי שימצא טעות, תיקונים, שאלות והערות לכתובת דוא״ל HalachaSefer@Gmail.com (מייל הייעודי). בנוסף אודה על שליחת מקורות הלכתיות וסיפורים נוספים של גדולי ישראל שבלי נדר נערוך במהדורות הבאות. כל ההודעות הנשלחות לכתובת הדוא״ל הייעודית נראות רק על ידי המחבר בלבד ויישארו חסויות. 4646503304200

# תוכן הספר


פתח שערים ...............6

הדרכה ............11

סימן רי"מ כולל הסבר ............11

מבוא לסימן רי"מ: ......11

סימן רי"מ סעיף א: קיום המצווה, זמנה וצורתה............14

סימן רי"מ סעיף ב: מחשבה בקיום המצווה ............24

סימן רי"מ סעיף ג: בני תשעה מדות [מצבים אישיים שבהם יש להימנע מקיום המצווה]............25

סימן רי"מ סעיף ד: הגדרה ודין של "אותו מקום" ............28

סימן רי"מ סעיף ה: תנוחת הגוף הרצויה בקיום המצווה ......31

סימן רי"מ סעיף ו: צניעות בעת קיום המצווה............33

סימן רי"מ סעיף ז: זמן הרצוי לקיום המצווה............38

סימן רי"מ סעיף ח: גישה הראויה בעת קיום המצווה............40

סימן רי"מ סעיף ט: דיבור בעת קיום המצווה............44

סימן רי"מ סעיף י: קיום המצווה בשעת סכסוך בין בני הזוג .49

סימן רי"מ סעיף י"א: קיום המצווה כשיש אור בחדר.........49

סימן רי"מ סעיף י"ב: קיום המצווה בעת צערה לכלל הציבור [רעב, מלחמה, מגפה וכדומה]............54

סימן רי"מ סעיף י"ג: קיום המצווה לאורחים............56

סימן רי"מ סעיף י"ד-ט"ו: טבע האדם, כוחות הגוף וקיום המצווה ............57

סימן רי"מ סעיף ט"ז: קיום המצווה כשיש תינוק בחדר.......60

סימן רי"מ סעיף י"ז: כיוון המטה (והגוף) בקיום המצווה.....61

שיי"ות בהלכות אישות ............63

שער הגישה ............63

סימן א' - מבוא להלכות אישות - איך ללמוד סימן רי"מ? ....63

סימן ב' - השינוי הנדרש להבין את סימן רי"מ ...................66

סימן ג' – הבנת מטרת סימן רי"מ בצורה נכונה ...................68

סימן ד' - גישה תורנית לאישות, האם דבר קדוש ומרומם או גשמי ומושפל? ....70

סימן ה' - גישת בעלי הקבלה לעניין אישות – למי ראוי? ......73

סימן ו' – זמן המסוגל לקיום המצווה על פי קבלה .............75

סימן ז' – המצווה – איחודי כדוגמה לחיים על פי דרכי התורה 79

סימן ח' – הצורה הנכונה לדבר עם האישה בעת המצווה ......82

סימן ט' – מטרת חיי האישות ...................83

סימן י' – הבדל מובנה בין איש לאישה – חובת הבעל לתאם את עצמו לאשתו בקיום המצווה ....85

סימן י"א – הבדל בין תלמיד חכם לעם הארץ למצוות אישות 89

סימן י"ב- איך להתכונן נכון לקיום המצווה? ...................90

סימן י"ג – מה הגמרא רוצה שנלמד בתהליך הפיוס וקיום המצווה מתרנגול? 91

סימן י"ד – גישה דומה לקיום המצווה ולסעודה מכובדת ....93

סימן ט"ו – קיום כל התורה כולה כראוי אפשרי רק לאחר נישואין, הייתכן? 96

סימן ט"ז - סגולה לילידים טובים של מהרי"ל ...................99

סימן י"ז – חיוב יזמות מצוות עונה מוטלת על הבעל .........100

סימן י"ח - מה רמת החובה של האישה ביזמות וקיום המצווה? 103

סימן י"ט - שני היבטים של "החיובים" במצוות עונה: ......106

סימן כ' – שימוש בבושם ותכשיטים ...................108

סימן כ"א – כפייה לקיום המצווה ...................109

שער המצווה ...................111

סימן כ"ב - מצוה צריכת כונה, איזה כוונה רצויה בקיום המצווה? 111

סימן כ"ג - מצוות עונה – באיזה תדירות יש לקיימה? ...... 112

סימן כ"ד - פיוס, מהו? ................... 114

סימן כ"ה – רצונות שונים בקיום המצווה ................... 116

סימן כ"ו - הסתכלות על האישה בעת שהיא מותרת ......... 117

סימן כ"ז - שינה ביחד ............... 119

סימן כ"ח - כיסוי הגוף בעת קיום המצווה ............... 120

סימן כ"ט – חובת התכסות הגוף בזמן הפיוס ................. 121

סימן ל' - הבנה נכונה של מהו צניעות ................... 122

סימן ל"א - דיבור בעת קיום המצווה, האם מותר? .......... 126

סימן ל"ב - האם יש חובה ליטול ידיים אחרי המצווה? ..... 126

סימן ל"ג - איזה תנוחות מותר בעת קיום המצווה? .......... 127

סימן ל"ד - מה מותר בקיום המצווה? ................... 129

סימן ל"ה - מה הגישה הנכונה לגבי קולות וחומרות בענייני הלכות אישות? .... 130

סימן ל"ו - הגדרת "אותו מקום" ................... 134

סימן ל"ז - נגיע באיבר של הבעל, האם מותר? ................. 136

סימן ל"ח - שלא כדרכה – האם מותר כלל? ................. 139

שער הזמנים ................... 143

סימן ל"ט - חומרת החיוב בקיום המצווה בליל טבילה ...... 143

סימן מ' - קיום המצווה לפני או אחרי נסיעה: ................. 145

סימן מ"א - נסיעה מהבית לשם פרנסה, האם מותר? ....... 147

סימן מ"ב - הסתכלות באשתו בעת שהיא נדה ................. 147

סימן מ"ג - מצוות עונה בהריון ................... 148

סימן מ"ד - מצוות עונה אחרי לידה ................... 150

סימן מ"ה - חלב אם בעת פיוס ................... 151

סימן מ"ו - קיום המצווה ביום, האם מותר? ................. 152

סימן מ"ז - האם יש זמנים שאוסר לקיים המצווה? ......... 153

סימן מ"ח – דינים של אישות בתשע באב ................... 154

סימן מ"ט - בזמן אבלות, מה מותר ומה אסור בין איש לאשתו? .......... 155

סימן נ' - ביטול מנהג דם טהור לאחר לידה .......... 156

סימן נ"א – הסרת שער על ידי גבר .......... 159

שער ההבנה .......... 161

סימן נ"ב אוהב כגופו מכבדה יותר מגופו – איך? .......... 161

סימן נ"ג - קשיים להגיע לשיא השמחה .......... 162

סימן נ"ד - תאווה ככלי להשיג קדושה הראוי או כלי של היצר הרע - בחירתך .......... 166

סימן נ"ה - הבנה נכונה של טומאת השכבת זרע .......... 170

סימן נ"ו - קדושת הברית ותיקונו .......... 174

סימן נ"ז - דרכי תשובה לנכשלים .......... 179

שער החתנים .......... 183

סימן נ"ח - הבנה נכונה של "עשיית כלי" על ידי הסרת הבתולים .......... 183

סימן נ"ט - משמעות שנה ראשונה לעתיד .......... 185

סימן ס' - דם בתולים .......... 187

סימן ס"א - זמן עד קיום המצווה בהצלחה בפעם הראשון . 189

סימן ס"ב - צורת הגוף בעת קיום המצווה .......... 189

סוף דבר .......... 190

דיכאון לאחר לידה .......... 192

ספר זה מוקדש לעילוי נשמת :
בת-שבע חיה ע"ה בת ע.ד. נ"י
חיים בן אברהם קסלר זצ"ל
כרמלה בת שמעון גולדברגר (לבית כרמלי) זצ"ל
רפאל נתן בן יצחק הכהן גולדברגר זצ"ל
4646503304200

# פתח שערים

כתבנו הספר הזה אחרי שראינו כמה שהדור היום מתקשה בהבנות ובשמירת ההלכות בתחום הזה. גם למחפש הדרכה, יש קושי מסוים למצוא "מדריך" שגם קיבל במסורת מאנשים גדולים, וגם שיודע להעביר את הדברים. אפילו כשיש מדריך שיודע, לא מעט פעמים השואל אינו יודע או מתבייש לשאול. מטבע הדברים, גם מדריך שיודע לענות, אם לא שואלים, יחשוב שאין צורך ללמד או להסביר דברים מסוימים. לכן, ראינו לנכון לסדר את ההלכות בצורה נגישה וקלה, אם הפניה למקורות חז"ל ככל שעלתה בידינו. ואם יאמר מאן דהוא שאין הדבר ראוי לפרסם מפני דרכי צניעות, יאמר המחבר שעת לעשות להשם[1] מצד אחד, ומאידך המצב נחשב לשעת הדחק[2].

**החלק הדרכה** (חלק הראשון) של הספר מובנה בצורה של שיעור ממדריך לחתן (וכלה), כדי להסביר את ההלכות בעניין אישות[3]. **חלק שאלות ותשובות** (חלק השני) מובנה בצורה של שאלות

---

[1] עי' פתחי תשובה אבן העזר עו"ג שמביא בשם המעיל צדקה סימן נ"א שמביא (בזמנו, לפני כשלוש מאות שנה!!) שמשום פריצות הדור וקנאת ירך חברתה אין להחמיר בהלכות אישות. אם כך אמר בזמנו על אחת כמה וכמה היום, בזמן הפרוץ כל כך שכל דבר צניעות מאוס בעיני העולם.

[2] עי' מגן אברהם סימן רס"א/ו בשם שו"ת המהרש"יל סימן מו' שכל צורך גדול דינו כהפסד מרובה, ועי' חכמת אדם כלל ל' סעיף ט' וכלל מ"ח סעיף א.

[3] חלק חזה כתוב באופן מה ראוי לכתחילה ולפי הגישה עבור בן תורה לתחזוק

שעלולים לעלות אחרי החתונה, כל אחד לפי עניינו[4]. **חלק הדרכה מעשית**[5] מובנה בצורה שמתחילה כהדרכה מעשית לחתן לפני החופה ועד תום שנה ראשונה והמשך חיי נישואין.

רוב הקושי נובע מזה שחושבים שכל דבר הקשור לאישות אמור להיות אסור, וכל מה שעושים בעניין זה הוא רק מבחינת הלעיטהו לרשע וימות[6], ומותר רק בדיעבד. לכן יש נטיעה לבני זוג להתמודד בכל הקשור לענייני אישות מצד אחד מאיפוק לא בריאה בתוך הזוגיות, ומצד שני להרגיש שאם נהנים יחד שעוברים עבירה, ואם לא עבירה אז לכל הפחות הולכים נגד רצון הקב״ה ועושים לא כדרך התורה[7]. הדבר אינו כן[8], התמודדות הזה בא רק בעקבות אי-

---

[4] חלק השני מובנה לפי שאלות שנשאלו, ולכן הגישה בהלכה יותר נרחבת.

[5] ראה ספר מרדכי יוסף שיש עניין ומצווה גדולה להדריך חתן לפני החופה מה ואיך לפעול בדרכי המצווה. וראה בנוס, ספר קדושה לשמואל הומינער פרק ג הלכה יז. וברור שיש בזה חסד גדול לבני הזוג, ומטבע הדברים קשה לרוב המדרכים והורים להתייחס כראוי לעניין.

[6] ע׳ בבא קמא סט.

[7] מי שקיבל הדרכה לא טובה יחשוב שאם הוא נהנה מהאישות במותר לו שהוא עושה זה בבחינת קרוב לרשע, ובוודאי רחוק מדרך הצדיקים. יש אחרים שקבלו הדרכה מוטעית עוד יותר שהם לא רק לא מקיימים הלכה באופן הבסיסי ביותר, אלא אפילו עוברים על הדרישות מינימליות של השלחן ערוך לקיום המצווה ועלולים לעבור איסורי דאורייתא גם כן. כתוצאה מהבנה השגויה הזה, שנובעת בדרך כלל מביישנות או חוסר ידיעה בהלכות אלו, ולא חס וחלילה כוונת רעות, יוצא הרבה מכשולים וקלקולים. לכן הבאנו מקורות בהלכה בצורה ברורה ומסודרת, שכל אחד יכול לראות ולהבין מה המטרה של חיי האישות, מה התכלית ובאיזה דרך ניתן להשיג את התכלית הזה.

[8] אלא נראה, מה דרישת ההלכה ממקורות של הפוסקים.

# בנין עדי ע.ד
אישות בעיני חז"ל

הבנה הנובעת ממעשה יצר הרע[9] כדי להכשיל את היראים ושלמים בעבודת השם. היות ומצוות אישות עומד ברומו של עולם, וניתן להשיג דרכו רוחניות עצומה, הייצר הרע משפיע הרבה כוחות בתחום כדי לקלקלו ולגרום הרס בדבר במקום הצמיחה ברוחניות.

הש"ך בקונטרס הפסק[10] מדגיש חשיבות העניין לא להחמיר יותר מדי ולא להקל יותר מדי, ומי מחמיר או מיקל יותר מהמידה רק מביא קלקול לעולם. על אחת כמה וכמה בדור שלנו, מהוספות

---

[9] המחלוקת בעניין התחילה כבר אצל יעקב ועשיו. שאלת עשיו "מי אלה לך", טמון בה מה תאוות עולם הזה - דבר גופני וגשמי - שייך לך שאתה יושב אוהלים. הרי חלקנו שיעקב יקבל עולם הבא ועשיו יקבל עולם הבא? תשובת יעקב שזה חלק מעבודת השם עד היום לא מובן לעומת העולם. אצל אומות העולם התפיסה באמת שכל התחום של אישות זה דבר רע וננוגד לקדושה [עי' לדוגמה, מדרש איכה פתיחתא ט' נכנסו עמהם עמונים ומואבים וכו' ודוק שמצאו הכרובים בחיבוק ונישוק להראות לכלל ישראל חיבת הקב"ה אפילו בשעה הקשה ההוא, ושהחורבן היה להטיב עם כלל ישראל [אין כאן מקום להאריך]. הם (עומת העולם) ראו סימבול של עבודה זרה גסה בלבד, ולא הבינו את העמקות של הסמליות שעמד מאחרי עניין הרכובים באופן כללי ובוודאי לא בנסיבות המיוחדות של החורבן. וכן טיטוס הרשע שנכנס לקודש הקדושים וכד']. ולכן עד היום היצר הרע מנסה לשכנע את עובדי השם גישה שונה ממה שרצון השם ועבודת השם דורשת.

[10] עי פלפול על הוראה מובא ברוב השלחן ערוך בחלק יורה דעה בין סימן רמ"ב לסימן רמ"ג.

8

חומרות[11] בדבר רק יוצא קלקולים עצומים וקשיים רבים[12]. לכן לקחתי על עצמי, לעמוד בפרץ ולהוציא לאור ספר זה, כדי שמי שרוצה ללמוד את ההלכה ולדעת מה דעת תורה בדבר, שיכול למצוא הכל מאורגן ומוכן.

חשוב מאוד להדגיש, אנחנו הבאנו ההלכה בספר, אומנם זה לא אומר שאין מקום להחמיר, ולא אומר שמותר לחפש רק קולות. כידוע דברי חז״ל שמי שעושה כקולה של זה וקולה של זה נחשב רשע, ומאידך מי שעושה חומרה של זה וחומרה של זה, נחשב [חסיד] שוטה. הדרך הראוי והנכון כותב הרמב״ם[13] הינו הדרך הבינונית, דברים יפים גם בתחום הזה. כתוב בפסוק[14] ״ראשית חכמה יראת ה׳ ״ ומסביר הגאון מוילנה על פניו יש כאן סתירה אינהרנטית הרי חוכמה זה סכלי ויראה זה רגשי? התשובה שאין כאן סתירה אלא לפי היראת שמים שיש לאדם נקבע לאן שכלו יוביל אותו.

---

[11] עי׳ ירושלמי ע״ז פרק ב׳ הלכה ט׳ שכל האוסר את המותר סופו להתיר את האסור, ועי׳ שאילת יעב״ץ חלק ב׳ סימן ק״נ. אין כאן המקום ואין צורך להאריך, אבל אין כמעט בית דין שאינו מתמודד עם השלכות של הקלקולים שיוצאים מחומרות יתירה בתחום זה. במיוחד בתחום של אישות ההשלכות לפעמים רבות ובלתי הפיך, ירחם השם על עמו ישראל.

[12] עי׳ ספר חסידים שס״ב כשמחמירים לא במקום, סופו של דבר יוצא שגם המצווה שמוטל עליו לקיימו לא מקיים, וכל זה מחמת חומרה שלא במקום הראוי. כמו שנדגיש בחלק השני, יש מקום לחומרות בתחום של אישות ואין בזה ספק כלל. אלא שכל החומרות מקומם הינו מחוץ לתחום מעגל הקשר בין בעל ואשתו. כל החומרות הם באים לשמור על קדושת המעגל הפנימי של בעל ואשתו, ודוחים את החוצה לה.

[13] הלכות דעות פרק ראשון הלכה ד׳

[14] משלי פרק ב פסוק א

# בניין עדי ע.ד
## אישות בעיני חז"ל

תפילתי שהספר הזה יוביל לחיזוק בעבודת השם וקרבה לקיום רצון השם, ושלא יצא מכשול תחת ידינו ח"ו.


### נא לשים לב

ההערות הם חלק בלתי נפרד מגוף הספר,

והפרדנו את החלקים רק כדי להקל על הקוראים.

לפני כל פעולה יש לפנות למדריך או רב מוסמך,

וכן להתייעץ עם רופא מומחה.

ספר זה מיועד רק לתת כיוון וידיעה בלבד.


~~~ אין לפסוק הלכה מהספר אלא על פי המקורות ~~~


כל מקום שמצוטט בשם פוסק ללא הפניה למקור, זה הלכה שהמחבר שמע מפיו של הפוסק. אם המחבר לא שמע בעצמו, שמע ממדריך חתנים או מורה הוראה ששמע את התשובה מפיו של הפוסק.

</div>
~~~

# הדרכה

# סימן ר"מ כולל הסבר

מבוא לסימן ר"מ:

**מבוא לשלחן ערוך אור החיים סימן ר"מ**[15]: חשוב להבין שגם מי שנשוי לא יבין מה שכתוב באופן הנכון ללא שימוש תלמידי חכמים. אנחנו ניזונים מדעות קדומות מהלימוד שלנו שלמדנו להבין את העניינים בתור רווקים וההבנתנו היא "סלקטיבית" וקשה לשנות[16]. יש נטייה לחשוב כמה שיש יותר פרישות והרחקה מתחום האישות היות והוא בבסיסו איסור, הרי זה משובח [וזה אפילו עם אשתו], ולכן נוטים לפרש מה שאנחנו לומדים באופן שמתואם לפרשנות זו. כמו שמגדרים "מסתמה מה שהגוף אוהב, הקב"ה

---

[15] כמובן יש עוד סימנים שמתעסקים בהלכות אישות כמו אבן העזר כ"ה ו-ע"ו. אבל בדרך כלל מי שאינו מתעסק בהלכה באופן קבוע לא מכיר את חלק אבן העזר בשלחן ערוך. לאומת זה, סימן ר"מ במשנה ברורה נמצא בחלק של המשנה ברורה שכל בחור ישיבה לומד, ולכן הגישה שלו מובנת על ההבנה השגויה של סימן הזה. כמו שאמר הרב אלישיב זצ"ל שמי שלומד הסימן הזה קרוב לוודאי לא יבין אותו נכון. לכן העדפנו להביא בחלק הזה של הספר את סימן ר"מ עם דברי הסבר, ובחלק שני להביא מקורות יותר מקיפות משאר ספרי הלכה.

[16] דיסוננס קוגניטיבי דהיינו דעה קדומה שלנו קובעת מראש שזה לא יכול להיות מותר, על בסיס מה שלמדנו כבר בעבר. לדוגמה, עניין של שמירת עיניים והבנה מוטעית בהלכות אלו במבט של רווק כלפי העולם ולא בתור נשוי כלפי אשתו.

שונא"[17]. דבר זה פשוט בענייננו כנכון היות וכל העריות שבתורה יש דין לפרוש מהם, וסייג לקדושה פרישה, למה כאן עם אשתו יהיה שונה? גישה המוטעית זו מחוזקת עוד יותר על ידי הבנתנו השגויה של סימן רי"מ, בהבנתנו של הכתוב באופן הלכתי, ולא "מוסרי" ו"מושגי" כמו שהוא באמת נכתב[18].

הדבר כלל אינו כן בין בני זוג, וגישה כזו אינה במקומה כלל אלא רחוק מאוד מהאמת, הרי אנו מברכים בחופה "והיתר לנו את הנשואות לנו"[19]. נקודת המוצא בתוך הנישואין היינו שאשתו של אדם מותרת לו לחלוטין[20]. פרישות באי קיום הלכה אינו פרישות נכונה, ואדרבה אי הבנה של מקומה של פרישות בתוך הנישואין, גורם לפורש בקלות לעבור על איסורי דאורייתא[21]. במקום שהפורש עולה מעלה מעלה דרגות בעבודת השם בו זמני כמו שחושב שהוא עושה בפרישות שלו, באמת ההפך קורה, והוא עובר על איסורים בפרישותו שאינה במקום באיסורים עד חמורים מאוד[22].

---

[17] רב שוחטוביץ בספר בנין הבית.

[18] שהרי מקום של הלכות אישות הינו באבן העזר, ולא באורח חיים. וע׳ הסבר מפורט בתחילת חלק שני של הספר.

[19] ע׳ כתובות ז : וע׳ שלחן ערוך אבן העזר לד/א

[20] ע׳ מאירי על כתובות ז : ד"ה נוסח, וע׳ עוד שיטה מקובצת שם ד"ה וזה לשון שיטה ישנה. יש שלבים של איסור, אבל לאחר החתונה כלה מותרת לבעלה, כמו שאנו מברכים - היתר גמור. האיסורים ששייכים הם איסורים מתחומים אחרים כגון טומאה וטהרה.

[21] אגרות הקודש א׳ לבעל הקהילות יעקב.

[22] אגרות הקודש א׳ סעיף ב׳ שם.

צריך לדעת שמצוות עונה היא מצווה כמו כל מצווה אחרת, לדוגמה אכילת מצה [23] ארבעת המינים ושופר, והחובה הוא חיוב דאורייתא, ולכן כמו כל דאורייתא, אם יש חיוב יש לקיימו בכל היכולת של האדם בהידור ובשלימות. מצוות עונה הוא נספרת עם המצוות שלקיים המצווה נדרש הנאה, כמו לדוגמה תלמוד תורה, שבת ועוד, וחוסר ההנאה בקיום המצווה גורם לחוסר במצווה. מצוות עונה הוא חוויה של בעל ואשתו, והמצווה היא שייהנו כמה שיותר שניהם יחד[24], בעשיית קרבה מתוך אהבה אמיתית בין הבני הזוג[25]. יש "גוף" המצווה, הדרך הפעולות שעלינו לקיים כדי למלאות את חובותינו בקיום המצווה, ויש את הכוונות והתכלית שאנו צריכים לשאוף וליגיעה להשיג בקיום המצווה. בעזרת השם נראה שתכלית מצוות עונה הינו להשתמש בה כאמצעיים להשתלב ולהתחבר כאחד על ידי בניית זוגיות של איש ואישה לחזור ולהגיע למצב של "והיו לבשר אחד" ממש בחיבור רוחני, פיזי ורגשי.

---

[23] אגרות הקודש א׳ סעיף א׳.

[24] דהיינו בדומה למצוות אחרות שהמצווה היא להתענג ולא רק קיום המצווה, זאת אומרת שיש דווקא עניין בתענוג כדי להשתמש בתענוג כאמצעי להשיג את המטרה, אבל בכל זאת התענוג הוא חלק אינטגרלי (בלתי נפרד) של המצווה. לדוגמה, תלמוד תורה שאנחנו מתפללים לקבל מתיקות והנאה בלימוד התורה כמו שנאמר בברכה "והערב נא, והאיר עניינו" וכו׳. ברור שמתוך לא לשמה בא לשמה כי זה לוקח זמן לפתח את הצד הרוחני בזה. בכל זאת גם אחרי שהוא מגיע למצב של עשייה לשם שמים, עדיין יש עניין גדול של והערב נא. וכן מצאנו במצוות שבת שיש מצוות תענוג בשבת, שאם הוא מקיים את השבת בהידור אבל חסר לו התענוג בשבת, אז הוא לא קיים את המצווה באופן הראוי. [דרך אגב מצות עונה כלול בעונג שבת]

[25] אגרות הקודש א׳ סעיף ה׳.

# בנין עדי ע.ד

### אישות בעיני חז"ל


## סימן ר"מ סעיף א: קיום המצווה, זמנה וצורתה


**שו"ע רמ/א:[26] אם היה נשוי לא יהא רגיל ביותר עם אשתו אלא בעונה האמורה בתורה הטיילים שפרנסתן מצויה להם ואין פורעים מס עונתן בכל יום.**

**הפועלים שעשו מלאכה בעיר אחרת ולנין בכל לילה בבתיהם פעם אחת בשבוע ואם עושים מלאכה בעירם פעמים בשבוע. החמורים אחת בשבוע. הגמלים אחת לשלושים יום. הספנים אחת לששה חדשים.**

**ועונת תלמידי חכמים מליל שבת לליל שבת וכל אדם צריך לפקוד את אשתו בליל טבילתה ובשעה שיוצא לדרך אם אינו הולך לדבר מצוה וכן אם אשתו מניקה והוא מכיר בה שהיא משדלתו ומרצה אותו ומקשטת עצמה לפניו כדי שייתן דעתו עליה חייב עליה לפקדה.**

**ואף כשהוא מצוי אצלה לא יכווין להנאתו אלא כאדם שפורע חובו שהוא חייב בעונתה ולקיים מצות בוראו שיהיו לו בנים עוסקים בתורה ומקיימים מצות בישראל וכן אם מכווין לתקון הולד שבששה חדשים אחרונים יפה לו שמתוך כך יצא מלובן ומזורז שפיר דמי.**

**ואם הוא מכווין לגדור עצמו בה כדי שלא יתאווה לעבירה כי רואה יצרו גובר ומתאווה אל הדבר ההוא:**

*הגה: גם בזה יש קבול שכר אך (טור) יותר טוב היה לו לדחות את יצרו ולכבוש אותו כי אבר קטן יש באדם מרעיבו שבע משביעו רעב אבל מי שאינו צריך לדבר אלא שמעורר תאוותו כדי למלאות*

---

תאוותו זו היא עצת יצר הרע ומן ההיתר יסיתנו אל האיסור ועל זה אמרו רבותינו ז״ל המקשה עצמו לדעת יהא בנדוי :

**דברי הסבר: ״אם היה נשוי[27] לא יהא רגיל ביותר עם אשתו, אלא בעונה האמורה בתורה״[28].** המשפט הראשון נותן רושם שיש להתרחק מקיום המצוה (מצוות אישות) ושהוא דבר לא רצוי אלא הכרחי שאין ממנו מנוס כמו שלמדנו עד היום (בתור בחורים) אבל המשך דברי המחבר סותרים את המחשבה הזו מיד, כיון שרואים שטיילים חייבים להיפקד את נשותיהם בכל יום. אם כן מה ההבנה הנכונה במה שהמחבר כותב ״לא יהיה רגיל ביותר״? אלא שהכוונה היא לא יותר מפעם ביום ללא צורך[29], הסיבה לכך, שגם בדבר טוב אין להרבות מעל המידה הטובה.

**״הטיילים[30] שפרנסתן מצויה להם ואין פורעים מס עונתן בכל יום״.** נקודת המוצא היא, שהחיוב של כולם הוא כמו הטיילים, אלא מכיוון שהתחייבו בכתובה גם לפרנס וגם למצוות עונה,  יש

---

[27] למה כתוב נשוי? המחבר מנסה לומר שזה לא מתאים לבחור ללמוד כיון שהוא לא יבין מה שהוא לומד באופן הנכון, ולא  שהמחבר מנסה ״להסתיר״ חלק זה של התורה מהבחורים. המחבר מזהיר שחייבים להסתכל על העניין בעיניים של אדם נשוי שאשתו מותרת לו ולא בחור שכל אישה אסורה לו, ואז תוכל להבין נכון מה שכתוב בהלכות אלו.

[28] עי׳ מגן אברהם רמ/א, ועי׳ באר היטב רמ/א שאלו להאר״יי ז״ל אם יכולים לוותר על קיום המצוה בחורף כי צריך לטבול לקרי לאחר קיום המצוה לפני לימוד תורה, ובנוסף להיות פטור מקיום המצוה בזמן שאשתו מעוברת ומניקה כיון שבכל מקרה לא תיכנס להריון, ולכן לא שייך מצוות פרו ורבו! השיב האריז״ל שאם האישה מוחלת בלב שלם אז הוא פטור <u>ומכל מקום טוב לקיימה.</u>

[29] הרב חיים קנייבסקי (שליטי״א) זצי״ל.

[30] עי מגן אברהם רמ/א בשם הרמב״ם שהם בני אדם הבריאים והמעונגים.

לדון מה קודם מבניהם. דהיינו, כשאי אפשר לקיים התחייבות אחת ללא פגיעה באיכות או בכמות של ההתחייבות השנייה. במידה כזו החיוב של עונה נדחה[31] מפני התחייבות השנייה, במידה שנקבע לפי קריטריונים של חז"ל. כותב הבעל הטורים, שבשנה ראשונה[32] יש על הבעל לפקוד את אשתו כל יום[33] בדברי פיוס[34] או מעשה המצווה לפי רצונה[35].

**"הפועלים שעשו מלאכה בעיר אחרת ולנין בכל לילה בבתיהם פעם אחת בשבוע ואם עושים מלאכה בעירם פעמים בשבוע.**

---

[31] כמו בכל מקום שהדין דחוי החיוב נדחה עד מועד שניתן לקיים אותו, ולא בוטל.

[32] כתיב בדברים פרק כ"ד פסוק ה' "ושמח את אשתו", כיצד משמחה? טבע שלה להתענג על חנה בעניניו, ואליו עיניה נשואות, ועליו להשתדל להראות אהבה וקירוב ברבוי שיחה וריצוי [...] ובשנה ראשונה שצריך להשתדלות התאחדות שזה כוונת היצירה והיו לבשר אחד. עד"ז לשון החזון איש.

[33] ע' בעל הטורים דברים כד/ה, וכן מביא המגן אברהם [על הפרי מגדים!] ר"י/מ/ג. וכן הורה רב משה סולווייצ'יק זצ"ל [משוויץ] לחתנים, וכן האדמו"ר משומרי אמונים, והרב חיים קניבסקי שליט"א (זצ"ל). יש גורסים בשנה ראשונה מצווה, יש גורסים חיוב, ויש גורסים שנה ראשונה חובה ולאחר שנה ראשונה מצווה בעלמה.

[34] יש להבהיר, המצווה בשנה ראשונה הוא לאו דווקא קיום המצווה כל יום, אלא לשמח את אשתו כל יום בדברי ריצוי ופיוס.

[35] הכוונה הוא שאין חיוב להימנע מקיום המצווה אם יש רצון לשניהם לקיים את המצווה.

יש להיזהר שהבעל לא יכפות על האישה תשמיש מעבר לרצונה, עלול להיות בזה איסור (גם אם האישה לא מתנגד ממש אלא קיום המצווה הוא בניגוד לרצונה). גם אם האישה לא מתנגדת אבל זה נגד רצונה, דהיינו האישה לא מתרצת לקיום המצווה ממש אלא מוכנה לעשות מאמץ יתר, ולכן זה לא הגיע לרמה של איסור. קיום המצווה בניגוד לרצונה של האישה גורם לריחוק בין בני הזוג ודיחוי לעניין קיום המצווה בעתיד על ידה, במיוחד אם זה יוצא מגדרו.

# בנין עדי ע.ד
## אישות בעיני חז"ל

**החמורים אחת בשבוע. הגמלים אחת לשלושים יום. הספנים אחת לששה חדשים. ועונת תלמידי חכמים מליל[36] שבת לליל שבת"[37].**

למה אצל תלמיד חכם כתוב משבת לשבת, ואצל שאר אנשים כתוב כמה פעמים לפי תקופה? תכתוב פעם בשבוע, פעם בחודש פעם חצי שנה, כל אחד כמה פעמים בתקופה כפי שהוא חייב? מצד אחד כתוב שיש להתעסק בשבת בללמוד תורה, להתפלל ולהתקרב לעבודת הקב"ה, ומאידך כתוב שיש מצווה להתענג ולהנות בשבת.

תלמיד חכם שלומד כל השבוע, עליו כתוב דווקא להרבות בתענוגים ובהנאות בשבת, וכחלק מתענוגי שבת זה לקיים את המצווה בליל שבת[38]. מי שמתעסק בפרנסתו כל השבוע ולא מתעסק בלימוד התורה כל השבוע, עליו כתוב דווקא שירבה בלימוד בשבת, לכן הזמן שלו כתוב כמה פעמים בשבוע, ואין התייחסות דווקא לליל שבת. זה היה נכון בזמן הגמרא והראשונים, היום זה השתנה, וגם

---

[36] עי כף החיים ר"ימ/י ס"יק א' סי' לדבר ושמרו "בני ישראל את השבת" ראשי תיבות ביאה.

[37] עי' מגן אברהם ר"ימ/ג שבימי חול צריכים לעסוק בתורה בלילה שתורתן אומנתן והוא הדין בראש חודש וימים טובים (שחייבים בהם בקיום המצווה) ואל יאמר אדם אעשה עצמי כתלמיד חכם כי כתיב ועונתה לא יגרע (ספר הקנה).

[38] וכן מביא האליה רבה ר"ימ/ב בשם האר"יי ז"ל שלילי יום טוב ולילי ראש חודש דינם כליל שבת. ועי' דרך פקודיך (לבעל הבני יששכר) מצוות עשה חלק הדיבור אות ח' שאין הכוונה שיש איסור לתלמיד חכם לקיים המצווה בימי חול, אלא שיש עליו חובה (עדיפות) לקיום המצווה בליל שבת ויום טוב. ומוסיף שם, "שכל מי שעדיין לא קיים המצווה דאורייתא של פרו ורבו (היינו בן ובת) "אסור להחמיץ המצווה, רק מחויב להשתדל במצווה בכל עת המוכשר על פי תכונת גופו ובריאותו", וקפידה של ליל שבת הוא דווקא למי שכבר קיים מצוות פרו ורבו גם לדעת המקובלים.

17

תלמיד חכם שזמנו רק פעם בשבוע כתוב שכדאי להקפיד על קיום
המצווה פעמים בשבוע[39].


גם הזמנים שכתוב לגביהם שהם זמנים פחות "טובים" לקיום
המצווה[40] (ע' הערה) אם אותו זמן נופל על ליל טבילה או במקרה
שהבעל[41] יכול לבוא (אפילו רק) לידי הרהור[42], יש מצוה לקיים
המצווה גם בזמנים אלו. על פי הלכה, איסור לקיים המצווה הוא
רק ביום כיפור, תשעה באב ובימי אבלות[43]. היסוד כאן, כמו שאם
מגבילים הבן אדם מלעשות משהו, הוא יחשוב על זה כל הזמן, כך

---

[39] ע' ביאור הלכה ר"מ/א ד"ה תלמיד חכם.

[40] ע' משנה ברורה ר"מ/ז אין לשמש בלילה הראשונה של פסח, ליל שבועות, שני
ימים של ראש השנה וליל שמיני עצרת אם הם לא יוצאים בליל טבילה, שאז
חייב לקיים המצווה כרגיל. וכל זה אינו אלא לאדם שהוא מלא ביראה ולא יחטא
ח"ו, אבל אלו אלו שיצרם מתגבר עליהם והם חושבים שימים אלו הם כעין איסור
תורה ועל ידי זה באים ח"ו לידי כמה מכשולים, מצוה עליהם לקיים המצווה
כרגיל אפילו בראש השנה, ובלבד יטבול למחר. לאחר ומצד הדין אין איסור
לקיים המצווה אלא ביום הכיפורים, בתשע באב ובימי אבלות שלו או שלה
[חכמת אדם]: **חשוב לציין שכתוב בביאור הלכה שמי שעדיין לא קיים מצוות
פרו ורבו [דהיינו בן ובת], אין להחמיר בימים אלו כלל** [למעט יו"כ, תשע באב
וימי אבלות].

[41] ע' כף החיים רמ/ב ופשוט דכל זה הוא למי שמסתתר עם קונו ואינו בא לידי
הרהור אם מתעכב לזמנים הנזכרים. הימים טובים האלו הם זמנים שלא
נמצאים בשגרה היומית הרגילה, ולכן ההתמודדות עם הרוחנית היא יותר
גדולה, כיון שזה זמן שנמצאים עם משפחות אחרות ואנשים מתלבשים במיוחד
יפה, אוכלים ושותים ונמצאים בטוב לב. [דהיינו, מי שלא שולט ביצרו, כיון שזה
זמן שמתגבר היצר, אין להחמיר כלל.]

[42] אפילו הרהור על אשתו ובדרך מותר.

[43] רק יום כיפורים אסור מדאורייתא, תשע באב וימי אבלות הם אסורים
מדרבנן. לגבי יום הכיפורים הסבר לאיסור תשמיש על פי סוד ע' שער הכוונות,
דרושי יום הכיפורים דרוש שלישי.

אם אוסרים עליו קיום המצווה הוא יבאו לחשוב על קיום המצווה
כל הזמן. [הכוונה של כל הזמנים הוא המינימום שהוא חייב לפי
תורה, ולא כמו שטועים לחשוב שמדובר במקסימום החיוב].


**"וכל אדם צריך לפקוד את אשתו בליל טבילתה ובשעה שיוצא[44]
לדרך"** כיון שהאישה משתוקקת בזמנים אלו לבעלה[45] ולכן תמיד
יש לו חיוב נוסף באירועים אלו **"אם אינו הולך לדבר מצוה וכן אם
אשתו מניקה"[46]** מוסיף המשנה בברורה **"אפילו"** מניקה. למה זה
חידוש? כיון שאשתו מותרת כל החודש היינו חושבים שלמרות
שהם ביחד יותר מהרגיל (מבחינת חיוב שלו) למרות זאת, אם...
**"והוא מכיר בה שהיא משדלתו ומרצה אותו ומקשטת עצמה לפניו
כדי שייתן דעתו עליה חייב לפקדה".**


יש לשאול, אם הבעל חייב לקיים המצווה כל פעם שהאישה
משתוקקת אליו, וגם כתוב בהמשך כשיש לבעל צורך לקיום
המצווה גם כן חייבים לקיים המצווה ביחד[47], אז למה צריך

---

[44] וכן כשהוא בא מהדרך ע' כף החיים ר"מ/יח ס"ק א'.

[45] או מדאגה של סכנת הדרך או מהחוסר שיהיה לה בעונה וקירבה גופנית עם
בעלה. לפי דעה השני, יש חובה על הבעל גם אם האישה נוסעת, ולא רק אם הבעל
נוסע. ראוי להחמיר כדעה השני.

[46] ע' מגן אברהם ר"מ/א וע' בכף החיים : בעניין הזיווג בתקופה שאשתו מעוברת
או מניקה, בוודאי כי גם בזמנים האלה חייב אדם לקיים המצווה ואין לומר כי
אדרבא נראה ח"ו לבטלה.

[47] ע' אגרות הקודש ב' בסוף, וכן משמע מדברי מ"ב ר"מ/נד שאשה שמאחרת את
הטבילה כדי לצער את בעלה עוברת על עבירה גדולה, ומובן מאליו שאותו דין
חל אם היא מסרבת לקיים את המצווה עם בעלה כדי לצער אותו. [מיותר
להזכיר שאם הבעל לא מקיים של מצוות עונה כלפי אשתו, שהוא מספר

הקריטריונים של חז"ל? הרי זאת אומרת שמדובר במצב ששני הצדדים לא צריכים בכלל כגון בתקופה שהם טרודים וכדומה (כי כבר אמרנו לעיל אם אחד צריך יש חיוב תמיד!)?

השקפת התורה היא לא שהאישות בא לספק צורך בהכרח, אלא שהאישות באה לשרת תכלית ומטרה, ולכן יש חיוב לקיים את האישות גם ללא "צורך" כדי להגיע למטרה הזו. מטרת האישות היא לחבר בין בני זוג ולהפוך אותם "לבשר אחד" ריגשי ונפשי, וזאת על ידי ה"ידבק"[48] של תאווה. האישות זה לא הכרח גופני שחייבים להסתדר אתו, אלא זה אמצעי שהקב"ה ברא כדי לאפשר לנו להגיע למטרה של לחזור להיות במצב כמו אדם הראשון לפני הפרדת איש ואישה לשני גופים נפרדים.

כדי להגיע למטרה של שילוב שני אנשים כאחד, יש מינימום הכרחי לקיום המצווה בשבוע כדי לא לסטות מהתכלית הזו, גם ללא קשר

---

איסורי דאורייתא חמורים]. ביטול המצווה היה אחד מהדברים שמצרים השתמשו כדי לענות ולצער את עם ישראל במצרים ראה יומא ע"ד: צריך להבין מה שכתוב שהאישה משעובדת לבעלה לקיום המצווה הכוונה הוא גם שלא נוח לה במיוחד או שאין לה רצון לקיים את המצווה באותו זמן, עדיין היא משועבדת לבעלה לקיים את המצווה. מובן מאליו שיש סיבה עבור האישה לא לקיים את המצווה, לדוגמה שהזמן קשה לה (צריכה לצאת לעבודה, להתכונן לאורחים), יום קשה או קיום של הטרדות חיצוניות שאז האישה לא משועבדת. העיקר שהבעל צריך להיות "מנטיש" (בן אדם) עם דרישתו לקיום המצווה, ולא בכל תנאי ובכל עת מחויבים ומשועבדים לזולת. וע' כף החיים רמ/טז/א , ע' זוהר פי משפטים דקיי"א עי"א יעו"ש.

[48] ע' גמרא שבת קנב. משים שלום בבית.

לצורך גופני[49]. זה גם ההסבר למה משמשים דווקא פנים אל פנים, בשונה מחיות. אצל החיות המטרה היא רק להרבות את המין ולא את הקשר בין בני הזוג, לכן השני אינו רלוונטי כלל ואין צורך לראותו. אצל בני אדם יש חשיבות רבה לקשר בין בני הזוג, ולכן יש עדיפות תמיד לקיים המצווה פנים אל פנים[50] כדי לחזק את החיבור והחיבוב ביניהם, ולא בצורות אחרות אם אין סיבה לכך[51], אף על פי שמותר. קו מחשבה זה מנחה אותנו בכל ההלכות של אישות, כחוט השני שמחבר את ההלכות האלו.

**"ואף כשהוא מצוי אצלה לא יכוויין להנאתו אלא כאדם שפורע חובו"** הייתכן? לפי מה שכתוב כאן בדברי המחבר, יש על הבעל להשתדל לא להנאות ממעשה המצווה, הרי כתוב במפורש לא יכוויין להנאתו?! האם שייך שבן אדם יאכל משהו טעים שהוא נהנה מהטעם ולא ייהנה מהטעם לאור העובדה שאין כוונתו להנות?

---

[49] מצד אחד יש דרישה להחזיר את הזוג להיות במצב של גוף אחד בצד הגופני וזאת על ידי קיום המצווה. במגביל לזה גם יש הצורך להחזיר את הזוג להיות גוף אחד בפן הרגשי. הדגש על פן הרגשי והמנטלי קיים בזמן של נדות, שהקרבה הגופני אסור, ולכן ניתן להתרכז בקרבה הרוחני, מנטלי, ורגשית.

[50] ע' זוהר רעיה מהמינא כרך ג' (ויקרא) פרשת בהר קח: סודות גבוהות בזה

[51] וכמו שנראה לקמן שאם יש הנאת יתר לבני הזוג בצורה אחר, וודאי שמותר. רב ניסים קרליץ זצ"ל אמר שאם יש לאדם צורך לתאווה מסיומת עם אשתו, זה אמור לקשר אותם יותר כי הוא רוצה לעשות כך עם אשתו, אדרבה שיעשה, ויבדוק לאחר מכן האם זה מוסיף לקשר ביניהם או לא. אם זה מוסיף בקשר שביניהם, אז מותר להם לחזור על הדבר שוב. אם אותו הדבר לא הוסיף לקשר ביניהם, אז שימנע בעתיד מהדבר. ואיך אפשר לדעת האם להמשיך? אם בפיוס לאחר המעשה [כ-חצי שעה שהוא צריך להיות עם אשתו ביחד אפילו בשב ואל תעשה] שהאישה שוכבת לידו והוא מחזיק את ידה והוא מרגיש עדיין מחובר איתה למרות שפרשו, זה אומר שזה קישר ביניהם.

ברור שנהנים וחייבים להנות[52], אך הכוונה הוא שלא תהיה המטרה להנאתו <u>בלבד</u>, אלא שתהיה המטרה להנות את האישה על מנת להתחבר איתה, והנאתו תבוא ממילא. ההנאה הוא הדבק שמחבר ביניהם. ועל זה נאמר "לתאווה יבקש נפרד"[53], האם ההנאה היא אמצעי לחיבור יותר עמוק וכוללת או האם ההנאה עצמית הוא המטרה של החיבור עבורו.

**"(אלא יכוון) שהוא חייב בעונתה ולקיים מצות בוראו שיהיו לו בנים עוסקים בתורה ומקיימים מצוות בישראל וכן אם מכוון לתקון הולד שבששה חדשים אחרונים יפה לו שמתוך כך יצא מלובן ומזורז שפיר דמי".** לא צריך להימנע מקיום המצווה בשלושה חודשים הראשונים של הריון, אלא ימשיך כמו שמחויב תמיד, אלא יעשה בעדינות [!!] ולא מדי בעומק[54], ושומר פתאים השם. יש להשתדל לקיים את המצווה לא פחות מפעם בשבוע, כי פחות מזה גורם לריחוק בין בני הזוג[55]. צריכים לדעת שכרוך בזה קושי לוולד ולאשה, ולכן בשלושה חודשים הראשונים חשוב יותר לחפש זמנים וצורות נוחים וקלים לאשה, לדוגמה שהיא למעלה, וכן לקיים המצווה ביום שיש יותר כוח.

---

[52] ע' דרך פקודיך (לבעל הבני יששכר), מצווה הראשונה, חלק הדיבור אות ה' שמוכיח מ-ישי [אבי דוד המלך] שהיה מבין ארבע אנשים שמתו ללא חטא כלל, אלא "בעטיו של הנחש", ובכל זאת המדרש מביא שישי נהנה מהמעשה אישות וזה חלק ממצוות אישות.

[53] משלי פרק יח פסוק א.

[54] כיוון שבשלושה חודשים הראשונים החיבור של הולד לאמא עדיין יחסית חלש, ולכן יש להתנהג יותר בעדינות. הקב"ה ברא את העולם בחוכמה, האישה והולד יכולים לסבל את התשמיש בקלות, רק יש עניין להיות יותר רגיש ועדין.

[55] הרב ניסים קרליץ זצ"ל.

"ואם הוא מכוון לגדור עצמו בה כדי שלא יתאווה לעבירה כי רואה
יצרו גובר ומתאווה אל הדבר ההוא (פי' הוא רוצה לקיים המצווה
עם אשתו כיון שחושש לעצמו שיעבור עבירה אם הוא לא מחבר עם
אשתו) *הגה גם בזה יש קבול שכר"* לא רק שהם נהנים אלא גם
מקבלים שכר על קיום מצווה דאורייתא. מובן מאליו שזה לא רק
היתר להסתדר עם צורך גופני, אלא מקבל שכר על קיום מצווה.
**"אך (טור) יותר טוב היה לו לדחות את יצרו ולכבוש אותו כי אבר**
**קטן יש באדם מרעיבו שבע משביעו רעב"** הכוונה היא, שזה לא
כמו מחסנית שאפשר למלא לעתיד, בקיום הרבה בזמן אחד ולמעט
בזמן אחר. התאווה והסיפוק הם זמניים בלבד, בין שמרבה ובין
שממעט.

**"אבל מי שאינו צריך לדבר אלא שמעורר תאוותו כדי למלאות**
**תאוותו"** זאת אומרת שאם הוא רוצה רק למלא את תאוותו, ואין
לו אינטרס לגדור את עצמו מעבירה, לקיום מצווה או לקרבה עם
אשתו, והוא מקיים תשמיש לסיבה אחרת כמו תאווה בלבד, אין
זו מטרה הראויה, ולכן **"זו היא עצת יצר הרע ומן ההיתר יסיתנו**
**אל האיסור ועל זה אמרו רבותינו ז"ל המקשה עצמו לדעת יהא**
**בנדוי"**.

למרות שהמצווה מיועד לתכלית נשגב וחשוב ביותר, ניתן גם לנתק
את המעשה מתכליתו ולהשתמש במצווה באופן מנוגד לתכליתו.
מי שמשמש לא לשם קרבה עם אשתו, הרחקה מעבירה או לשם
קיום המצווה, אלא מעורר את תאוותו כדי להנאות בלבד, מרחיק
את המעשה מתכליתו ברדיפתו לאחר תאוות העולם. רדיפה לאחר
התאוות יוביל אותו עם משך הזמן אפילו לעבור עבירות חמורות.

סימן ר"מ סעיף ב: מחשבה בקיום המצווה

**שו״ע רמ/ב: לא ישתה אדם בכוס זה ויתן עיניו בכוס אחר ואפילו שתיהן נשיו:**

<u>דברי הסבר</u>: בכל מקום ניתן לומר שאחד ועוד אחד שווה שתים, אז למה כששתי הנשים מותרות לו, למה שיהיה אסור לחשוב על השנייה שהוא נמצא עם האחרת, הרי שתיהן מותרות לו? מכאן רואים שיש מהלך שעובר ומחבר את כל הסימן הזה, דהיינו שהמטרה בחיי אישות הוא לחבר שני אנשים ספציפיים יחד על ידי ההנאה של החיבור, ולא סתם להנות לבד או ל"יהסתדרי" עם צורך גופני[56]. ולכן, גם אם אשתו השנייה מותרת לו, אם הוא חושב על אישה אחרת בו בזמן שהוא נמצא עם אשתו, הוא לא ממלא את התועלת של החיבור, וזה מרוקן לגמרי את האקט של אישות מהתוכן והתכלית שאמור להיות בו.

---

[56] ראה נדרים כ: רש״י ד״ה בני שכרות וד״ה ושנואה שקיום המצווה להנאה בעלמה ללא מטרה של חיבור ואהבה נחשב בעילת זנות גם שעושה זאת עם אשתו. וזה ההסבר בכל מקום כוונת חז״ל שאין אדם עושה בעילתו בעילת זנות – הנחת יסוד של חז״ל שאין אדם משפיל לקיים יחסים ללא אהבה ורצון חיבור עם האישה אלא לחאווה גופנית בלבד. תא

## סימן ר"מ סעיף ג: בני תשעה מדות [מצבים אישיים שבהם יש להימנע מקיום המצווה]

**שו"ע רמ/ג: "וברותי מכם המורדים והפושעים בי" אלו בני תשעה מדות בני אנוסה, בני שנואה, בני נידוי, בני תמורה[57], בני מורדת, בני שכרות, בני גרושת הלב, בני ערבוביא, בני חצופה:**

<u>דברי הסבר</u>: לצערנו, רואים שיש אנשים שהילדים שלהם לא יוצאים איך שהיו מצפים מאותו משפחה, והסוד הרבה פעמים נובע מזה ששימשו בצורה לא ראויה, ולכן יוצאים ילדים בני תשעה מדות. וזה מה שכתוב כאן במחבר, שהקב"ה אומר, שהתשתית של כל העתיד של הילד עומד ותלוי בזמן המעשה. בדוק ומנוסה איך שהזוג נמצאים ביחד כשהאישה נכנסת להריון משפיע על האישיות הבריאות והאופי של הילד[58], ורואים את ההשפעה כפשוטו.

**מ"ב רמ/יד ד"ה אנוסה: אפילו אינה אנוסה רק שאינה מרוצה מפני כעס שיש לה עליו לכן יפייס ואח"כ יבעול:** רואים מכאן, שמדובר בכעס פנימי, ואם כן, איך אפשר לדעת האם היא אינה מרוצה משום כעס, או משום סיבות אחרות כמו עייפות? צריך לחזור אחורה כמה ימים ולבדוק האם הבעל עשה משהו לגרום כעס אצל אשתו? אם לא, עליו לבדוק האם משהו מפריע לאשתו. כדי

---

[57] עי' מגן אברהם רמ/ט: וצ"ל דדווקא כשראה רחל שוכבת במטה ונתכוון לגוף זה ואחר כך נזדמנה לו לאה תחתיו אבל יעקב בשעת כניסתו לחופה ראה לאה ונתכוון לגופה רק שסבר ששמה רחל לית לן בה, וכיוצא בזה חילקו בסנהדרין גבי נתכוון להרוג את זה והרג את זה.

[58] הרב אייזק שר זצ"ל ע' קונטרס קדושת ישראל עמוד 4

לדעת האם יש משהו בליבה, יש עליו לומר, שהוא בעלה וחייב לדעת אם יש לה משהו בליבה עליו, כדי שיוכל לתקן. אחרי זה, אם עדיין אומרת שאין בליבה כלום, אז מותר להיות ביחד ואין מה לחשוש.

**מ"ב רמ/טו שנואה: בשעת תשמיש אבל אם היא אז רצויה אע"פ שהיא שנואה שרי [טור]:** כאן רואים שרק אצל הגבר יכול להיות מציאות שבשעת המעשה אשתו יכולה להיות רצויה לו, למרות שהוא שנאה אותה, בשונה מהאישה שאינה מתרצה להיות עם בעלה בשעה שיש בליבה עליו.

**מ"ב רמ/יז מורדת: דאמרה לא בעינא לך לבעל ואעפ"כ הוא משמש עמה אע"פ שהיא מרוצה לו בשעת תשמיש:** רואים כאן, אם התשמיש לא למטרת אישות וחיבור, אסור להיות ביחד.

**מ"ב רמ/יח שכרות: הוא או היא שכורה. ומסתברא דדוקא נתבלבל דעתו מחמת שכרות ולא בששתה רביעית [פמ"ג]:** שוב, למרות ששתיהן מרוצים ורוצים להיות ביחד, אין זה חיבור, ולכן התשמיש לא למטרת חיבור של בני הזוג אלא בהמי בלבד. יש לשים לב, לא מדובר כשהתבסמו, שמותר, ולא בהגדרה ההלכתית מתי שאסור להתפלל וכדומה, אלא מדובר כשאחד מבני הזוג "התנתק" מהסביבה, ומתנהג בלי שליטה.

**מ"ב רמ/יט גרושת הלב: שבדעתו לגרשה אע"פ שהוא אוהבה כגון מאותן שכופין להוציא:** יש להבדיל בין מי שמדבר על רצון להתגרש, שבדרך כלל אלו מילים בעלמה, ושעת כעס בלבד. לבין מי שמתכנן באמת להתגרש.

**מ"ב רמ/כב חצופה: שתובעתו בפה אבל אי מקשטת עצמה ומרצה אותו שיתן דעתו עליה אדרבה אז חייב בעונה כדלעיל בס"א והו"ל בנים מהוגנים.** תביעה בפה זה רק שהאישה תובעת באופן בוטה את המעשה עצמו, דהיינו במילה שמקובלת לתאר את המעשה עצמו. לדוגמה, כמו שלאה אמרה לרחל בעלה ישכב איתי הלילה, אבל ליעקב אמרה "אליי תבוא", ובזכות שתבעה את יעקב ברמיזה ולא בגסות למרות שאמרה דברים שנראים כברורים, זכתה ליששכר [59]. ולכן מותר לאישה לומר לבעלה, לדוגמה, תחזור מוקדם, אני צריכה אותך, תבוא לישון מוקדם וכדומה. כל זה רק כשהאישה מזמנת את המעשה (ולפני שמתחילים להתעסק במעשה), אבל בשעת מעשה שהם כבר עסוקים בפיוס או במעשה עצמו, מותר לאשה לומר גם באופן בוטה וברור לבעלה מה שהיא רוצה ואיך [60].

אם האישה תובעת בפה באופן אסור, יש על הבעל מצד אחד לעודד את האישה כדי שלא תתבייש ממנו, ולכן עליו לומר בעדינות שזה טוב מאוד שאומרת שהיא רוצה, אבל שיש בעיה בנוסח. מכל מקום יש להימנע מקיום המצווה באותו רגע [61], ועל הבעל לדחות קצת [62]

---

[59] עי' טהרת ישראל סימן ר"מ סעיף ג' אות כ"ט, ועי' שם באר יצחק אות קס"ז שמצטטט את הלבוש.

[60] עי' ספר חסידים תקי"ט.

[61] עי' ספר חסידים תקי"ט, שאם הוא מרגיש שאין עליו לחכות או היא תכעס עליו, יתחיל הוא לדבר בעניין תשמיש איתה ויזם את הדבור וזה יהפוך את היזמות של העניין להיות בחזרה להיות שלו.

[62] דהיינו לעשות הפסק כלשהו בין הדרישה שלה, אבל בכל זאת כיוון שהאישה רוצה יש על הבעל חיוב עונה, ולכן לא יכול לדחות אותה. הזמן הולך לפי הנסיבות, כל מקרה לגופו.

תחילת הפיוס בעדינות ולאחר שעבר קצת זמן על הבעל ליזם מצידו את המעשה.


**וכל אלו הדברים הנזכרים כאן צריך ליזהר אפילו כשהיא מעוברת או זקנה שאינה ראויה לילד [פמ"ג].** כתוב בספרים הקודשים, שבכל החיבורים שהיו בין איש לאשתו יולדו צאצאים, ולעתיד לבוא יראו הפירות (הצאצאים) שנולדו מכל חיבור וחיבור. **כתבו האחרונים דיש ליזהר מלבוא על אשתו כשהיא ישנה:** כותב תוס' דווקא שישנה ממש, אבל אם היא קצת ערה ומודעת מה קורה, אלא חצי מנמנמת, מותר כיון שזה עדיין נחשב חיבור בין בני הזוג.


סימן ר"מ סעיף ד: הגדרה ודין של "אותו מקום"


**שו"ע רמ/ד: אסור להסתכל[63] באותו מקום שכל המסתכל שם אין לו בושת פנים ועובר על והצנע לכת ומעביר הבושה מעל פניו שכל המתבייש אינו חוטא דכתיב ובעבור תהי' יראתו על פניכם זו**

---

אם הבעל ידחה יותר מדי זה יכול לגרום לחסימה רגשית אצל האישה, כי מרגישה דחויה בחשיפה הרגשית שלה לבעלה [״נתפסה בקלקלותיה״]. **לכן יש להיזהר לא לדחות מדי ולהיות מאוד עדין לגבי הדחייה!** בדרך כלל בכיוון של רבע שעה זה מספיק, ואין צורך להאריך בהפסקה ממשית.

[63] על פי הלכה איסור הסתכלות בדרך כלל מתייחס להסתכלות ולא ראייה בעלמה, ולכל אחד יש הגדרה הלכתית אחרת. הסתכלות הכוונה, לא רק ראיה בעלמה אלא להתבונן בדבר, להסתכל באופן שיכול להתבונן פרטים קטנים לדוגמה. ראיה בעלמה ללא התבוננות, אין בו איסור, ולא על זה מדובר בהלכה. ניתן לאבחן ההבדל בין ראיה להסתכלות במידה ואורך של ההסתכלות. בראיה בעלמה אדם לא מאבחן פרטים מעבר לנקודות כלליות ביותר. בהסתכלות, האדם מתבונן יותר זמן ומאבחן פרטים נוספים של הדבר. הלכה אוסרת הסתכלות בדבר איסור, ולא ראיה בעלמה.

**הבושה לבלתי תחטאו ועוד דקא מגרי יצר הרע בנפשי' וכל שכן הנושק שם שעובר על כל אלה ועוד שעובר על בל תשקצו את נפשותיכם:**

<u>דברי הסבר</u>: **אסור להסתכל באותו מקום** כל מה שכתוב בגמרא[64] מותר לעשות חוץ משני הדברים האלו [לנשק ולהסתכל באותו מקום]. הרמב"ם מביא בהלכות איסורי ביאה[65] שהכל מותר לעשות עם אשתו כשהיא מותרת [ולא נדה]. מאידך כותב הרמב"ם בהלכות דעות[66] הרבה הגבלות מה לעשות ומה לא לעשות. ההסבר הוא, שנכון לפי הלכה הכל מותר כמו שהרמב"ם פסק בהלכות איסורי ביאה וכמו שנפסק ומובא גם להלכה בשלחן ערוך אבן האזר. אבל, בהלכות דעות, הרמב"ם עסוק בגישה נכונה לחיים ומוסריות [ולאו דווקא הלכה גרידה], ולכן מסביר הרמב"ם איך כדאי להתנהג ולחיות על מנת לחזק את החיבור בין איש לאשתו, כדי להגיע לתכלית הזאת, יש דברים שעדיף להימנע מהם גם שהם מותרים.

**שכל המסתכל שם אין לו בושת פנים ועובר על והצנע לכת ומעביר הבושה מעל פניו שכל המתבייש אינו חוטא** הרב משה שמואל שפירא זצ"ל כתב בהגהות האישית שלו בספר טהרת ישראל שלא מועיל תשובה בזה, אלא זה מציאות שזה גורם להעביר בושה מהבן אדם.

---

[64] עי' נדרים כ' ועי' רמ"א אבן האזר כה/ב.

[65] רמב"ם הלכות איסורי ביאה כא/ט.

[66] רמב"ם הלכות דעות ה/ד.

**דכתיב ובעבור תהי' יראתו על פניכם זו הבושה לבלתי תחטאו ועוד דקא מגרי יצר הרע בנפשי' וכל שכן הנושק שם שעובר על כל אלה ועוד שעובר על בל תשקצו את נפשותיכם:** אם בן אדם מתאווה לזה, למה זה נחשב "לבל תשקצו", הרי זה מה שהוא רוצה? ההסבר הוא, שחז"ל הבינו שלמרות שעכשיו הוא מתאווה והוא במצב מחומם ורוצה למלות את תאוותו, במהות של הדבר זה נותר במצב של "בבל תשקצו".

ידוע מאמר חז"ל שמתאר את כל ישראל כרחמנים, ביישנים וגומלי חסדים,[67] וזה תיאור אין לזהות יהודי. חז"ל, כדי לשמור על המהות של יהודי ועל העדינות נפש שאמור להיות לכל אחד כדי להצליח בעבודת השם, הדגישו החשיבות לשמור על הנפש של היהודי [על ידי שמירת מידת הביישנות של יהודי]. הכל מותר לעשות עם אשתו, ויותר מזה הכל מצווה לעשות עם אשתו, אבל להסתכל ולהתבונן באותו מקום, יעביר את העדינות נפש מבלי להוסיף באמת בתאווה ותשוקה ביניהם[68], ולכן אין הנזק שווה בצער המלך.

להסביר כדי להקל על הקורא להבין את העניין, נפש האדם אין לה תאווה, ולכן היא נשארת מנותקת מעניין התאווה. התאווה שייכת לנפש האדם רק ברמה שזה כלי עזר להשיג מטרה רוחני. תאווה מתקיימת כאמצעי לבנות את החיבור בין בעל ואשתו. הסתכלות ונישוק של אותו מקום לא מוסיף לחיבור ולכן אינו משרת תכלית

---

67 עי גמרא יבמות עט.

68 עי בחלק השו"ת סימן ל"ו הגדרת אותו מקום, ולפי ההסבר כאן מובן מה שכתבנו גח שם, שאותו מקום לא מוסיף בהנאה.

רוחני כלל. כתוצאה מכך, הנפש קצה מלהסתכל באותו מקום, גם אם גוף האדם מתאווה לזה דווקא. ישנה דחייה אובייקטיבית,

לדוגמה, איש שהלך לטיול ואין לו מים, מגיע למקום שיש שם מים עם שתי כוסות, אחד מלוכלך מלא בוץ ואחד נקי. אם נשאל את האדם שמאוד צמא, הוא יגיד שלא איכפת לו לקחת הכוס המלוכלכת, הוא רק רוצה לשתות ולהרוות צימאונו. כל אדם אובייקטיבי יגיד שברור שהוא צריך לקחת את הכוס הנקייה, ואם ייקח את הכוס המלוכלכת זה בעל תשקצו, למרות שהבן אדם בוחר בכוס המלוכלכת ורק רוצה להרוות צימאונו, כי לנפש נשאר רק "הבל תשקצו".



**שו"ע רמ/ה: הוא למטה והיא למעלה זו דרך עזות שמשו שניהם כאחד זה דרך עקש:**

<u>דברי הסבר</u>: הצורה האידיאלית שהבעל למעלה והאישה למטה, כיון שהוא המשפיע והיא המקבלת, ודרך ההשפעה הוא מלמעלה למטה. בלשון הקודש אישה גם נקראת נקבה מלשון נקב - "כלי קיבול". כתוב בגמרא סוטה[69] שפרעה גזר להרוג את הזכרים ולא הנקבות, ולעשות זאת בתוך הלידה "וראיתם על האבניים", אם בן הוא והמיתן אותו, אם בת היא וחיה, ואיך ידעו? כתוב שפרעה אמר להם, אם הפנים למטה הווה זכר, אם הפנים פונים למעלה הווה

---

# בנין עדי ע.ד

## אישות בעיני חז"ל

יודע שזו בת, כיון שכל אחד נולד בדרך ששימשו. שהזכר מסתכל מהיכן הוא נוצר, מהאדמה, והאישה מהיכן שהיא נוצרה, מהאדם.

האמת הוא שאין שום הגבלה הלכתית על צורת התנוחה[70], אז מה הכוונה שכתב שזה "דרך עזות"? זה רק שכוונת האישה בדרישה שהיא תהיה למעלה והוא למטה, מרצון לשלוט על בעלה. אבל אם זה נעשה כדי להנות בין לו ובין לה, מותר מלכתחילה[71]. הראיה לכך, מהמשך שכתוב אם שימשו שניהם כאחד, זה אומר לא הוא ולא היא למעלה, הווה דרך עיקוש (עקשנות), דהיינו שהאישה מתעקשת להיות שווה לבעלה, לא היא ולא הוא למעלה[72].

אדרבה, יש זמנים כמו הריון שייתכן שיהיה מומלץ דווקא לשמש כשהאישה למעלה, וזה מונע מבחילות הנגרמות מהורמונים בשעת המעשה או שיש חוסר נוחות בתנוחה הרגילה. וכן יש מקרים שההנחיה הרפואית היא לא להיכנס בעומק באותו מקום, ובצורה כזו נותן לאישה שליטה בכמה עומק חודר הבעל. זו גם המלצה לחתנים שאם לא מצליחים בהתחלה, שהאישה תהיה למעלה או שיעשו כשהוא יושב והאישה יושבת עליו כי זה מיקל[73] עליהם.

---

[70] למעשה בזמן שאישה עשויה להיכנס להריון יש להקפיד על תנוחה "הרגילה" לדוגמה, בליל טבילה וכדומה. ראה כתובות לז שאשה שרוצה להימנע מלהיכנס להריון מתהפכת כדי שזרע יצא ולא יקלוט, ולכן ברור שיש להימנע מזה בעת שרצוי להיכנס להריון.

[71] עי׳ ספר חסידים ס׳ תק"ט.

[72] כתוב בבראשית ג/טו "והוא ימשול בך" כחלק מעונש של חוה על חטא אדם הראשון. אישה שהולכת נגד דבר זה נחשבת לדרך עיקוש (עקשנות) וחוצפה כי הולכת נגד הקב"ה ודרך "הטבעי" שהוא טמון באישה לאחר החטא.

[73] כך אמר רב יודל שפירא זצ"ל, ובעל שבט הלוי (רב ווזנר זצ"ל). וזה לא נקרה שימשו ראחד.

בנוסף, יש נשים שלא מתעוררות לחיבור ולא נהנים אלא רק בצורה שהם משמשים בישיבה או שהאישה למעלה, וכשהיא שוכבת למטה היא במצב של "קרקע עולם" כפשוטו[74]. והרבה משפחות חוו שינוי מקצה לקצה בחיי המשפחה מכל המובנים עקב עצה זאת.

## סימן ר"מ סעיף ו: צניעות בעת קיום המצווה

**שו"ע רמ/ו: אסור לאדם לשמש מיטתו בפני כל אדם אם הוא נעור ואפי' ע"י הפסק מחיצה עשרה ובפני תינוק שאין יודע לדבר מותר בית שיש בו ס"ת או חומשים העשויים בגלילה אסור לשמש בו עד שיהי' בפניו מחיצה [ולעניין לעשותה בשבת ע"ל ריש סי' שט"ו] ואם יש לו בית אחר אסור עד שיוציאנו ואם יש בו תפילין או ספרים אפילו של גמרא אסור עד שיתנם בכלי בתוך כלי והוא שלא יהא השני מיוחד להם [וע"ל סי' מ' סעיף ב'] אבל אם הוא מיוחד להם אפילו מאה כחד חשיבי ואם פירש טלית על גבי ארגז חשוב ככלי בתוך כלי:**

**דברי הסבר: אסור לאדם לשמש מיטתו בפני כל אדם אם הוא נעור ואפי' ע"י הפסק מחיצה עשרה** כותב המשנה ברורה הטעם שאם

---

[74] וכך שמענו ממורה הוראה גדול מתלמידי הרב אבא שאול זצ"ל שהוא היה ידוע כנוהג לפי גישה הקבלית בהלכה והחמיר לפעול על פי קבלה, שבמקרה כזה אין להקפיד כלל כיסוי כי הכיסוי רק הקפדה לכתחילה, ולא נפילתו אינו מעקב כלל. ושמענו מזוג שאחרי 20 שנות נישואין התהפך כל השייכות של האישה למצווה שלא נהנתה מתחילת הנישואין ורק לאחר שהיו מוכרחים לשנות תנוחה בגלל מצב רפואי לתקופה מסוימת, שאלו רב האם מותר. לאחר שינוי תנוחה, התחילה להנות ממעשה המצווה ולהיות חלק פעיל בעניין. כל זה למרות שהיה להם שלום בית נפלא גם לפני כן.

מישהו אחר במקום ירגיש שהזוג מקיימים המצווה ביחד יהיה
בזה חוסר צניעות. אם בנסיבות העניין אחרים לא יבחינו בכלל
שהזוג מקיימים את המצווה ביחד, אז מותר להם לקיים המצווה
על ידי הפסק מחיצה. **ובפני תינוק שאין יודע לדבר מותר**[75] אם הוא
יונק לא משמשים שהוא ער בכלל - נרחיב בעניין בסוף הסימן.


**בית שיש בו ס"ת**[76] **או חומשים העשויים בגלילה אסור לשמש בו
עד שיהי' בפניו מחיצ'** דהיינו ספר [אפילו רק חומש אחד] שנכתב
על קלף [**ולעניין לעשותה בשבת ע"ל ריש סי' שט"ו**] **ואם יש לו
בית אחר** או חדר אחר **אסור עד שיוציאנו ואם יש בו תפילין** לא
נמצא באותו דרגה כמו ספר תורה, ולכן מספיק לכסות את התפילין
עם שתי כיסויים ואינו חייב להעביר את התפילין מהחדר למרות
שיש לו חדר אחר שהוא יכול להעביר אליו את התפילין **או ספרים
אפילו של גמרא אסור עד שיתנם בכלי בתוך כלי והוא שלא יהא
השני מיוחד להם [ועי"ל סי' מ' סעיף ב']**


**אבל אם הוא מיוחד להם אפילו מאה כחד חשיבי** דהיינו אם
התפילין נמצאים בתוך התיק הקבוע שלהם, התיק הקבוע שלהם
תמיד נחשב לכיסוי אחד בלבד, גם אם הוא מורכב ממספר תיקים
אחד בתוך השני, ויש להוסיף כיסוי נוסף לפני שמקיימים המצווה
באותו חדר. לדוגמה, מצוי שיש שקית תפילין שבו הוא מניח את

---

[75] עי אליה רבה ר"מ/יג וכל זה מדינה אבל ממידת חסידות יש ליזהר גם לפני
בהמה, כמו שכתוב בגמרא ש-אביי הוו מבריח הזבובים מהמטה לפני קיום
המצווה, ועוד הרבה חכמים היו נזהרים גם מלפני עכברים, עד כאן. דבר זה
במיוחד רלוונטי למי שיש חיה מחמד בתוך הבית, שראוי להיזהר מקיום המצווה
שהם בחדר.
[76] עי ביאור הלכה שזה מהגמרא משום חשש סכנה.

התפילין בעצמם, ושקית תפילין הזה הוא מניח בתוך שקית נוסף
יותר גדול שבו הוא מניח גם את הטלית, והשקית שהוא מניח את
הטלית והתפילין הוא מניח בתיק נוסף שהוא אוחז בעת העברת
ממקום למקום. למרות שיש כאן שלש שקיות הם נחשבים כאחד
היות והם משתמשים באופן קבוע לתפילין. לכן, מן הדין יש לכסות
את השקית שבה נמצאים התפילין במשהו נוסף שאינו מכסה את
התפילין בדרך כלל.

בשעת הדחק, ניתן להקל בשקית החיצוני שמשתמשים כדי לטלטל
את התפילין ממקום למקום (לא של הטלית), אם בעת שמייחד את
השקית לשימוש (תחילת שימוש) יקבע במפורש שזה לא מתבטל
כלפי התפילין, שאז השקית לא נחשב בטל לתפילין למרות שבפועל
הוא משתמש בה באופן קבוע.

**ואם פירש טלית על גבי ארגז חשוב ככלי בתוך כלי:** לקפל מגבת
או סדין וכדומה לשתיים נחשב לשתי כיסויים[77]. יש לשים לב לגבי
מזוזה, אם יש לה בית אטום שלא רואים דרכו את הקלף צריך עוד
כיסוי אחד, או מבפנים בתוך הבית או מבחוץ מעל הבית, שלא
מיוחד להם. נוהגים לעטוף את הקלף של המזוזה בשקית

---

[77] עי׳ אשל אברהם בסוף הסימן (לא בפרי מגדים) שהוא מביא שזה מועיל, אבל
ציפוי כרית וכדומה שיש שתי שכבות שהם תפורים ביחד באופן קבוע, אין זה
נחשב לשני כיסויים אלא לכיסוי אחד בלבד.

פלסטיק[78] לפני שמכניסים אותו לתוך הבית, כדי לעשות הפסק, ויש להקל בזה למרות שזה נשאר באופן קובע[79].

מותר לקיים המצווה בחדר רק אם יש למזוזה שני כיסויים או לחלופין אם המזוזה נמצאת בצידו השני (החיצונית) של הדלת כשהדלת סגורה. לכן, יש לבדוק האם הבית נמצא בחלק הפנימי של המשקוף (דהיינו כשהדלת סגורה, המזוזה נמצאת בתוך החדר ולא מחוץ לחדר), או בחלק החיצוני של המשקוף, ולכן כשהדלת סגורה נמצאת מחוץ לחדר. יש לשים לב, בדלת של מרפסות שמתחברים לחדר וכן בחדרי ממ״ד מצוי שהמזוזה בתוך החדר ואסור לקיים המצווה אם אין שני כיסויים כנדרש להלכה. מזוזה שנמצאת בתוך החדר, אם הבית של המזוזה שקוף, צריך כיסוי אחד נוסף שאינו בטל ואינו שקוף כדי שלא יראו את המזוזה[80] ויתחשב לשני כיסויים. יש לשים לב, יש שני תנאים הנדרשים כדי שיהיה מותר לקיים המצווה במקום – הראשון, שיש שני כיסויים על המזוזה, והשני, ושלא יראו את הקלף של המזוזה באופן גלוי.

בעניין ספרים שנמצאים בתוך החדר, אם הספר או הספרים נמצאים בצורה שניתן לכסות אותם עם כיסוי כמו מגבת מקופלת

---

[78] כמו ניילון או שקית אוכל וכדומה.

[79] מבעל שבט הלוי (הרב ווזנר זצ״ל) ויש בזה מספר טעמים לקולה. ראוי להשתדל לומר במפורש שהשקית לא מיועד למזוזה ואין זה נחשב קבוע. יש לזכור שהשקית הזה הופך להיות תשמישי קדושים עם כל הדינים זה תשמישי קדושה. החזון איש היה מחמיר בזה ודרש משהו נוסף לכיסוי שאינו קבוע.

[80] עצה טובה כשמתארחים אצל אחרים שיהיה תמיד בתיק ניילון לבן (לא שקוף) של שלחן [מפה חד פעמית של שולחן] כדי לכסות את הספרים שבחדר או המזוזה.

# בנין עדי ע.ד

## אישות בעיני חז״ל

כדי לעשות שתי כיסויים, אז יש לכסות את הספרים ולא נדרש משהו מעבר לזה.


אם יש ספרייה גדולה שאינו ניתן לכסות עם בגד או מגבת מקופל, יש חילוק בדין אם יש גב לספרייה או לא. אם יש לספרייה גב או שהספרייה צמודה לקיר, והחלל של הספרייה מכילה נפח של 40 סאה, נחשב המקום לרשות של עצמו ולא צריך כיסוי כלל. אם רוצים לקיים המצווה והמקום שבה הזוג נמצאים בקיום המצווה הספרים גלויים אליו ורואים את הספרים, יש לכסות את הארון ספרים עם כיסוי אחד כדי שהספרים לא יהיו גלויים, ואז מותר לקיים את המצווה במקום. ניתן לבדוק אם ארון מכיל 40 סאה על ידי בדיקה קלה - האם גודל הארון הוא אמה על אמה ברום 3 אמות[81]. לרוב בארונות ספרים זה יוצא למעשה רוחב של שתי עמודות ספרים בגובה של שלש מדפים.


אם אין לארון גב צריך שתי כיסויים לארון, גם אם יש לו הנפח של 40 סאה.

מחיצה נחשב דבר שיש לו גובה עשרה טפחים ברוחב ארבע טפחים שעומד ברוח מצויה ואינה זזה[82].


טפח היינו לפי חזון איש 9.6 ס״מ (3.78 אינטש), ולפי רב חיים נאה 8 ס״מ (3.15 אינטש), ולפי הרמב״ים 7.6 ס״מ (2.992 אינטש).

---

[81] ע׳ משנה ברורה ר״י/מ/לג.

[82] אם נא ונד (זז) ברוח מצויה אינו מועיל בתור מחיצה היות והוא לא קבוע, אבל זה מועיל בתור כיסוי. יש מקילים שאם זה זז פחות משלוש טפחים ברוח מצויה שעדיין נחשב כמחיצה. לכן, ווילון שאינו תפוס במקום אינו נחשב למחיצה אבל נחשב לכיסוי להפרדה.

אמה היינו לפי חזון איש 57.60 ס"מ (22.677 אינטש), ולפי רב חיים נאה 48.00 ס"מ (18.898 אינטש), ולפי הרמב"ם 45.6 (17.953 אינטש).

40 סאה הינו לפי חזון איש 609.89 סמ"ק (בערך 610 ליטר נפח[83], 21.54 cubic feet בערך) ולפי רב חיים נאה 352.95 סמ"ק (בערך 353 ליטר נפח, 12.43 cubic feet בערך) ויש מקילים ומורידים 7% מהמידות אלו, ובשעת הדחק כמו אם נמצאים בזמן שיש חובה לקיים המצווה, כמו ליל טבילה וכדומה, ניתן להקל עד 250 סמ"ק (8.83 cubic feet בערך).


סימן ר"מ סעיף ז: זמן הרצוי לקיום המצווה


**שו"ע רמ/ז: לא ישמש בתחילת הליל' ולא בסופה כדי שלא ישמע קול בני אדם ויבא לחשוב באשה אחרת אלא באמצע הלילה:**


דברי הסבר: הכוונה אינו לאמצע הלילה או לחצות הלילה דווקא, אלא באופן כללי לאותו חלק של הלילה שאנשים כבר לא נמצאים בחוץ, כדי שלא ישמעו אנשים אחרים[84] כשרוצים לקיים המצווה. אם כן, מה יש לעשות בתקופתנו שמצוי בהרבה מקומות שאנשים נמצאים בחוץ עד מאוחר בלילה ממש, או במקומות שמצוי בדירות קירות גבס או קיר דק שדרכו שומעים אנשים אחרים?

ישנם שני הביטים להלכה זו, הראשון – שאחרים לא ישמעו את הזוג בקיום המצווה, ושני - שהזוג לא ישמעו אחרים כשהם

---

[83] ניתן לקבל מושג מה הגודל הזה ממקררים שבהם כתוב מה הנפח.
[84] ע' מגן אברהם ר"מ/כ וכף החיים ר"מ/נה בשם הים של שלמה.

מקיימים את המצווה. קודם כל הלכה זו מתייחסת רק במי שמסתפק שאם ישמע נשים אחרים מבחוץ שיבוא להרהר אחרי האחרת ששומע באמצע קיום המצווה, נוהג מנהג פרישות ואינו חושש בעצמו[85]. ראוי להימנע מלקיים המצווה ככל וניתן לשמוע אנשים אחרים, במיוחד שמכירים ושמיעת הקול יגרום מי מהבני זוג לחשוב על מישהו אחר בקיום המצווה. בנוסף יש ההביט של צניעות בקיום המצווה שלא ישמעו אחרים את הזוג בקיום המצווה.

למעשה[86] אם זה מקשה לחכות עד מאוחר יותר שאנשים כבר ישנים, או אם יש חשש בכל מקרה שישמעו (ולכן אין טעם להחמיר), מותר לקיים את המצווה כל עוד שאי אפשר לזהות במי שמדובר[87]. יש להיזהר כמה שאפשר שלא ישמעו השכנים את התעסקות במצווה[88].

---

[85] עי מגן אברהם ר״מ/כ וכף החיים ר״מ/נה בשם הים של שלמה.

[86] הרב שבח צבי רוזנבלט.

[87] דהיינו, כל עוד שלא ניכר מאיזה בית או דירה הקולות באים, ניתן להקל. אם ניתן להכיר מאיזה בית הקולות באים, יש להחמיר ככל שניתן. ראוי מדרכי צניעות להסתיר את הקולות כמה שאפשר, שלא ישמעו הקולות מחוץ לבית. בעיה זה מצוי במדינות שהבניינים בנויים מעץ, גבס, בנייה קלה וכדומה, ויש להשתדל להסתיר כמה שאפשר את הקולות.

[88] עי שלחן ערוך אבן העזר קט״ו/ד שאישה ״קולנית״ נחשבת לעוברת על דעת יהודית. [התנהגות הולמת לאישה יהודייה, מי שעובר על דעת יהודית נחשבת לפורצה וזה מהווה עילה לתבוע גירושין. דעת יהודית מתייחס למי שמנהג בניגוד להתנהגות הולמת לאישה יהודית, למרות שלא שעוברת הלכה ואינה חוטא]. גישה אחד שאישה ״קולנית״ היא תובעת קיום המצווה בקול רם ומדברת בענייני תשמיש עד שהשכנים שומעים וגורמת בושה לבעלה בדבר. הסבר נוסף של ״קולנית״ הוא על פי הגמרא בכתובות עב: שדובר באישה שמקיימת את

# בניין עדי עד

אישות בעיני חז״ל

## סימן ר״מ סעיף ח: גישה הראויה בעת קיום המצווה

**שו״ע רמ/ח: וישמש באימה ובירא׳ כמו שכתוב על רבי אליעזר שהיה מגלה טפח ומכסה טפח ודומה כמי שכפאו שד פירוש באימה ובירּאה כאלו כפאו שד ויש מפרשים מגלה טפח ומכסה טפח שלא היה ממרק האבר בשעת תשמיש כדי למעט הנאתו ודומה כמו שכפאו שד שעושה הדבר באונס ויש מפרשים מגלה טפח שבאשה כלומר עכשיו מגלה אותו לצורך תשמיש ועכשיו מכסה אות׳ כלומר שלא היה מאריך באותו מעשה ודומה לו כמו שבעתו השד ונבעת והניח המעש׳ כל כך היה מקצר בתשמיש ויש מפרשים מגלה טפח על הסינר שהייתה חוגרת בו שאף בשעת תשמיש היה מצריכה לחוגרו ומגלה רק טפח ממנה ומכס׳ מיד כדי למעט הנאתו וכולהו פירושי איתנהו וצריך בעל נפש ליזהר בהם :**

---

המצווה בחצר זו ונשמע קולה בחצר אחרת, מסביר רש״י ד״ה ונשמע קולה שתשמיש קשה לה וצועקת. ניתן להבין שיש שתי תנאים לעניין זה, הגברת הקול, (ולא דיבור רגיל בלבד) ונשמע בחצר אחרת (הגברת קול עד שמיעת במרחק קצת). למעשה פוסקים כדעה ראשונה בלבד, שאישה שדורשת קיום המצווה מבעלה ומדברת בענייני תשמיש בקול רם עד שישמעו אחרים עוברת על דעת יהודית. מזה שהמחבר והרמ״א לא פסקו כמו רש״י (השמעת קול התשמיש) ניתן להבין שאין איסור שמיעת קול תשמיש מצד הדין. עם זאת, מדרכי צניעות יש להשתדל לא להשמיע קול ברמה ששומעים בחצר אחרת. וכן אין איסור אם מטבע הדברים שומעים קולות של קיום המצווה, לדוגמה שומעים מזרון או מיטה זזה. אומנם יש להשתדל למנוע הדבר מדרכי צניעות, אבל אין איסור בדבר. [ברור מהשולחן ערוך והגמרא שאין האיסור נובע משמיעת קול קיום המצווה אלא הצורה של הקולות ששומעים.]

<u>דברי הסבר</u>: משום מה, זה הסעיף היחידי שכולם מכירים ומזדהים אתו, למרות שכולם מבינים אותו לא נכון. הסיבה לכך שלא מבינים אותו נכון הוא שכל אחד מתחבר להשקפה שקיבל בתור בחור, וממשיכים ללמוד ולהבין את הסעיף הזה באותו מבט, למרות שזה כבר הסתכלות מיושנת ולא רלוונטי למצב שבו נמצאים לאחר החתונה. מרוב הבנה מוטעית בסעיף הזה אמרו גדולי הפוסקים של זמננו[89] לא ללמד אותו לחתנים, וגם להימנע מללמוד את הסעיף הזה לציבור בכלל ללא פירוש מלווה והדרכה איך להבין אותו באופן הנכון.

לדוגמה, הסביר אחד הגדולים אם באיזשהו מקום היה לרבי אליעזר תוספת התעמקות בקשר עם אשתו על ידי ההנאה יחד לא היה נוהג כך, כי אז היה אסור לו למעט בתענוג עם אשתו[90]. רק בתנאי שלא היה נגרם חסר לאחד מהם מהנהגה של אי-קירבת בשר או אם היה אפילו רק תוספת בקשר ביניהם מקרבת בשר, היה אסור לרבי אליעזר למעט בכך.

[ויש לשים לב, כולם קוראים את הסעיף הזה כאילו שמדובר שרבי אליעזר פרש מאשתו או לכל הפחות מיעט בתשמיש עם אשתו, ואין זה נכון כלל. קריאה מדויקת של הסעיף מראה באופן ברור, שאינו מיעט בתשמיש ולא פירש אלא התנהג בצניעות יתירה גם בזמן התשמיש[91].

---

[89] הרב אלישיב זצ"ל, הרב חיים קניבסקי (שליט"א) זצ"ל והרב שלמה זלמן אורבך זצ"ל.

[90] הרב אלישיב זצ"ל.

[91] ע' ספר בעלי הנפש לראב"ד  מי שאומד את עצמו שיכול להשהות את עצמו ולא תיכנס עליו מחשבה של אישה אחרת, והוא משהא עצמו כדי שתתנה האישה

**וישמש באימה וביראה' כמ"ש על ר"א שהיה מגל' טפח ומכסה
טפח[92] ודומה כמי שכפאו שד פי' באימה וביראה כאלו כפאו שד**
מה זה "כפאו שד"? שכל מה שרבי אליעזר עשה, עשה לא הפקרות
ורצון עצמו, אלא פעל לפי הנחיות, הדרכה, ובתוך המסגרת של
הלכה[93]. דהיינו שלא הייתה הגבלה בפועל, אלא כל מה שהיה רוצה
לעשות או הוא או היא, עשו, כי זה מה שהלכה דורשת מהם
לעשות[94]. זה מוגדר ככפאו שד[95] בדומה ל"כפה עליהם הר כגיגית"
שהקב"ה הכריח את עם ישראל לקבל ולקיים את התורה, בדומה
כאן התנהג כאילו כפוהו לפעול על פי הלכה, ומה שהוא עשה, עשה
בבחינה של זריזים מקדימים למצוות וקיים המצווה המוטל עליו
במרץ וברצון.


**ויש מפרשים מגלה טפח ומכסה טפח שלא היה ממרק האבר
בשעת תשמיש כדי למעט הנאתו ודומ' כמו שכפאו שד שעושה
הדבר באונס ויש מפרשים מגלה טפח שבאשה כלומ' עכשיו מגלה
אותו לצורך תשמיש ועכשיו מכסה אות' כלומר שלא הי' מאריך**

---

מן המעשה יותר ותזריע תחילה, הרי הוא עושה לשם שמים ובזכות זה הקב"ה
יתן לו שכרו בבנים זכרים. ומי שאינו בטוח בעצמו בכך, וממהר את המעשה כדי
להינצל מן החטא, גם הוא עושה מצוה והקב"ה משלם שכרו בבנים יפים.
והעיקר שיעשה הכל לשם שמים.

[92] ע' נדרים דף כ : רש"י ד"ה במגלה טפח - מבגדה. ד"ה ומכסה - אותו טפח מבגד
וכן עושה <u>עד שיבא עליה</u>.

[93] ע' מגיד מישרים לבית יוסף פרשת בשלח שכל כוונתו של רבי אליעזר היה
לקיים מצוות עונה ופריה ורביה ולא היה בהנאת עצמו כלל. וכן מובא בספר בעלי
הנפש לראב"ד.

[94] הרב חיים קניבסקי שליט"א (זצ"ל).

[95] אכן רש"י בנדרים שם מסביר מה כפאו שד? שבא אליה בכוח (קיים המצווה
במרץ ובכוח).

# בנין עדי עד

אישות בעיני חז"ל

**באותו מעש' ודומ' לו כמו שבעתו השד ונבעת והניח המעש' כל כך היה מקצר בתשמיש** למה היה מקצר? שלא היה להם תוספת בקשר בלהאריך בתשמיש עם אשתו כיון שכבר הגיעו לשלמות הקשר, ולכן לא האריך – כי לא היה צורך כלל. בכל זאת החשש שמא יחשוב על אישה אחרת בעת תשמיש נשאר, ולכן היה מקצר כדי להזהיר מעניין זה[96].

**ויש מפרשים מגלה טפח על הסינר שהית' חוגרת בו שאף בשע' תשמיש הי' מצריכה לחוגרו ומגלה רק טפח ממנה ומכס' מיד כדי למעט הנאתו וכולהו פירושי איתנהו וצריך בעל נפש ליזהר בהם:** הכיסוי צריך להיות מעליהם רק על אותו אזור של החיבור ולא כל הגוף. מה שכתוב "לא להיות ערומים" היינו דווקא אותו אזור[97], שלא יראה המעשה[98]. יש לייעץ לזוג בתחילת הנישואין (ובמיוחד לחתן) שאם הכיסוי נופל, לא להתייחס, כי זה יטריד אותו ולא יצליח לקיים המצווה באופן הראוי, ולממש להפריע[99]. אין צורך לכסות את הגב, ובוודאי לא את הראש כמו שטועים בדבר[100].

---

[96] הרב אלישיב זצ"ל.

[97] משנה ברורה ר"מ/לו.

[98] יש לומר שעניין כיסוי מן העין מקום החיבור, הינו לשים דגש על הפן הרוחני והרגשי של מעשה חיבור המיוצר על ידי החבר הפיזי, ולא לשים דגש חזק מדיי על הפיזיות של המעשה.

[99] בעל שבט הלוי. חתן שמפחד שיפול לו הכיסוי עלול להגיע למצב שירד לו הקישוי ומחוסר נעימות יגרום לחוויה שלילית לבני זוג, ולכן עדיף לא להתייחס מדי לעניין. אין צריך לומר שיש למנוע תמיד מלדבר או להתעסק בדברים אחרים בשעת הפיוס או בשעת המעשה, ומכל מה שיכול להסיח את הדעת יש למנוע. [לכן מומלץ לסגור פלאפונים, וכדומה כדי למנוע הפרעות].

[100] ועי' מגן אברהם ר"מ/כב שיש דווקא חובה לשמש ערום.

נראה שהטעות מגיעה מאי-הבנה בכף החיים שכותב להלן[101] לגבי תשמיש בחדר שיש אור מבחוץ ורואים את מקור האור, ואין להם אפשרות אחרת לקיים המצווה, כותב כף החיים שיש לכסות את עצמם מכף רגל ועד הראש, כדי שלא יראה עליהם שום ניצוץ מאותו האור. צריך להבין, אם הכף החיים מוסיף דווקא בחדר עם מקור אור יש חובה לכסות את כל הגוף, אז יש להבין שרק אז בעקבות איסור מקור אור בחדר יש לכסות את כל הגוף, אבל בכל מצב אחר אין כזו דרישה. כל זה רק אם אין אפשרות להחשיך את החדר בדרך אחר.

סימן ר"מ סעיף ט: דיבור בעת קיום המצווה

**שו״ע ר״מ/ט : לא יספר עמה בדברים שאינם מעניני תשמיש ולא בשעת תשמיש ולא קודם לכן שלא יתן דעתו באשה אחרת ואם סיפר עמה ושימש אמרו עליו מגיד לאדם מה שיחו אפילו שיחה קלה שבין אדם לאשתו מגידין לו בשעת הדין:**

<u>דברי הסבר</u>: **לא יספר עמה בדברים שאינם מעניני תשמיש**[102] **ולא בשעת תשמיש** וודאי שמותר לדבר ביניהם[103] וצריך לדבר עם אשתו בשעת מעשה[104], אלא יש גדרים מה מותר לדבר ובאיזה

---

[101] עי כף החיים ר״מ/עא.

[102] הר״ן מסכת נדרים דף כ : הא במילי דתשמיש - שרי כדי לרצותה.

[103] מגן אברהם סימן ר״מ ס״ק כ״ג : אבל מעניני תשמיש שרי כדי להרבות תאוותו (טור) ועבא״ע סי' כ״ה :

[104] תלמוד בבלי מסכת נדרים דף כ.-כ : שאלו את אימא שלום : מפני מה בניך יפיפין ביותר? אמרה להן : אינו מספר עמי לא בתחילת הלילה ולא בסוף הלילה

שלבים. מבואר שבשעת הפליטה ממש אין לדבר, ויש עניין בעת
הפליטה להיות מחוברים ממש, כשם שמחוברים למטה יהיו
מחוברים למעלה[105] על ידי נישוק פה אל פה[106], וממילה יוצא שאין
אפשרות לדבר.

**ולא קודם לכן שלא ייתן דעתו באשה אחרת** יש שלבים מתי מותר
לדבר ועל מה. יש להימנע מלדבר על אנשים אחרים מהזמן
שהתחילו לדבר על לקיים המצווה יחד (לפני התחלת הפיוס),
ובמיוחד לא לדבר על אנשים שמכירים. בעת קיום המצווה אסור
לחשוב על אדם אחר, ולכן יש להימנע מלדבר על אנשים אחרים
כבר בשלבים הראשונים כדי שבשעת מעשה לא נשאר בראש
איזשהו אדם אחר כלל.

מהזמן שמתחילים להתכונן לקיום המצווה, עוד לפני שהתחילו עם
הפיוס, יש להימנע מלדבר על אנשים. לדוגמה, לפני שהולכים
להתרחץ[107] או להכין החדר לקרת הפיוס. ראוי להפסיק לדבר על

---

אלא בחצות הלילה. מסביר רש״י אינו מספר - אינו משמש. דהיינו לא ייתכן
שכינו את המעשה ב״מספר״ אם אסור לדבר, אלא התקשורת הוא חלק
אינטגרלי של החיבור בין איש לאשתו. [במבט אחרת אפשר לפרש ש״מספרתי״
היינו תשמיש כמו רש״י, ולמה בחרה בלשון מספר, כיון שהיה פשוט שמספרים
בשעת תשמיש.]

[105] רבי יעקב עמדין, סידור בית יעקוב ליל שבת. וע׳ ריקאנטי ואלשיך על ״וישק
יעקב לרחל״ בראשית כ״ט/י״א שעל ידי נישוק אפשר להתחבר הרוחות ונפשות
באופן רוחני בדומה ממש לחיבור של כלל ישראל להקב״ה.

[106] ע׳ רש״י שיר השירים פרק א׳ פסוק ב׳.

[107] מצוי שהאישה חוזרת עם חוויה מהמקווה, ויש לתת לה לספר על החוויה
שלה. עם זאת, יש להקפיד ביותר לא לדבר על אנשים שמכירים כבר משלב לפני

דברים שלא קשורים לקיום המצווה, גם שלא מדברים על אנשים אחרים, מתחילת הפיוס. דברים אחרים שיש להימנע מלדבר עליהם כולל קניות, ענייני משפחה וכדומה. בדיעבד, עם יש צורך לדבר על דברים מעיין אלו בשלבים הראשונים של הפיוס כדי לעורר את האישה, מותר[108]. בשלבים מתקדמים של הפיוס, יש להימנע מלדבר בכל עניין שאינו קשור ישירות לקיום המצווה.

**ואם סיפר עמה ושימש אמרו עליו מגיד לאדם מה שיחו אפילו שיחה קלה שבין אדם לאשתו מגידין לו בשעת הדין**: אם יגידו לבן אדם לחשוב על שתי צדיקים בבת אחד, האט הוא יוכל לחשוב על שתיהן בבת אחד? ברור שלא, אלא יחשוב עליהם זה אחר זה[109]. ולכן, אומנם זה נכון שיש עניין גבוהה לחשוב בזמן החיבור על עניינים רוחניים במעלות הכי גבוהות ולהדמות להקב״ה בייצור עלומות וכדומה. אבל, עם כל זה, החיוב והמצווה שעליו לקיים הוא לחשוב על אשתו דווקא בעת החיבור, שזה חובת האדם וזה מה שמצווה עליו[110]. לכן, כל עוד שהוא לא הגיע למצב של אשתו כגופו ממש, שאשתו כל כך חלק בלתי נפרדת ממנו שאין פירוד כלל, ולכן אינו דורש מחשבה איך לענג אותה ואיך להתחבר בכל המובנים

---

שמתכוננים לפיוס. ולכן, יש להקפיד ביותר שאישה לא תספר על מי היא פגשה במקווה או בדרך.

[108] ע׳ בבא בתרא י מה יעשה אדם ויהיו לו בנים זכרים? רבי אליעזר אומר יפזר מעותיו לעניים, רבי יהושע אומר ישמח אשתו לדבר מצווה ופירוש רש״י שם לדבר מצווה לפני תשמיש.

[109] הרב ניסים קרליץ זצ״ל.

[110] אדרבה, מי שעושה זאת כראוי זוכה לבנים זכרים בעקבות זה, כמו שכתוב בגמרא נדה ע״א בשבם רב חנא בר חנינא בשכר שמשההין בבטן כדי שתזריע אשתו תחלה נותן לו הקב״ה שכר פרי הבטן וכתוב הנה נחלת בנים שכר פרי הבטן.

אלא זה בא בטבעיות כל כך כמו שהוא מבין את נפשו והצרכים שלו. אם הבעל הגיע לדרגה כזה, אז - ורק אז, שייך שהוא יחשוב על עניינים עמוקים מבלי שזה יגרע מחובותיו כלפי אשתו.

עכשיו אפשר להבין מה הגישה הראויה לחשוב על צדיקים ועניינים רוחניים וכדומה. כמו שכתב הרמב"ן, הזמן לעבודה הקדושה הזה הינו דווקא לפני תחילת המעשה כמו בשאר המצוות שאומרים "לשם יחוד" לפני עשיית המצווה, וכן הכוונות העמוקות בכוונות המצווה עושים לפני עשיית המצווה, אבל ברור שבזמן העשייה חייב העושה להיות עסוק בקיום המצווה [111] בדקדוק והידור במעשה המצווה כפשוטו.

הרבה אנשים חושבים שכל עוד שהגוף שלהם מקיים את חובותיהם, אין בכוח מחשבה (במיוחד שחושבים על דברים גבוהים) להפריע בקיום המצווה, אבל אין הדבר כן. המצווה היא לא רק על פעילות הגוף, אלא על צירוף של מחשבה ומעשה יחד, ואחד בלי השני נחשב לחסר בחיבור, וקיום המצווה יהיה באופן ירוד, על ידי הפירוד שנגרם (בדרך של החוסר שבחיבור, והליקוי הנגרם על ידי זה). יותר מזה, אם האישה הייתה מגלה שבעלה בכלל חושב על משהו אחר חוץ ממנה בשעת המצווה, וודאי לא הייתה מתרצה, אלא אדרבה הייתה נפגעת ומתרחקת נפשית ורגשית מבעלה.

---

בדרך כלל אישה מרגישה עד כמה בעלה מרוכז בה וכמה מחשבתיו בדברים אחרים, גם אם לא מעירה על זה מעדינותה. זה ההפך הגמור מתכלית החיבור וממה שמנסים להשיג על ידי החיבור שזה ״לקשור דעתך בדעתה, וכוונתך בכוונתה״[112].

הפתרון[113] לקיים את שתיהן, גם המחשבה בדברים גבוהים וגם להיות מחובר לגמרי בלי שום פירוד עם אשתו בשעת קיום המצווה, זה לחשוב בעת החיבור שיצא מהם צאצא צדיק, צאצא שעובד הקב״ה ומקיים את רצונו. כך מרוויחים שהם יחשבו על דברים ברומו של עולם (הרי עשיית רצון הקב״ה זה תכלית העולם), על צדקות ועבודת השם מצד אחד, ומצד שני שיהיה להם יחד צאצא שהינו הביטוי החזק של חיבור יחד בשלימות. כמו שמפרשים[114] מהו ״ויהיו לבשר אחד״ ואיך מגיעים לזה, זה הצאצא שנוצר מהם בין איש ואשתו.

כתוב בספר חסידים[115] על אותו חסיד שלא היה מנשק את בניו אלא כשהיה שמח בדבר מצווה, והיה מנשק אותם בפיהם בהסבר שבדרך זה דווקא יעבור הקדושה ומחשבתו לליבם. יש להעיר, אם אפשר להוסיף כך קדושה גם אחרי יצירתם, על אחת כמה וכמה שאפשר בזמן החיבור להרהר בדברי תורה, ולגרום ליצירה יותר עילוי על ידי זה? הסביר אותו חסיד, שאין הדרך כך, כי בלהרבות התאווה בזמן החיבור על ידי זה דווקא יהיה בנים צדיקים,

---

112 עי׳ אגרות הקודש להרמב״ן.

113 ליקוטי מוהר״ן וזוהר.

114 עי׳ רש״י בראשית ב/כד.

115 עי׳ ספר חסידים תתרל״א.

והתורה מבטלת התאווה ולכן אין להרהר בדברי תורה בשעת המצווה.


סימן ר"מ סעיף י': קיום המצווה בשעת סכסוך בין בני הזוג

**שו"ע ר"מ/י': אם הי' לו כעס עמה אסור לשמש עד שיפייסנה ויכול לספר עמה קודם תשמיש כדי לרצות':**


דברי הסבר: אפשר להבין מכאן, שמותר לדבר בשאר הדברים אם יש צורך בשביל החיבור, לדוגמה אם האישה לא רגועה עקב מצב מסוים ניתן אפילו לדבר על דברים אחרים כדי ליישב את דעתה ולשמח אותה, אבל יש להקפיד כנ"ל לא לדבר על אנשים אחרים.


סימן ר"מ סעיף י"א: קיום המצווה כשיש אור בחדר


**שו"ע ר"מ/יא: אסור לשמש לאור הנר אע"פ שמאפיל בטליתו:** *הגה: אבל אם עושה מחיצה גבוה עשרה עשרה לפני הנר [הגהות מיי' פ"ג מה' יי"ט] אע"פ שהאור נראה דרך המחיצה כגון שהפסיק בסדין שרי כן נ"ל מדברי רש"יי בפרק ב' דמס' ביצה דף כ"ב גם אמרי' התם דשרי כשכופה כלי על הנר ואם מותר לעשות מחיצה זו בשבת עי"ל* ריש סימן שט"ו **וכן אסור לשמש ביום אא"כ הוא בית אפל:** *הגה ות"ח מאפיל בטליתו ושרי [טור]:*


דברי הסבר: הלכה זו מבוססת על הרמב"ים, ויש להבהיר שהמקור נובע משני עניינים הלכתיים שונים ונפרדים, שלרוב אנשים מערבבים יחד כאילו הם עניין אחד בטעות. יש הלכה אחת

מבוססת על גישה של סודות התורה ("קבלה") לא לקיים המצווה במקום שיש מקור אור דלוק. הגמרא[116] מביאה שקיום המצווה במקום שיש מקור של אור בחדר גורם לבנים נכפים, ולכן משום סכנה צריך להיזהר <u>ממקור אור</u> בחדר בעת קיום המצווה. הואיל וכך, אפילו שמקור האור מפיץ רק קצת אור, כגון אור לילה של ילדים, עדיין יש להקפיד שלא יהיה מקור אור בתוך אותו החדר בעת קיום המצווה.

הלכה השנייה אומרת שאין לקיים המצווה כשיש אור חזק בתוך החדר שבו מקיימים המצווה מהדין "שמא יראה דבר מגונה ותתגנה עליו".

מה ההבדל בין הדברים? לפי ההלכה הראשונה אסור לשמש כשיש מקור אור בחדר (אסור גם אם מתכסים), ולפי ההלכה השני אפילו שיש אור מחוץ לחדר שמאיר בחדר, מותר לשמש למרות שיש אור[117].

נר דולק בחדר, אם כפה עליו כלי מותר, למרות שעדיין יש אור ממנו, כיון שזה לא נחשב לאור באותו חדר היות וכיסו את <u>המקור של האור</u>. ולכן אפשר לשים מחיצה של גובה 10 טפחים רוחב 4 טפחים, שנחשבת על פי הלכה למחיצה המפרידה בין רשות, בין הזוג למקור של האור, היות ולא נחשב האור להיות באותו חדר. וכן אם שמים את האור בתוך ארון שמחיל 40 סאה (ראה סעיף ו)

---

[116] ע' ביאור הלכה על ר"מ/א שמצטט שגמרא בפסחים קיב:

[117] דהיינו, יוצא לפי הלכה הראשונה שאם יש מקור אור בתוך החדר, גם אם חלש ביותר, אסור לקיים המצווה. ולפי הלכה השנייה, אם מקור האור מחוץ לחדר, מותר לקיים המצווה גם אם האור יחסית חזק.

שגם זה נחשב לרשות אחר בהלכה, ולא רואים את מקור של האור,
מותר.

יש עניין נוסף, לא להיות בשקיפות ישירה למקור אור, גם אם מקור
האור הוא מחוץ לחדר, אסור לקיים המצווה אם האור זורחת
ישירות עליהם.

אם האור מחוץ לחדר ומאיר עליהם ישירות [118] ואין אפשרות
אחרת, אז [119] יש הפתרון לכסות את גופם, ויהיה מותר לקיים
המצווה. זאת אומרת, למרות שבדרך כלל אין קפידה לכסות את
הגוף אם זה מפריעה לקיום המצווה, במקרה שיש אור שמאיר
ישירות עליהם בעת קיום המצווה, יש להקפיד יותר על כיסוי הגוף.
אם האור מחוץ לחדר, ואינו מאיר עליהם ישירות, אז אפילו אם
האור חזק שאפשר לראות פגמים של השני כמו צלקות, שומה
וכדומה, התירו לכל אדם בדיעבד [120] לשמש באור כזה.

חשוב לשים לב, מה שדרשו חז״ל שלא יהיה אור בחדר, לא הכוונה
שאין אור בכלל ושהחדר חייב להיות בחושך מוחלט, אלא מדובר
״להחשיך״ ולהשאיר אור מועט [121], כיון שחייב לראות את אשתו.

---

[118] דהיינו אור ישיר כמו פנס שזורח על מקום מסיום ולא שיש אור חזק לתוך
החדר.

[119] עי׳ כף החיים ר״יימ/עא.

[120] עי׳ שער ציון ר״יימ/כח.

[121] וע׳ בן איש חי הלכות שנה שניה פרשת וירא ד״ה ודע וכן בספר מקבצאל
שרמת האור שלדברי חז״ל כבר מותר להלביש תפילין עדיין נחשב חושך לעניין
זה. מתחילת עלות השחר כל עוד שלא האיר היום נחשב עדיין לילה לעניין האם
זה נקרא קיום המצווה ביום. מזה ניתן להבין בפשטות שמעט אור אפילו כדי
קריאה בספר אינו נחשב לרמה של אור שאסור בתוך החדר.

הרי כל התכלית של המצווה זה חיבור, ואם אי אפשר לראות עם
מי עושים החיבור, זה פגם יסודי בחיבור.[122]

ההגדרה של רמת האור שצריך להיות בחדר בשעת החיבור זה רמת
האור שאפשר לראות ולהכיר אחד את השני אבל קשה להבחין
בפגמים כמו צלקות, שומה וכדומה. לדוגמה, מספיק אור שניתן
לקרוא שעון או כיתוב (באי נימות מהחושך). לא מדובר בחושך
מוחלט,[123] ויש לדייק שלא כתוב בהלכה שנדרש חושך כלל, אלא
שיש למנוע <u>מקור אור בתוך החדר או אור חזק מבחוץ</u>. הדגש הוא
על דבר שתפקידו זה לייצר אור, ולכן מקור אור שאין תפקידו
להאיר, מותר. לדוגמה, מנורת מזגן, מטען, גוף חימום (תנור
"ספירלה") וכדומה.[124]

יש לשים לב, רמת האפלה שנדרש ביום לקיום המצווה בשעת
הצורך, הינו באותו רמת אור כמו בלילה, ואין חיוב להחשיך יותר
ביום מבלילה.

**וכן אסור לשמש ביום אא"כ הוא בית אפל**: *הגה ות"ח מאפיל
בטליתו ושרי*. יש לדעת שלקיים המצווה בשעות היום בבית חשוך,

---

[122] עי בעל הקהילות יעקב שהביא שני סיבות שצריך להיות מעט אור בחדר,
הראשון כדי להכיר עם מי מתחברים כדי לחזק את החיבור והקשר, והשני כדי
שלא יחשוב על אחרת ח"ו.

[123] עי שער ציון ר"ימ/כה.

[124] עי מגן אברהם ר"ימ/כד וסדר היום שמביאים שרק דברים כמו השמש והירח
נקרה מקור אור, כי תפקידם הוא להאיר, אבל כוכבים גם כשיש להם אור יחסית
חזק אינם נקראים "מקור אור" כיוון שאין תפקידם להאיר. וכן פוסקים
להלכה.

מותר לכתחילה ואין לחשוש כלל. להאפיל בטליתו, מדובר רק
שאין החדר חשוך אלא יש אור מלא, ויש להקל בזה רק בשעה
שמרגיש שיצרו מתגבר עליו[125].

יש להבהיר, למה מותר בשעת פיוס באור מלא וללא כיסוי[126], מה
עם העניין של שמא תתגנה עליו[127], האם זה לא שייך בפיוס? הסבר
הדבר הוא שבעת הפיוס אם יראה משהו מגונה, הבעל יכול או
לפרוש ממנה או לחשוב ולהחליט שאינו מפריע לו, וכל זה בצורה
שהאישה לא תרגיש בדבר. יוצא, שאם הוא ישמש למרות הפגם,
שהוא השלים עם אותו פגם, ואין בדעתו לפרוש ממנה[128] והוא לא
יפגע ב"ואהבת לרעך כמוד".

אם יגלה בעת קיום המצווה מום שמפריע לו ותתגנה עליו, ייתכן
שמרוב להט הוא יסיים את המעשה, ולא יפרוש ממנה רק לאחר

---

[125] עי' מגן אברהם ר"ם/כו.

[126] הדרישה של כיסוי והקפדה על מקור אור, זה אך ורק בשעת קיום המצווה
בעצמו. בשעת פיוס מותר באור מלא וללא כיסוי בכלל, ואדרבה זה חלק של
העניין דוקא שיהיה באור [עי' אבן עזר קיז/י].

[127] עי' גמרא נדה ט"ז : ורש"י שם ריש לקיש אמר שאסור לקיים המצווה ביום
שמא יראה דבר מתגנה באשתו

[128] יש בזה שני עניינים. הראשון - מטבע הדברים אם אדם משתקף לאתגר וצריך
לחשוב האם הוא רוצה להתמודד עם האתגר ואם לאו, אם הוא מחליט
להתמודד עם האתגר, בדרך כלל יצליח ללא קושי מדיי. הסיבה לכך, כי הוא
החליט להתמודד וחלק מההחלטה זו, הוא לעשות מה שנדרש כדי להתמודד.
לאומת זה אם "כופים" עליו להתמודד, יתקשה ממש להתמודד עם אותו אתגר.
והכל תלוי במחשבה והחלטה שלו. שנית, בעת הפיוס יכול לחשוב האם ניתן
להתגבר ובאיזה אופן, וזאת לפני המעשה, ולא יפגע באשתו בצד הבין אדם
לחברו, גניבת דעת וכדומה. גם אם חס וחלילה לא מצליח להתגבר, לפרוש,
כמה שזה יכול לפגוע רגשי, כרוך בזה מסר עמוק של לכבד את הזולת.

המעשה. במצב כזה, יוצא שהוא מקיים המצווה עם אשתו אבל בדעתו הוא פרוש ממנה (ממש כגרושת הלב). זה חסרון גדול מאוד ופגיעה ב"ואהבת לרעך כמוך", הרי אשתו נותנת לו את גופה ומתחברת אליו, והכל על בסיס התחברות יחד. אם הבעל חושב לפרוש ממנה (או חס וחלילה אפילו לשקול להתגרש) כי מצא דבר מגונה, יוצא שהם היו ביחד על בסיס מצג שווה ושהוא משקר אליה. אם האישה היית יודעת את מחשבתיו, לא היית מסכימה כלל לשמש אתו, ולכן יש בזה גניבת דעת ופגיעה חמורה במצוות "ואהבת לרעך כמוך".

סימן ר"מ סעיף י"ב: קיום המצווה בעת צערה לכלל הציבור [רעב, מלחמה, מגפה וכדומה]

**שו"ע ר"מ/י"ב: אסור לשמש מטתו בשני רעבון אלא לחשוכי בנים [פירוש מי שאין לו בנים]:** *הגה ועי"ל סי' תקע"ד ס"ד והיה בשאר צרות שהם כרעבון[129] [ירושלמי דתענית]:*

<u>דברי הסבר</u>: איסור זה שייך בעיקר לחסידים ואנשי מעשה כמו יוסף הצדיק[130] ולא לכלל הציבור[131]. מעבר לכך, מדובר שיש איסור

---

[129] ועי' השכנה"ג שכתב שיש לנהוג כן בשנת רעבון היות והמקור כתוב במפורש בגמרא, אבל שאר צרות אין להחמיר כלל.

[130] עי' עטרת זקנים על שלחן ערוך אורח חיים תקע"ד סעיף ד'

[131] עי' בספר דברי דוד על פרשת מקץ שאיסור זה נהוג במקום קיום המצווה לשם תענוג בעלמא, אבל שאר סיבות שרי לכתחילה. דהיינו, אם מקיים המצווה כדי לקיים פרו ורבו, משום סיבות רגשיות, כי יש צורך או להתרחק מן העבירה וכדומה, בכל אלו מותר לכתחילה לקיים המצווה גם בזמן של רעבון. האמת,

לקיים המצווה במצב של סכנה לקיים את העונה[132], ולא בזמנים שיש להשיג את המחיה רק ביוקר[133].  למי שטרם קיים מצוות פרו ורבו [134] ומי שעדיין צעיר ויצרו תקפו [135] (לדוגמה, עדיין נדרש החיבור לאשתו כדי לחזק הקשר ביניהם) אסור להם לפרוש אפילו בשנת רעבון[136].

---

שעקרון שמנחה אומר להיות מובן מאליו בהלכה זו. הרי אדם עם שמץ מינימלי של רגישות לזולת אינו יכול לשקוע בהנאת עצמו לשם הנאה בעלמא בעת שיש בסביבותיו אנשים שסובלים, גם אם מעמדו הוא כזה שהוא אישית אינו סובל. הציפייה הוא שאדם עם רגישות ואכפתיות מינימלית לא תהיה במצב שמסוגל בכלל לקיים המצווה להנאתו בעת שיש סבל בסביבה שלו. דבר זה נלמד מיוסף הצדיק שהוליד רק את אפרים ומנשה עד התחלת הרעב במצרים, כמו שמסבירים המפרשים שם.

[132] כמובן כמו כל מקום של סכנות נפשות לא דובר כשיש סכנה ממש, שזה פשוט אלא שעלול המצב להתגלגל עד כדי סכנות נפשת. לא דובר מצבים של דוחק או קושי, גם לא אם זה מעבר לשגרה של הקושי שרגילים אליו.

[133] ע״י בספר כף החיים ר״מ/פא שמביא כשהמזונות היו מצויים רק שהם ביוקר גדול אינו נחשב "רעבון", רק שהיה חסר לגמרי , וכתב שם עוד שבירושלים נהגו היתר בזה. מובן מעצמו שבעת שאין אפשרות לקנות אוכל כלל, שמוטל על זוג לשמור על הבריאות של עצמם. וע׳ עוד חכמת שלמה על שלחן ערוך אורח חיים תקע״ד סעיף א.

[134] ע״י אליה רבה אורח חיים סימן תקע״ד סעיף ח' ומגן אברהם סימן תקע״ד סעיף ה ו-כף החיים אורח חיים סימן תקע״ד סעיף ט״ו, וע׳ משנה ברורה סימן תקע״ד סעיף י״א שמחלק בין רעבון ושער צרות וע׳ שם כף החיים ומשנה ברורה סעיף י״ב שמי שיש לו בנים מחללי שבת וכנתו שיוליד לו בנים כשרים דינו כחשוכי בנים.

[135] ע׳ כף החיים ר״מ/פג. וע׳ אליה רבה על שלחן ערוך אורח חיים סימן תקע״ד סעיף ח'

[136] ע׳ אליה רבה ר״מ/כ, וכל שכן שאסור לפרוש בשאר צרות כגון דבר וחרב ומגיפה. וע׳ שערי תשובה אורח חיים סימן תקע״ד סעיף ד'

## סימן ר"מ סעיף י"ג: קיום המצווה לאורחים

**שו"ע רמ/יג: אכסנאי אסור לשמש ואם יחדו לו ולאשתו בית מותר ובלבד שלא יישן בטליתו של בעל הבית:**

_דברי הסבר:_ יש לשמור על הצניעות במיוחד כשנמצאים במקום אחר, ולכן שאין לזוג מקום נפרד לעצמם, אין להשתמש כלל אצל המארח שלהם[137]. הכוונה היא, אם בעל ואשתו מקבלים חדר נפרד כל אחד ולא ישנים ביחד באותו חדר[138], שמא ירגישו הבני בית שילכו אחד לשני, ולכן אסרו[139]. אם יש מחיצה בינם לשאר האנשים במקום ולא ירגישו אנשי המקום כלל, אפשר להקל[140]. מטעמי צניעות, יש להימנע מלהשתמש במצעים של המארחים, שמא יהיה לאורחים לגנאי[141]. אבל אם הם במקום שיש לאורחים חדר לעצמם, ויש להם מצעים של עצמם, אין לחשוש לזה כלל.

---

[137] עי' אליה רבה ר"י/מ/כא.

[138] ועי' משנה ברורה שמביא גמרא עירובין סג שלישון עם אשתו לבדו בחדר, גם כשהיא נדה ואסורה, נחשב ל"בית תענוג". ויותר מזה, כותב הטהרת ישראל, שאסור לישון בחדר שבעל ואשתו ישנים שם כי זה פוגע בקרבה שלהם, גם אם האישה נדה. יש להתיר זאת רק אם גם הבעל וגם האישה מבקשים ממנו לישון שם עי' טהרת ישראל ר"י/מ/ו ס"ק מ"א.

[139] עי' מגן אברהם ר"י/מ/כז.

[140] עי' טהרת ישראל אורח חיים ר"י/מ/ו ס"ק מ"א. לדוגמה, כשיש חלל או חלון בין הקיר לתקרה ויש מספר חדרים מתחת לאותו קורת גג, ובגלל החלל ניתן לשמוע מחדר לחדר אבל לא לראות.

[141] עי' המגן אברהם ר"י/מ/כח שמא בעל הבית יראו שהמצעים (כיסוי למיטה וכודמה) מלוכלכים וירגישו בדבר.

# בנין עדי עַד
### אישות בעיני חז"ל

סימן ר"מ סעיף י"ד-ט"ו: טבע האדם, כוחות הגוף וקיום המצווה

**שו"ע רמ/יד: שכבת זרע הוא כח הגוף ומאור העינים וכל זמן שתצא ביותר הגוף כלה וחייו אובדי' וכל השטוף בבעילה זקנה קופצת עליו וכחו תשש ועיניו כהות וריח רע נודף מפיו ושער ראשו וגבות עיניו וריסי עיניו נושרים ושער זקנו ושחיו ושער רגליו רבה ושיניו נושרו' והרב' כאבים חוץ מאלו באים עליו אמרו חכמי הרופאים אחד מאלף מת משאר חלאי' והאלף מרוב תשמיש לפיכך צריך אדם ליזהר:**

**שו"ע רמ/טו: לא יבעול והוא שבע או רעב אלא כשיתעכל המזון שבמעיו ולא יבעול מעומד ולא מיושב ולא בבית המרחץ ולא ביום שנכנס למרחץ ולא ביום הקזה ולא ביום יציאה לדרך או ביאה מן הדרך ולא לפניהם ולא לאחריהם:** *[והא דבריש הסימן שחייב לפוקדה איירי כשהוא רוכב או יושב בקרון וכאן איירי במהלך] [מהרש"יל]:*

<u>דברי הסבר</u>: שני הסעיפים האלו למרות שהם רשומים כשני סעיפים נפרדים, הם באמת סעיף אחד ארוך, ציטוט מהרמב"ם[142] וכדי להבין אותו נכון צריך ללמוד אותם ביחד. צריך להבין, אין כוונת הסעיף שכל הוצאות שכבת זרע הינו דבר רע ופוגעני לגוף, אלא הסעיף בא ללמד שכל דבר גם אם הוא טוב ביותר, הוא טוב רק אם

---

[142] עי' רמב"ם הלכות דעות פרק ד' הלכה י"ט וראה בנוסף בהלכה כי שהרמב"ם כותב במפורש שאלו הנהגות טובות לשמור על בריאות הגוף.

57

משתמשים בו באופן מתון. הגמרא[143] מסבירה שורה ארוכה של רפואות, ומאריכה שם באם ייקחו הרבה מדיי מהרפואה, זה גורם לדבר לא טוב ומזיק לגוף, וכשלוקחים פחות מדי גם יש חוסר בתוצאה ואינו מועיל לתכלית הרצוי. יש להקפיד ולעשות את הרפואה במינון הנכון לפי צורכו. כך גם לעניין קיום המצווה, יש לעשות את העניין ולקיים את המצווה בצורה מיטבית לפי צורך וכוח הגוף, ובהתחשבות בכללי הבריאות.

אין הסעיפים האלו אומרים מה מותר ומה אסור מגדרי הלכה, אלא מה מומלץ לפי כללי הבריאות[144] וכוחות הגוף[145] באופן כללי המתאים לרוב אנשים. לכן, לדוגמה, מי שבא מהדרך אסור לו לשמש, אבל מי שישב בקרון או רכב, מותר לשמש[146] מהסיבה שמי שמגיע מותש ועייף מהדרך וישמש הוא יאמץ את גופתו מדיי וזה יזיק. ולכן, לדוגמה, היום מי שנוסע ברכב או מטוס, אין לחשוש לחולשת מחמת הדרך ולכן אין צורך להימנע מקיום המצווה.

יש לשאול, הרי כתוב מצד אחד שיש חובה לפקוד את אשתו לפני יציאתו ולאחר ביאתו מהדרך, אז איך כתוב כאן שיש איסור? אלא יש להסביר שמדובר על איסור לקיים המצווה מיד לפני יציאתו

---

[143] ע' גיטין ע' ביאור הגר"א ר"י מ/יד.

[144] ע' מגן אברהם ר"י מ/כט, וכן מביא המשנה ברורה ר"י מ/נג והכף החיים ר"י מ/פט עניין חולה שנתרפא יזהר מקיום המצווה עד שתחזק גופו, ולא תשמש כיון שזה יכול להחליש אותו ויפגע בבריאותו.

[145] כך מביא האליה רבה ר"י מ/כב-כג שכל זה מדברי הרמב"ם לדעתו לפי כללי הבריאות, ואינו מדבר כלל באיסור לפי הלכה.

[146] ע' אבן העזר סימן כה ב"ח ופרישה שם.

ומיד לאחר ביאתו מהדרך, כדי שיהיה זמן לנוח ולהחזיר כוחות לפני קיום המצווה[147].

הסעיפים האלה מדברים על ההשפעה שיש למצב הגוף בעת קיום המצווה, על בריאות אחד מבני הזוג או על נסיבות אחרות היכולים להשפיע על הבריאות, ולא מצד איסור או היתר[148]. כן כתוב בשם הזוהר ש"היוצא מבית הכיסא קבוע" (דהיינו כמו שמצוי אצלנו) לא ישמש כל אותו שעה משום שנדבק בו שד ופוגם אותו זוג. הכוונה של "כל אותו שעה" לפי הסבר הפוסקים[149] אינו זמן רב אלא יש להמתין "זמן מה"[150], ואין חובה להמתין אלא כמה דקות ספורות אחרי שיוצאים מבית הכיסא.

כתוב בשם הזוהר הקדוש[151], שאשה שמניקה אין לה לשמש אלא בזמן שהילד ישן, ולאחר קיום המצווה יש להמתין ולא להניק את הילד שעה אחת. שעה אחת, נחשב למהלך מיל אחד, ולכתחילה יש

---

[147] ע' עטרת זקנים ר"מ/ב ומגן אברהם רמ/כט, וע' אליה רבה בשם כנסת הגדולה ב"ח ופרישה.

[148] ע' אליה רבה ר"מ/כב-כג בשם הכסף משנה שמדובר על כוחות של העובר שנולד מקיום המצווה, והמצב של ההורים בעת קיום המצווה משפיע על הולד, לרבות המצב הבריאותי, נפשי וכו' של ההורים, ולכן כדי להטיב עם הולד יש להקפיד על מצב הטוב ביותר. מוזכר בכף החיים ר"מ/פט רעיון דומה שאם ישמש שהוא רעב או שבע דבר זה ישפיע על אופי של הולד שיוצא מזיווג זה. [ויש להזכיר שמדובר שהוא שבע מאוד או רבע מאוד, ולא באופן כללי אם הוא נוטע קצת לכאן ולכאן.]

[149] ע' משנה ברורה ר"מ/נד בשם היד אפרים ר"מ/א, וע' רי"ף פרק ב' דשבועות.

[150] ע' יד אפרים ר"מ/ב. דהיינו זמן הליכה של חצי מיל בלבד, ומותר לעשות פיוס באותו זמן. (כ-5-7 דקות)

[151] ע' משנה ברורה ר"מ/נד, ראה בנוסף זוהר ויקרא דף י"ט ע"א

להמתין זמן הליכה של שני מיל[152]. כל זה אינו מדובר אלא כשהתינוק אינו בוכה, אבל אם התינוק בוכה[153], אין לחושש כלל ומותר להניק מיד.


סימן ר"מ סעיף ט"ז: קיום המצווה כששיש תינוק בחדר


**רמ/טז: המשמש מטתו על מטה שתינוק ישן עליה אותו תינוק נכפה ולא אמרן אלא דלא הוי בר שתא אבל הוי בר שתא לית לן בה ולא אמרן אלא דגני להדי כרעיה [פי׳ שישן לרגליו] אבל גני להדי רישיה לית לן בה ולא אמרן אלא דלא מנח ידיה עליה אבל מנח ידיה עליה לית לן בה:**


<u>דברי הסבר</u>: דברי המחבר כאן הם לשון הגמרא[154] ויש לדייק בלשון הגמרא כדי להבין נכון, **המשמש מטתו על מטה שתינוק ישן עליה** המקיים את המצווה על מיטתו ויש תינוק שיושן על אותו מיטה **אותו תינוק** אותו התינוק עלול ללקות ב**נכפה. ולא אמרן** לא אמרו את האזהרה זו **אלא דלא הוי בר שתא** אלא אם כן התינוק עדיין לא הגיע לגיל שנה **אבל הוי בר שתא לית לן בה** אבל אם התינוק כבר הגיע לגיל שנה אין לחשוש כלל **ולא אמרן אלא דגני להדי כרעיה [פי׳ שישן לרגליו]** ולא אמרו את הדין אלא אם כן התינוק יושן לרגלי האב **אבל גני להדי רישיה לית לן בה** אבל אם התינוק יושן בצד הראש של האב אין לחשוש כלל **ולא אמרן אלא דלא מנח ידיה עליה** ולא אמרו את האזהרה של תינוק שיושן ברגלי האב

---

[152] עי׳ מגן אברהם ר"מ/כט

[153] עי׳ מגן אברהם ר"מ/כט.

[154] גמרא פסחים קיב:

והאב לא שם ידו על התינוק **אבל מנח ידיה עליה לית לן בה** אבל אם האב שם ידו על התינוק, גם אם התינוק יושן אצל רגלי האב, אין לחשש כלל. לכן, אם הנסיבות הם כאלו שהזוג רוצה לקיים את המצווה ויש תינוק היושן על מיטתם אין לחשוש אלא אם כן הילד פחות משנה ויושן בצד הרגלים של המשמשים ואין האב שם ידו על התינוק. אם מדובר במקרה ונסיבות יחסית מיוחדות, אז למה השלחן ערוך מביא את ההלכה הזה?

זה פותח סוגיה של קיום המצווה כשיש תינוק בחדר, דבר שמצוי לרוב בשנה ראשונה, במיוחד אם האמא יונקת את התינוק. מותר לשמש מיטתו כשיש תינוק הנמצא בחדר כל עוד שאינו יודע לדבר, גם אם התינוק ער. אם זוג מתעוררים לקיים את המצווה ויש תינוק ער בחדר, אין לחשוש לזה כלל[155] כל עוד שהתינוק עדיין לא הגיע לגיל של דיבור. אם התינוק כבר יודע לדבר אסור לקיים את המצווה כל עוד שהתינוק נמצא בחדר, גם כשאינו מבין העניין אך יספר מה שראה, ומכוער הדבר[156].

סימן ר"מ סעיף י"ז: כיוון המטה (והגוף) בקיום המצווה

**רמ/יז: מטה שישן בה עם אשתו צריך שתהא ראשה ומרגלותיה זה לצפון וזה לדרום:**

---

[155] טהרת ישראל ר"מ/מג. זה למרות מה שאמרנו סעיף ו' לעיל, שונה כאן הדין כלפי תינוק שאינו יודע לדבר עדיין משום קטנותו, ואין זה סיבה להימנע מקיום המצווה, גם אם התינוק ער ורואה. אומנם, בגיל שמתחיל לדבר כבר, יש להוציא את הילד מהחדר, או למנוע מקיום המצווה כשהוא ער.

[156] ע' באר יצחק ר"מ/ריא.

# בנין עדי ע.ד
### אישות בעיני חז"ל

<u>דברי הסבר</u>: לדעת המקובלים[157] יש להקפיד על ראש למזרח ורגלים למערב ויש אומרים שיש להקפיד על צפון דרום[158] דווקא, ויש דעות מה עדיף[159]. העדיפות היא על הכיוון הכללי של המטה, ואינו צריך להקפיד על כיוון מדויק של המיטה, וכן בשעת קיום המצווה אין חובה להקפיד על הכיוון המדויק. מקום שקשה לסדר בצורה אחת או השנייה, לדוגמה ביחידת דיור או כשמתארחים, אין חובה להקפיד על הדרך שרגילים, ומותר לשנות ללא התרת נדרים ולקיים המצווה.

---

157 עי׳ כף החיים ר״מ/צה

158 עי׳ משנה ברורה ג/יא, לכתחילה עדיף לכוון צפון דרום

159 ועי׳ דרך פקודיך (מבעל הבני יששכר) מצוות עשה ראשונה, חלק המחשבה אות כג׳ הסרר נפלא בצדדים העניין.

62

# ש״ות בהלכות אישות

# שער הגישה

סימן א' - מבוא להלכות אישות  - איך ללמוד סימן ר"מ?

**שאלה** : איך יש ללמוד את סימן ר״מ?

**תשובה** : יש להבין, מצוות עונה הוא חיוב דאורייתא שחייבים להקפיד עליו כמו כל חיוב דאורייתא. לפיכך, כמו בכל ספק הקיים במצווה דאורייתא, פוסקים ״ספק דאורייתא לחומרה״. דהיינו בכל ספק יש לפעול בצורה שממעטת האפשרות לעבור איסור דאורייתא בטעות או מגביר את הסיכוי לקיום המצווה דאורייתא. בנוסף, היות והחובה הינו חיוב דאורייתא מי שרוצה להתנות על עונה שלו, תנאיו בטל כמו כל מתנה בתורה[160] וחובה לקיים את כל ההתחייבות שלו[161].

---

[160] עי' שו״ע אבן העזר ס״ט/ו, ועי' בבא מציעא נא. ועי' בבא בתרא קכו: ועי' כתובות סא:

[161] עי' אגרת הקודש לבעל קהילות יעקב אגרת ב'. בעל שמסרב לקיים את חובתו כלפי אשתו וכן אישה שמסרבת לקיים חובתה כלפי בעלה, החטא שלהם גדול עד מאוד, ויפחדו מיום הדין! יש לדעת שבית הדין עלול להפעיל קנס כספי על

רק לאחר שקיים הבעל כל ההתחייבויות שלו בדין הדאורייתא, יש דרגות של פרישות, חומרות והנהגות שניתן לעשות. קשה מאוד לדעת מה ההגדרה של דבר, ואיך לסדר אותו בסדר עדיפות הלכתית היות והרוב תלוי בנסיבות של הבני זוג בעצמם (וגם זה משתנה מעת לעת). לכן קשה למאוד לדעת איך ומתי יש לעשות הנהגה של מדת חסידות וכדומה בעניין, שאלו צריכים לתאם למצב החיים באותו זמן (שהם עשיות להשתנות באופן תדירי). הרי פשוט שאסור לגרוע ממצוה עונה שזה מהווה איסור דאורייתא, וכל פרישות, הנהגה, חומרה וכו' חייב להיות בגדר של מוסיף על קיום המצווה דאורייתא, ולא לפגוע בקיום המצווה או חס וחלילה בבת הזוג.

גם הטענה של הבעל שהוא שאל את אשתו "והאישה מוחלת לו" לא פשוטה לקבל כלל וכלל[162]. הרי אם נותר לבעל איזשהו ספק שהאישה לא מוחלת בלב שלם ובאמת, אז הבעל עובר על איסור דאורייתא חמור בפרישות שלו. כמו שכתבנו שאין להתנות על עונה של אישה, ותנאיו בטלים כמו כל התניה על דבר תורה[163], ומי

---

הצד המסרב, ותלוי בנסיבות יתחייב אפילו גירושין. אם האישה מסרבת ייתכן שתפסיד כתובתה, ואם הבעל אשם יחויב הבעל לשלם את הכתובה. אין כאן מקום להאריך בזה.

[162] גם אם הצד "הנפגעת" מוותרת מרצונו על האיסור, לדוגמה עונה, אונאה, ריבית וכדומה, אין המשמעות שהדבר הפך להיות מותר, אלא יש צדדים שמקילים עם העונש. וע' בבא מציעא נא. וע' בבא בתרא קכו: וע' כתובות סא:

[163] ע' שו"ע אבן העזר ס"ט/ו.

שמונע עונת אשתו לא דיי שמצער אותה נפשי ורגשי אלא נחשב
שהוא גורם לה צער גוף ממש[164] כפשוטו.

לכן צריכים גם להבין, כל מה שחז״ל כתבו להחמיר, להרחיק
מהעניין וכדומה, כל זה מדובר בתנאי שמקיים את הדין דאורייתא
בשלמות. אך ורק מי שמקיים את הדין דאורייתא בשלמות, יכול
אחר כך להחמיר ולעשות הרחקות.

אכן, יש קושי אינהרנטי ללמוד את הסימן הזה[165] כי לא כל ״לא״
בסימן מובן באותו כוונה. יש דין שהוא לחומרה, יש דין שהוא רק
לכתחילה, יש דין בדיעבד יש הנהגה ראויה ועוד[166], וקשה לדעת
איך להבין כל דבר לפי כללי ההלכה[167].

---

[164] עי׳ ט״ז אבן העזר ס״ט/ד. דהיינו זה מניעה הנאה גופנית בלבד, אלא חז״ל
התייחסו לסירובו של הבעל לקיים חובתו ממש כאילו הבעל מכה פיזית את אשתו
וגורם לה צער ממשית.

[165] כך אמר הרב אלישיב זצ״ל.

[166] חובת הבעל של ״ושמח את אשתו״ ושמח כולל חובת העונה שמוטל על הבעל,
וכן כל דבר שמשמח את אשתו, חייב הבעל להתאמץ לעשות (בגדרי הנורמה). זה
הבסיס של חובתו במצווה דאורייתא זו, וכן, עיקר ההלכה הוא כמו שכתוב
ברמ״א באבן העזר כ״ה/ב.

[167] כיון שהשולחן ערוך לא כתב ליד כל הלכה מה הדירוג ההלכתי של הדבר -
האם מדובר בדין דאורייתא, דרבנן או הנהגה טובה בעלמה, כתוצאה מזה גם
קשה להבין את ההלכה בצורה נכונה. ידוע הכלל בהוראה, שמי שלא למד טור
ובית יוסף לא יבין את המחבר והרמ״א נכון כי חסר לו הרקע והבסיס להלכה
שממנו נובע ההלכה של הרמ״א והמחבר. זה נכון בכל תחום הלכתי, ובהלכות
אישות על אחת כמה וכמה הדבר נכון.

## סימן ב' - השינוי הנדרש להבין את סימן ר"מ

**שאלה:** ממה נובע האי-הבנה בתחום של הלכות אישות ומה השינוי
הנדרש כדי שנזכה להבין סימן ר"מ באופן הנכון?

**תשובה:** ליהודי יש שלש עבירות שהם בגדר שצריך למסור נפשו
כדי לא לעבור עליהם. מתוך שלושתם העבירה היחידה שבאמת
שייך לכל אחד הינו גילוי עריות. בתחום של עריות יש לנו הלכות
יחוד, הלכות צניעות רבות, שמירת עניים, והשלכות על תחומים
רבים כמו הלכות ברכות וכדומה. ברור לכל יהודי שיש להתרחק
מעבירה זו כמה שניתן, ויש צורך להגדיר הגדרות והרחקות היות
ומטבע הדברים אנשים נמשכים לאיסור זה. אם כן, מה משתנה
בגישה לאחר שמתחתנים ואיך זה משפיע על השקפתינו בעניין?

לפני שמתחתנים אנחנו בגדר של איסור מוחלט מכל העריות
בדרגות שונות של איסור. הואיל וכך, המצב של כל אחד ברור -
שיש להתרחק ולשמור מכל דבר שקשור לגילוי עריות. נקודת
המוצא הינו שכל דבר קשור לעריות הינו איסור חמור.

הדבר משתנה לחלוטין[168] באופן דרמטי בתוך גדרי חיי נישואין.
מתחת לחופה אנו מברכים "ו<u>התיר לנו את הנשואות לנו</u> על ידי

_______________

[168] חשוב להדגיש, הדין של אישה לאחר החופה - כלפי הבעל השתנה הדין לקולה
כמעט לגמרי, וכלפי כל העולם הדין השתנה לחומרא. לכן יש לשים הדגשה לזה
שכל מה שמרפה חובותיה כלפי הבעל בעניין צניעות מתחזקת חובותיה בעניין
צניעות כלפי כל העולם.
חס וחלילה לחשוב שדין צניעות באופן כללי התרפה, ודין אשת איש חמור עד
מאוד.

# בנין עדי עַד
## אישות בעיני חז"ל

חופה וקידושין". דהיינו בחיי נישואין, בין איש לאשתו, נקודת המוצא הינו כל מה שהיה אסור לרווק, עכשיו מותר בתוך גדרי חיי נישואין[169]. גם בזמן שאשתו של אדם נדה לא חוזרת לדין עריות הקודם (לגמרי[170]) שהיה לה כלפיו, אלא לדין איחודי, חלקם יותר חמורות[171] וחלקם יותר מקילות[172].

יוצא מזה שבתקופה ראשונה של החיים התחום כולו אסור איסור חמור, ובתקופה שני יש שינוי דרמטי בגדרי האיסור. בתקופה החדשה הבני זוג מותרים אחד לשני לגמרי, אומנם לא הופכים להיתר גמור באופן שברור ממש, היות ונותר איסורים של נדה והרחקות. רוב בני אדם נשארים בהבנה הראשונה שהיה להם שהכל אסור חוץ ממה שמותר וגם זה רק בדוחק. אין המבט הזה נכון כלל. לאחר שמתחתנים אשתו של אדם מותרת לו ללא הגבלה כלל וכלל בלשון חז"ל "אשתו כגופו". "והיתר לנו", כמו שלא שייך

<hr>

[169] לא בבחינת דיחוי האיסור, אלא יש לדייק בלשון הברכה "התיר לנו" דהיינו האישה הפכה להיות מותרת לבעלה לגמרי, לא חלקית ולא בתורת דיחוי, אלא מותרת לגמרי.

[170] הרי בהלכות ברכות וכדומה יש עדיין השלכות, וכן מצד איסור נדה האיסור נותר כמו כל נדה ואין נפקה מינה שהיא אשתו.

[171] מכל מקום נשאר תחת מסגרת של נישואין - יש לו אישה עם חיובים כלפיה, חיובים שאין לו כלפי הזולת בכל מקום אחר.

זה הזדמנות להדגיש, טעות נפוץ אצל אנשים לחשוב "אני מסתדר עם אמא שלי או אחותי, אז מה אשתי יהיה שונה???" הדבר אינו כן, הרי אין השעבוד והתחייבויות שיש לאדם כלפי אשתו דומים כלל לאלו שיש כלפי המשפחה. יותר מזה, אין הקשר בין איש לאשתו עם אותם דרישות וצרכים שקיים בקשרים אחרים. לכן, חשוב מאוד להבין שיש הגדרה שונה בזוגיות בין בעל ואשתו, וברגע שבחור עושה השינוי בהבנה הזה, חלק מהותי של השינוי בגישתו "בין אדם לחברו" כבר השתנה לטובה כלפי אשתו.

[172] לדוגמה, מותר לבעל להתייחד עם אשתו, גם שהיא אסורה לו מדין נדה.

לומר שחלק מהגוף אסור לחלק השני, כך אשתו של אדם הפכה לו
להיתר גמור.


יש זמנים שמשום גורם צדדי [של הלכות נדה] מופעל הגבלות
ואיסורים מסוימים בין איש לאשתו. גורם זה מהווה גשר בין תחום
טהרות ועריות שמגביל בצורה מסוימת לזמן מה[173]. בזמן ששמרו
על קדושה וטהרות היה ברור יותר שאיסור נדה אינו קשור לאישות
או הגבלה באישות אלא בעניין קדושה. היום זה מטושטש. במילים
אחרות איסור נדה אינו איסור בתחום של עריות אלא בתחום של
טהרות שיש בו השלכות על תחום עריות.


סימן ג' – הבנת מטרת סימן ר"מ בצורה נכונה


**שאלה:** למה כלל הבעל הטורים סימן ר"מ גם באורח החיים ולא
רק באבן העזר, שהוא המקום שבו מתעסקים בהלכות הקשורים
לחיי משפחה ונישואין ולכן מקום המתאים להלכות אלו, בעת
שחיבר את סדר ההלכה?


**תשובה:** כדי להבין את התשובה, צריך להקדים אם שאלה. יש
להבין מה הבעל הטורים רצה שסידר את הלכות אישות (סימן
ר"מ) לאחר תפילת ערבית, שהוא הזמן הראוי לפי מעגל החיים ולא
לפי נושא שהמקום המתאים הוא באבן העזר?


---

[173] הרי הרבה מדיני נדה היום נובעים מחומרת איסור זבה ולא מאיסור נדה
דלרד.

# בנין עדי ע.ד

### אישות בעיני חז״ל

הבעל הטורים סידר את ספר הלכות שלו לא רק במבט של הלכה, אלא גם כן להדריך הקורא באורח חיים תואם לגישה התורנית ברוחו. לכן, מצוי שבמבוא לתחום הלכתי הוא מתחיל עם מושגים, הסברים ופן המוסרי לפני שהוא מתעמק בעניין ההלכתי הטהור.

הבעל הטורים היה עסוק באורח חיים תורניים ולא בסידור הלכה שמנותק מהתנהגות הכללי של היהודי בחיי יום יום. לכן, אחרי הלכות שחרית קבע סימנים קנה-קנו שמתעסקים עם קביעת עתים לתורה ומשא ומתן. הבעל הטורים מתעסק בקצרה בסימנים אלו בעיקר בפן מוסרי, ורק מעט בהלכה, כדי להסביר הגישה המאוזנת לחיים על פי גישה התורנית. הבעל הטורים מתעסק בהרחבה בהלכות אלו במקום המתאים שלהם[174], ושם הדגש הוא בעיקר על ההלכה ולא על פן המוסרי. פירוש הלכות האלו עשה הבעל הטורים ברחבה המקום השייך להם.

בדרכו הקודש של הבעל הטורים הקפיד לכתוב דברי הדרכה ומוסר לאדם, איך לגשת לעניין על פי התורה, לפני שאדם מתעסק באותו דבר באופן צפוי בטבע הדברים לפי מעגל החיים. לאחר תפילת שחרית, רוב בני אדם עסוקים במשא ומתן, ולכן חשוב להזכיר להם לקבוע עיתים לתורה ולגשת למשא ומתן באמונה ובדרך הגון על פי תורה. בלילה, לאחר סיום כל העבודה אדם פונה לביתו ויש זמן

---

[174] הלכות תלמוד תורה נמצא בחלק יורה דעה והלכות משא ומתן נמצא בחושן משפט. כמו כן, הלכות אישות נמצא במסגרת של חלק אבן העזר בשלחן ערוך, ושם מפרטים את ההלכות של נישואין, שחלק ממנו הוא הלכות אישות. דבר פשוט הוא למעיין בסימנים שנמצאים לפני ואחרי סימן כ״ה ו-ע״ו באבן העזר שזה מקום שמתעסק הלכות אלו, מה שאין כן בסימנים לפני ואחרי סימן רי״מ באורח חיים.

להתעסק באישות, ולכן קבע הבעל התורים סימן מוסרי על אישות לאחר הלכות ערבית.

יודע דברי הרמב״ם הלכות דעת[175] שכל דבר צריך איזון ויש ללכת בדרך האמצעי, ולא לאף קיצון[176]. באופן טבעי יש לאדם דחף טבעי וברי לעניין אישות, ולכן קבע בעל הטורים גישה <u>מוסרית</u> סימן ר״מ באורח חיים לעשות הגדרות ובלמים לדחף הטבעי, למרות שעיקר <u>ההלכה</u> נמצא באבן העזר. ע׳ הערה[177].

סימן ד' - גישה תורנית לאישות, האם דבר קדוש ומרומם או גשמי ומושפל?

**שאלה:** האם אישות הוא כלי להשיג רוחניות גובהה וקדושה או דבר מושפל שמוכרחים לקיום מצוות פרו ורבו בלבד?

---

[175] הלכות דעות פרק א׳ הלכה ד׳ הגישה המפורסמת של הרמב״ם של ״דרך בינונית״.

[176] לא לפרישות יתירה וכן לא להרבות בקיום המצווה מעל המידה, ושתי הגישות הקיצונים מביאים הרס לעולם.

[177] יש לזכור דברי חז״ל בגמרא יומא סט : שסמו בעין אחד את היצר הרע של תאווה, ושם פרשו חז״ל שזה רק לעניין קרובים של אדם שאין תאווה טבעית ללא גירוי לקרובים. זאת אומרת, לשאר העולם נשאר התאווה במלוא עוצמה וכוחות, ולכן האריך הבעל הטורים, המחבר והרמ״א בגישה המוסרית לרסן את התאווה והתשוקה החזקה הזאת. כדי לעזור לאנשים לאזן, לשלוט ולכוון את הכוח העצום הזאת למקום הנכון.

**תשובה:** הגישה התורנית הוא שאין גנאי כלל[178] בחיבור של איש
עם אשתו היות שכך ברא הקב"ה את האדם[179]. לא יתכן שדבר
שעליו מיוסד ומבוסס קיום העולם, ועל ידיו נוצר חיים חדשים
שדרכו בו המשכיות של העולם ותכלית הבריאה, שיש בו גנאי
וחרפה, הרי ידוע כלל גדול בתורה "דרכיה דרכי נועם"[180].

אם כך, צריך להבין למה יש הסתכלות שגם נמצאת בדברי חז"ל,
שמזכירים עניין האישות בתור דבר מושפל ולא בתור דבר מרומם.
איך לפשר את הדבר?

התשובה האמיתית היא פשוטה כמו שהיא עבודה קשה. חז"ל גינו
עניין האישות רק כשהוא נובע מזה שאדם מתכוון לתאוותו
בלבד[181], שאדם רוצה רק לספק את היייצר הרע של עצמו[182], מצד

---

[178] ראה לדוגמה, גמרא מגילה כה. המכנה בעריות משתקין אותו תני רב יוסף
קלון אביו וקלון אימו. מי שמגדיר איסור עריות משום קלון וגינוי אינו אלא
טועה ולכן משתקין אותו.

[179] אדרבה, עיין בזוהר כרך ג' פרשת ויקרא ז' שדווקא בעת החיבור מדמה האיש
להקב"ה.

[180] משלי פרק ג פסוק יז.

[181] הרב יהודה שפירא זצ"ל (מראשי כולל חזון איש) אמר לחתן שלו לפני
החתונה "דע לך, שיר השירים לא נכתב לפושעים". [והמחבר מוסיף, כמו שיר
השירים מדבר על החיבור בין איש ואשתו (וכן מרמז לכנסת ישראל והקב"ה)
לשם תכלית, כך כל חיבור בין איש לאשתו לתכלית הינו במשל של קודש
קדושים].

[182] ע' ספר קדושה פרק ד' הלכה א' שכתוב אצל אדם הראשון שהבינו שהם
ערומים לאחר שנטו לאחר התאוות הגופניות ולא התכוונו לשם שמים.

זה בלבד יש גנאי[183]. מי שרק חושב על עצמו והנאתו נחשב בעיני חז"ל כבור ועם הארץ מושפל ביותר, כחיה דורס ואוכל, כבעל תאווה ומנוול[184]. מי שניגש למצוות אישות בצורה של סיפוק תאווה עצמית בלבד, ללא התייחסות לתכלית המצווה, הופך את העניין הכי מרומם לדבר מושפל.

כשהאדם עושה את המצווה של אישות בדרך הראויה, לתכלית הראויה ובצורה של חשיבה על הזולת[185], זו מצווה דאורייתא מרוממת וחשובה[186] (ולא מעשה מושפל). מצווה שמהווה את

_______________

[183] ע"י מהרי"ל מפראג, באר הגולה פרק ה'. וכן יש להדגיש, במצב הבריא ששני הבני זוג משתמשים בתאווה כדי להתקרב אחד לשני ולהיות בשר אחד, ולא רק כדי לספק את התוואה של עצמו, יש בקיום המצווה קדושה עצומה ויכולת לייצר עולמות רוחניים כפשוטו. עם זאת יש להיזהר הרי כמו כל כלי עוצמתי, שימוש הנכון יפיק תועלת גדולה מאוד, ומאידך שימוש לא נכון יכול לגרום להרס גדול.
[184] ע"י תומר דבורה פרק שישי (ופירוש גביע הזהב) שהקב"ה ברא את היצר הרע כדי להשתמש בו לבנות בית, להתחתן עם אישה, להוליד ילדים ולהתעסק בפרנסת ביתו ויישוב העולם. כל זה נובע משימוש נכון ביצר הרע, הרי אדם אמור להשתמש בכוחו של היצר הרע להגיע לתכלית הקדושה וקיום רצון הקב"ה. אמורים להשתמש בכלי של היצר הרע כאמצעי לעבודת השם, ולא להשתקע בצד השלילי שלו. מובן מאליו שאם אדם משתמש ביצר הרע רק כדי לספק את תאוותו ולא להגיע לתכליתו או לקיים רצון הקב"ה אז האדם מכניס את עצמו לגמרי לידי הייצר הרע.
[185] ראוי לצטט דברי הפלא יועץ שעונה היא אחת מתרי"ג מצות דכתיב "ועונתה לא יגרע" וכל כגון זה נאמר כי ישרים דרכי ה' צדיקים ילכו בם ופשעים יכשלו בם. וחאר כוונת הלב הן הן הדברים שאם יכוון לשם מצוה הרי זה מצוה ונוטל עליה שכר כמניח תפילין וכאשר מצות שבתורה, ואם מכיוון להנאתו להשביע יצרו, הרי הוא נעשה נבל ברשות התורה ועל זה ציוותה התורה "קדושים תהיו" פרושים תהיו, קדש אצמך המותר לך. עכ"ד.
[186] ועי' אגרת הרמב"ן, ובמדרשים בעניין הכרובים דומים לבני זוג, ודוק.

# בנין עדי עַד
### אישות בעיני חז"ל

הבסיס להמשכיות של העולם, יצירת חיים חדשים בשותפות יחד עם הקב"ה, ואמצעי שדרכו ניתן להשיג את הדברים הכי גבוהים. ניתן להמחיש את חשיבות המצווה המיוחדת הזו, מזה שבעקבות המצווה הקב"ה דחה קיום חיוב דאורייתא המתארת ומסמלת העם היהודי עבור קיום המצווה של אישות[187].

## סימן ה' - גישת בעלי הקבלה לעניין אישות – למי ראוי?

**שאלה:** יש גישה על פי קבלה שמקפידים על קיום המצווה רק בזמנים היותר קדושים[188], לדוגמה ליל שבת אחרי חצות הלילה, כדי שרק הנשמות הכי קדושים ירדו על ידי המצווה. האם גישה זו מיועדת לכל אחד, ומה לעשות אם כך המנהג שקיבלתי?

**תשובה:** ראשית דבר, חשוב לדעת שגם לשיטת הזוהר[189] ההנהגות הנזכרים בזוהר הם רק ליחידי סגולה ולא לכלל הציבור. אדרבה, זה רק ליחידי סגולה המקיימים הלכה קלה כחמורה, שיכולים לקיים מצוות אישות וחובותיה במלא המובן, שמותר להם לעשות גדרים אלו, אומנם רק בהסכמת נשותיהם.

---

[187] עי' גמרא נדה לא: מפני מה אמרה תורה מילה לשמונה (ולא בשבעה או מיד לאחר הלידה, כמו שהיה אמור להיות לפי הכלל "זריזים מקדימים למצוות")? עונת הגמרא כדי שלא יהיו כולם שמחים בשמחת מצוות ברית מילה ואביו ואימו עצובים. מסביר רש"י שם שהם עצובים מפני שאסורים בתשמיש.

[188] עי' לדוגמה זוהר חלק ג' דף פא.

[189] עי' שם לשון הזוהר שזה הנהגה רק לתלמידי חכמים ויחידים שרוצים לקדש את עצמו.

73

חשוב לדעת ולהבין[190], שכל דבר שבעלי הקבלה והזוהר חולקים על הגמרא והפוסקים, הדין הוא לפי הגמרא והפוסקים[191], ומוטל חובה לפעול על פי מסכנת ההלכה. רק אם אין פגיעה בקיום דרישות ההלכה[192], רק אז נכון למי שזה ראוי ומתאים לפעול לפי כללי הקבלה. דהיינו, ברור ופשוט שאם על ידי קיום דרכי קבלה עוברים על ההלכה, שאין לקיים הדרך הקבלית כלל. ידוע דברי הגר"א[193], שאין סתירה כלל בין הזהור והגמרא, ולכן ככל הנראה מי שעובר על ההלכה בקיום "דרך קבלה", גם לא מקיים "דרך קבלה" באמת. לכן, אדם שרוצה לקדש את עצמו, ולפעול לפי כללי

---

[190] כנסת הגדולה בכללי הפוסקים.

[191] ע' מגן אברהם אורח חיים סימן כ"ה/כ וע' משנה ברורה כ"ה/מב "כתב הכנה"ג בכללי הפוסקים כל דבר שבעלי הקבלה והזוהר חולקין עם הגמרא והפוסקים הלך אחר הגמרא והפוסקים מיהו אם בעלי קבלה מחמירין יש להחמיר גם כן ואם לא הוזכר בגמרא ובפוסקים אף על פי שנזכר בקבלה אין אנו יכולין לכוף לנהוג כך ודין שאין מוזכר בהיפוך בש"ס ופוסקים יש לילך אחר דברי קבלה וגם במקום שיש פלוגתא בין הפוסקים - דברי קבלה יכריע" עד כאן דבריו. וע' שו"ת הרדב"ז (חלק ד' סימן ל"ו וע"ע בערוך השלחן סימן כ"ה סעיף כ"ט. "אמנם מקובלני שאי אפשר להיות הזוהר מחולק עם הגמרא אלא אם כן שגם בגמרא יש פלוגתא, ובמקום שהדין פסוק בגמרא גם הזוהר סבר ליה כן, וע' באגרות משה או"ח חלק ד' סימן ג', וע' בשו"ת שבט הלוי חלק א' סימן ב'.

[192] יש לשים לב, לפי חובת עונה בהלכה החיוב בקיום כל עונה הוא חיוב דאורייתא, גם בזמנים שהאישה שלא יכולה להיכנס להריון. אסור למנות מאישה עונה, ומי שעושה זאת עובר על לאו דאורייתא ומבטל מצוות עשה, ע' שלחן ערוך אבן העזר ע"ו, ע' אגרת הקודש לבעל קהילות יעקב אגרת ב'.

[193] כך כתוב בעליות אליהו (מעלות הסולם הערה ז') ובספר כתר ראש - מאמרים סימן ט"ז.

# בנין עדי ע.ד
## אישות בעיני חז״ל

קבלה בענייני אישות, חייב לבדוק את עצמו ומצב של הזוגיות שלו, האם זה מותר להם[194].


## סימן ו' – זמן המסוגל לקיום המצווה על פי קבלה


**שאלה:** מה הגישה של בעלי קבלה לעניין קיום המצווה?


**תשובה:** בני אדם יכולים להתחבר לקדושה בשונה מבעלי חיים, ומובן מאליו שיש מקומות וזמנים שיותר עידודים שהחיבור לקדושה קלה ונגישה יותר. דבר זה נכון גם במצוות אישות שהוא כלי שעל ידיו ניתן להתחבר לקדושה ברמה הגבוהה ביותר[195]. כיון שהמצווה מחברת את העולמות העליונים והתחתונים, כמו שנאמר

---

[194] חס וחלילה, שלא יבינו שאין מקום לפעול לפי הגישה של קבלה בענייני אישות, אבל רוב הציבור לא יכולים לקיים את החיוב שלהם כלפי נשותיהם לפי כל הדרישות של הלכה ובו זמני גם לקיים פרישות או לפעול על פי הגישה הקבלית. רוב האנשים רק יפגעו בחיי אישות שלהם ויעשו הפחתת (נגד הלכה) בקיום החיוב עונה כלפי האישה. לכן, לרוב רובם של אנשים יוצא שכרו בהפסדו, אם יפעלו על פי הגישה הקבלית. רק אם אין ספק בקיום חובת העונה כלפי האישה באופן המלא, ניתן לבקש, באישור האישה לקיים כללי האישות לפי קבלה, וזאת רק בהסכמת האישה בלב שלם. על מי שזוכה לקיים מצוות אישות גם על פי הגישה הקבלה, אשריך וטוב לך.

[195] ע׳ זוהר כרך ב׳ צ׳׳ז. שיש גנזין בשם אהבה ששם נגנז האוצרות שהקב״ה שומר לצדיקים לעתיד לבוא, וכל זה על ידי השגת בדרך של אהבה. ויש לדעת שעל ידי אהבה [בין אם זה בבחינת בין אדם למקום, ובין אם זה בבחינת בין אדם לחברו] זה הדרך להשיג את כל המעלות הכי גבוהות שרק ניתן. גנזיו של הקב״ה המיוחדים נשמרים למי שעבד אותו באהבה, וכן השיא שניתן להשיג בבחינת בן אדם לחברו גם כן הוא על ידי אהבה, וכמו שכתבנו להלן על עניין קיום ואהבת לרעך כמוך, עיין שם.

75

# בנין עדי ע.ד
## אישות בעיני חז"ל

בזוהר הקדוש שקיום המצווה בין איש לאשתו זה בדמיון[196] של החיבור בין כנסת ישראל עם הקב"ה[197]. מובן מאליו שיש זמנים שהם מסוגלים להתחבר לקדושה יותר (ומאידך יש זמנים פחות ראויים).

העולם כולו מתעלה בלילי שבתות על ידי קדושת השבת, ולכן אז, יחד עם קדושת השבת ניתן להתחבר לעולמות העליונים ולקדושה ביותר[198]. יש עניין דווקא להתחבר אז על ידי המצווה, ולהדמות

---

[196] עי' מלאכים א' פרק ז פסוק לו וגמרא יומא נד. והמפרשים שם על סודות הכרובים, ועניין אחד הוא. הקרבה של כלל ישראל להקב"ה רואים דווקא על ידי המשל של הקירוב בין שתי הכרובים [שהם בנויים בדרך של זכר ונקבה] אחד לשני, כמו בעל ואשתו. יש שם דעות שונות האם על ידי חיבוק ונישוק בעלמה או על ידי חיבור ממש. בעת החורבן בית המקדש אין מחלוקת כלל ואין כאן מקום להאריך בעניין זה כלל, שהם דברים עמוקים מאוד מאוד. מספיק לומר, כמו בעל שיוצא לדרכו מהבית לזמן ממושך שהוא חייב לפקוד את אשתו, כך הקב"ה פקד את כנסת ישראל, ודי להבין. עיין עוד בגמרא יומא נד. ובאריכות בספר מראית העין, ועיון יעקב עניין נפלא ביותר.

[197] עי' גמרא בעבודה זרה ה : הקב"ה נתן פקודה לכלל ישראל אחרי מעמד הר סיני ללכת ולקיים מצוות עונה בשמחה. לאחר שסיימו את החיבור בין כנסת ישראל להקב"ה בעולם העליון, באותו דמיון נאמר לכלל ישראל לקיים את החיבור בעלמות התחתונים. [דבר זה נותן מענה ברור שאין סתירה בין קיום המצווה הגופני ביותר (מצוות עונה) לקיום המצווה הרוחני ביותר (קבלת התורה).] ועי' זוהר ויקרא ז.

[198] עי' בן איש חי, הלכות שנה שניה וירא סעיף כ"ד  וזה לשונו - נמצאת אתה למד, ארבעה מדרגות יש בתשמיש המיטה: הראשון שהוא הבסיסי ביותר הוא המקיים המצווה בימות החול קודם חצות לילה; והשני המעולה ממנו, הוא המקיים המצווה בחול אחר חצות לילה; והשלישי המעולה ממנו, המקיים המצווה בליל-שבת קודם חצות; והרביעי המעולה מכולם, המקיים המצווה בליל-שבת אחר חצות. ואם נזדמן לו טבילת מצווה בלילי החול, הרי זה מקיים

לזיווג העליון בין כנסת ישראל להקב"ה. משכך, מי שמתעסק בתורה וראוי להתחבר בעולמות העליונים ביותר, עליו נאמר שתלמידי חכמים עונתם בלילי שבתות, כדי שהחיבור יהיה על ידי אשתו בשכינה ברמה העליונה שניתן להשיג [199]. מחובתו של התלמיד חכם לענג את אשתו בכל יכולתו ולשמח אותה (ממש כמו שכנסת ישראל משמחת את הקב"ה על ידי התורה), ומי שזוכה ועושה כן משמח את השכינה בעצמה[200]. ועל ידי מי שמקיים את המצווה בלב שמח יחד עם אשתו, גורם על ידי קיום המצווה מדה כנגד מדה לשפע עצום לרדת לעולם ולזוג.

הזמן הראוי ביותר להתדמות לעולמות העליונים על ידי קיום המצווה, זה אותו זמן שמתחבר הזוג בעולמות העליונים (קרי כנסת ישראל עם השכינה) לאמור ליל שבת ויום טוב (וראש חודש). לכן הזמן הראוי והמסוגל לחיבור הזה ברוב שמחה ותשוקה הוא דווקא ליל שבת[201]. לאור העובדה שחובת המצווה זה קיום המצווה

---

המצווה באותה לילה אף על פי שהוא חסיד ופרוש, ואינו רשאי לעכבה עד ליל-שבת; ועושה בזה תיקון כמו עונה של ליל-שבת, וכדמוכח מהזוהר הקדוש (ח"א נ.), דאצלו נחשב ליל טבילה כליל שבת; ולכן טוב שיזהר לקיימה גם כן אחר חצות לילה היכא דאפשר לו, אבל אם חושש פן חלילה יראה קרי אם ישן קודם תשמיש, הרי זה משמש קודם שינה, אפילו קודם חצות. וגם בלילי ראש חודש ויום טוב יש מעלה בזיווג על פי הסוד, וחסידים ואנשי מעשה מקיימים בהם מצוות עונה.

[199] עי' זוהר חלק ג' מט:

[200] עי' תומר דבורה באריכות. הרי אנו מצווים להדמות להקב"ה ומידותיו כפי שמתוארים בשלש עשרה מידות כמה שאנו יכולים.

[201] הרי כל השבוע יש פילוג בעולם על ידי התגשמות של העולם והתרחקות מקדושה, ובשבת העולם מתעלה ומתקרב יותר לקודשה, ולכן הפילוג והריחוק שקיים בין עולם הרוחני לעולם הגשמי הוא במצב הכי פחות מכל ימי השבוע.

# בנין עדי עד

## אישות בעיני חז"ל

בשמחה עצומה בתשוקה ואהבה עמוקה, יש לעשות כן בזמן המסוגל ביותר בשובע[202].

על ידי שלימות החיבור ושמחת המצווה יגרום לעולמות להתמלא בשפע ושלום. ודוק, שמו של הקב"ה הוא "שלום" ואין כלי המחזיק ברכה אלא שלום. ודבר הפולג ושאינו שלום אינו יכול להכיל את ברכת השם במלוא המושג. לכן, על ידי חיבור התוואה בין איש לאשתו ניתן לחבר שני חלקים נפרדים להיות אחד ממש, ועל ידי זה להביא להשראת השכינה בעולם הזה.

חיבור זה של המצווה הוא בבחינת קרבן על גבי המזבח, עם אש התוואה שמחברת בין איש לאישה מעלה את הקרבן ועל ידי זה מורידה שפע לעולם כמו קרבן ממש[203]. [ולכן, ראוי למי שמקפיד על קדושה עליונה בכלל החיים ועושה את **כל** מעשיו בשלימות על פי הלכה, להשתדל בקיום המצווה דווקא בזמנים הקדושים ששייכים בהם להגיע לשלימות הקדושה. אומנם, כבר אמרנו שזה בשני תנאים, הראשון, שהוא מקיים את המצווה בשלימות, והשני שהוא מקפיד לקיים כלל המצוות בצורה מושלמת. (אחרת, יש לבדוק האם הוא לא נתפס במעשה יצר).]

---

[202] עי' זוהר חלק א' נ. ועי' שם שזה הסוד של ניחום יצחק אבינו שהביא את רבקה לאוהלו ובדרך זה ניחם על  אבדון של שרה אמנו. על ידי השפע הרוחני שהשיג בדרך החיבור וקיום המצווה עם רבקה אשתו, הגיע למצב של עלייה רוחנית שגרם לשכינה לחזור לאוהלו. דהיינו, החיבור הוא סגולה ואמצעי להשיג רוחניות עצומה כשמשתמשים בה בצורה הנכונה.

[203] עי' זוהר חלק ג' לד.

מן הראוי לציין, שגם לדברי המקובלים [204] כשרואה שאשתו משדלתו לקיום המצווה, חובה עליו לקיים המצווה בכל עת[205], וזה נחשב על פי תורה לעת רצון מן השמים[206].


## סימן ז' – המצווה – איחודי כדוגמה לחיים על פי דרכי התורה


**שאלה:** למה דווקא המצווה הזה נקראת ״מצווה״ בדברי חז״ל ללא תיאור נוסף ולמה לא בחרו משאר תרי״ב המצוות?

---

[204] ע׳ בן איש חי הלכות שנה שניה פרשת וירא - ודע דאיתא בספר ״פרי-עץ-חיים״ וזה לשונו: מורי זלה״ה היה אומר, דכל אזהרה ״מערב שבת לערב שבת״, הוא במשמש לשם הריון, לצורך בנים; וצריך להיות אז הזיווג כדי שישרה בהאי טיפה נשמה קדושה עליונה מהזיווג העליון, אבל אם אשתו כבר מעוברת או מניקה, אין לחוש עליו כל כך (וכן אם יודע שזה לא זמן שאשתו יכולה להיכנס להריון – המחבר); והטעם, כי כל עצמה של אזהרה זו אינה אלא לבל ישפיע נשמות הנקראים ״צדיק ורע לו״, רק נשמות דשבת כנזכר, אבל אם היא כבר מעוברת או מניקה, בטלה טענה זו; עד כאן לשון מורנו הרב חיים ויטל ז״ל שם; יעין שם. ועוד ראיתי לרבינו הרב חיים ויטל ז״ל ב״עולת-תמיד״, דף ס״ט, עמוד א, שדקדק מן ה״תיקונים״, סוף דף צ״ג כפי החילוק הנזכר, דיש לחלק במעוברת או מניקה; יעין שם. ובסה״ק ״מקבצאל״ כתבתי בס״ד, דאין סתירה מדברים הנזכר למה שכתב רבינו ז״ל בשער טעמי המצוות ובשער הכוונות בעניין הזיווג של ימות החול. וכתבתי, דאע״ג דגם תלמידי חכם יכולים לסמוך על דברי מורנו הרב חיים ויטל ז״ל בספר ״פרי-עץ-חיים״ הנזכר, לשמש בחול במעוברת ומניקה, עם כל זה ראוי שינהגו בפרישות ולא ירגילו עצמם בכך, ורק אם בדרך מקרה נזדמן להם דבר זה בחול, אין לחוש.

[205] גם אם זה בזמן שהוא נמנה עם הזמנים המסוגלים ביותר כמו ליל שבת, יום טוב, או ראש חודש.

[206] ע׳ דרך פקודיך מצוות עשה מצווה הראשונה חלק הדיבור אות יב׳. למודים את העניין מיעקב אבינו, שלאה שידלה אותו לבוא לאוהלה ובזכות קיום המצווה לפי רצון אשתו זכו ליששכר.

**תשובה:** מצאנו בדברי חז״ל שקיום מצוות אישות נקראת "מצווה" ללא תיאור נוסף כלל[207]. תיארו ללא הוספה מדגיש שמדובר בעניין מרכזי וחשוב עד כדי כך שלא נדרש תיאור נוסף. בדומה לכך, שמירת הברית הוא מתואר כ"ברית", דבר מקשר בין שני צדדים, כמו הסכם החתום בין שני צדדים, בין האדם לבין הקב״ה כפשוטו[208]. ואכן, שמירת הברית, דהיינו - הכוונה של דחף המיני על פי דיני תורה - הוא אחד מיוסדות החשובות של התורה[209].

צריך להבין למה זה נחשב לעניין כה מרכזי? לאחר מתן תורה כתוב בפסוק שהקב״ה ציווה לכל ישראל לחזור לאוהליהם[210], ופירשו

---

[207] ראה לדוגמה, גמרא עירובין ק:, גמרא פסחים עב:, גמרא בבא בתרא י:, מסכת כלה פרק ה משנה ג ועוד.

[208] יש לשים לב, שמירת הברית זה לאו דווקא הרחקה מכל מה שקשור לעניין של המצווה. שמירה זה לכרות משהו אלא לשמור את דבר ליעד הנכון או לבעליו. כן הוא בהבנה הנכונה של שמירת הברית, זה לא הכחדת הברית אלא הכוונה למקום וזמן הנכון.

[209] עי׳ זוהר מקץ קצ״ז. ועל דא כל מאן דנטר ברית קדישא, כאילו קיים אורייתא קדישה כולה, דהא ברית שקיל ככל אורייתא: [על כן כל מי ששומר ברית קודש, הוא כאלו קיים תורה הקדושה כולה. כי הברית שקול כנגד כל התורה]. מובן מזה [מלאו שומעים הן] שכרוך באיסורי עריות כוח עצום רוחני והרס עצום כשחוטאים, עד כדי שהם שקולים כנגד חיים מלאים, לקרב החיים כדי להימנע מהעבירה, ובקיום שמירת עריות האדם משיג חיים שלמים. דהיינו, שמירת הברית שקול כנגד קיום כל התורה כולה.

[210] עי׳ דברים פרק ה פסוק כ״ז, ועי׳ שם העמק דבר ופירוש המלבים ועי׳ גמרא עבודה זרה ה. המפרשים מסבירים את הציווי לחזור לאוהל ככינוי לחזור לאוהליהם לקיים המצווה ולחזור לחיי האינטימי בין בני זוג לאחר הפרישה שכלל ישראל היו חייבים לעשות לקראת מעמד הר סיני ומתן תורה.

# בנין עדי עד
### אישות בעיני חז"ל

חז"ל לחיי בני אדם. תכלית מתן תורה הוא לא חיים רוחניים שמנותקים מחיי עולם הזה[211], אלא יש להעלות את חיי עולם הזה על ידי שימושו לתכלית הראוי לו. על ידי נתינת משמעות רוחנית ניתן להעלות החומריות שריק מכל תועלת עצמאית להיות כלי ואמצעי לקדושה[212]. התורה לא דורשת ניתוק מחיי אדם ודחפים הטבעיים של האדם, אלא הכוונה הוא לפעול על פי התורה. אין מקום שאפשרות הזו של הכוונה של דבר גשמי ובהמי לנבט אותו לקיום רצון הקב"ה, יותר מדחף המיני.

ללא הכוונה נכונה של הדחף המיני, ניתן לעבור על ידיו על העבירות החמורות שיש, והשפלות הקיצוניות שיש. בהכוונה נכונה על פי התורה ניתן לייצר חיי אדם, לקיים מצוות רבות, ויותר מזה המעשה הופך להיות פעולה רוחנית[213] שבדרכו זוכים להגיע למצב שהשכינה[214] שרויה בין בעל ואשתו!

<hr>

211 ע' אור החיים מגן אברהם סימן רכ"ו סעיף יו"ד, ו-ט"ז אור החיים סימן רכ"ז סעיף ב' שעתיד אדם ייתן דין וחשבון על שראתה עינו מיני מגדים ולא אכל, וכן הדין מעבר למאכלים בלבד. לא הכוונה בזה להרבות בתענוגים ולרדוף אחרי תאוות עולם הזה, הכוונה הוא להשתמש בדברים אלו כאמצעי להכיר טובה להקב"ה שהוא ברא עולם כה יפה עם מיני מטעמים - כדי לומר ברכות ולהודות להקב"ה.

212 האדמו"ר שמחה בונים מפשיסחה.

213 ע' מהרי"ל נתיבות עולם, ניתב הצניעות, סוף פרק ראשון.

214 ע' זוהר וישלח קעי"ו. וע' פירוש רמב"ן על בסיס סוטה יז. ושל"ה הקדוש בשער האותיות אות "יק". ידוע שירת הפזמון "שלום אליכם" בליל שבת מתייחס למלאכים הבאים לבדוק האם שלום, שלווה ואהבה שרויים בבית, ושהם מברכים שימשיך כך.

81

לכן תיארו חז"ל מצוות אישות כ"מצווה", דהיינו ה-מצווה שמתאר הכי ברור מה תכלית חיי האדם על פי תורה. הכוונה של חיים על פי תורה הוא לא על ידי סיגופים וניתוק אלא בדרך ובכוונה של התורה, כל דבר בזמן הנכון והמקום הנכון כמודרך על ידי הלכה. רעיון זה מודגש בערב יום כיפור, התורה מצווה בערב יום כיפור לאכול וכל נגיסה נחשב למצווה. למחרת, ביום הכיפור, יש לצום וכל נגיסה נחשב לאיסור. זה תכלית חיי האדם בעולמיו, על פי תורה לאכול ועל פי תורה להימנע מלאכול. לעשות פעלתינו על פי רצון הקב"ה, לקיים רצונו, ולחיות על פי הנחיות של הקב"ה כמפורש לנו בתורה, גמרא והלכה.

סימן ח' - הצורה הנכונה לדבר עם האישה בעת המצווה

**שאלה** : אני מנסה לדבר עם אשתי דברי קדושה והתרוממות לפני המצווה כדי שיהיה לנו קרבה, אך זה לא מביא קרבה בינינו, מה לעשות?

**תשובה** : כתוב באורחות רבנו[215] שהעניין של "אל תרבה שיחה" לא נאמר לגבי אשתו של אדם כשהוא צריך לרצות אותה. ויותר מזה, המצווה שיש על הבעל, זה לאחד את הזוג להיות "לבשר אחד" על ידי קרבה רגשית, רוחנית וגופנית. ראשית דבר עושים זאת על ידי דברי ריצוי ואהבה כדי לקרב רגשית ורוחנית.

בשעת ההכנה לקראת קיום המצווה, אין לדבר (ואפילו להתעסק במחשבה) בצורה מכבידה על דברים רוחניים ברצינות וכובד ראש

---

[215] אורחות רבנו חלק ה׳ עמוד נט׳ ס׳ יג.

שזה גורם לריחוק ולא קירוב בין הבני זוג בעת ההיא. כשמדובר על
רוחניות, לא הכוונה לתת הרצאת מוסר או על תכלית החיבור, אלא
לקרב רוחני אחד לשני בנושא של בחינת "והיו לבשר אחד" שזה גם
עניין רוחני. כדי להגיע לקרבה צריך דווקא התנהגות חמה עם
בדיחות ושמחה (קלות ראש) וטוב לב[216], ודווקא בצורה זה גורם
לקרבה. ניתן להבין מדברי חז"ל שאין "להקל ראש" בזמן נידתה,
שבזמן המצווה, יש עניין דווקא "להקל ראש" עם אשתו, וזאת כדי
לקרבה ולחבבה על בעלה – [וכל וזה נותן או מוסיף לאטמוספירה
שמאפשר להם להגיע ל"בשר אחד"]. חשוב להבין, לכל זמן ועת,
וכדי לקרב את אשתו לדבר מצווה צריך להיות מאמץ על ידי הבעל
להתנהג בצורה שהכי מקרב, משמח, מפרגן, מחמיא ונותן הרגשה
טובה לאשתו. הרגשת אהבה, שותפות והרגשה טובה <u>הם</u> הגורמים
לחיבור ולבניית תשוקה של האישה לבעלה.


## סימן ט' – מטרת חיי האישות


**שאלה** : מה מטרת חיי האישות בהשקפת התורה?


**תשובה** : כל המטרה של חיי אישות זה לבנות קרבה וחיבור עמוק
בין בעל ואשתו[217], וגם אם היה לבעל שתי נשים ושתיהן מותרות
לו, אסור לו לחשוב על אחרת כשנמצא עם האחת, כי זה פוגע

---

[216] אגרת הקודש לבעל הקהילות יעקב אגרת א'.
[217] ע' אגלי טל בהקדמה שעל ידי הנאה מתקרב האדם לדבר. וכן על ידי ההנאה
הדדית נגרם הקרבה ומחזק האהבה בין בני הזוג.

במטרה של חיי האישות[218]. ניתן לראות מתשע המידות שכולם מדברים על קיום המצווה בין בעל ואשתו בצורה שלא תורמת לקרבה אמיתית ביניהם כלל.

משכך, ניתן לבדוק באופן זה מה מותר ורצוי לעשות בחיי האישות, שכל דבר (גם בחיי האישות) שמקרב בין בני הזוג ומחזק את הקשר ביניהם, ראוי ומצווה לעשות. דהיינו, אם זה מקרב בין בני הזוג והבני זוג רוצים את הדבר, יש לפסוק לפי הרמ״א[219] שהכל מותר באשתו. ההסבר מובן מאליו, שמה שבגדרי ״מותר״ (אבל לא בגדרי ״מומלץ״) הופך להיות ״ראוי״ ורצוי אם זה תומך בלהשיג את התכלית ותועלת המצווה, כמו בכל הידור מצווה.

כל החומרות, קולות והנהגות הטובות שנכתבו, מדובר במצב שזה עוזר ותומך לבני הזוג להתקרב דווקא בצורה כזה, או בבני זוג שהקרבה הפיזית לא מוסיפה לקשר ביניהם (לדוגמה לעת זקנה). דהיינו, ניתן להחמיר בענייני אישות בהסכמת האישה, רק אם דווקא הריחוק או החומרה תורם לקרבה בין בני הזוג. לדוגמה, שזה תורם להשיג מטרה ששני בני הזוג רוצים להשיג, והמאמץ המשותף מקרב אותם יחד. אם החומרה או הריחוק מרחיק בין בני הזוג, אפילו במקצת הרי זה אסור, כי פוגע בציווי של ״והיו לבשר

---

[218] וע׳ עניין זה בספר בינהו (בן איש חי) על יומא נד. על עניין גילוי הכרובים לכלל ישראל בעלייה לרגל להראות לעם ישראל - חיבתכם לפני המקום כאישה עם בעלה.

[219] דהיינו, קו המנחה הוא האם זה מקרב בין בני הזוג, ואם כן, יש לפעול לפי הכלל ההלכתי הוא לפי הרמ״א באבן העזר סימן כ״ה שהכל מותר באשתו. **יש לזכור יש חילוק בין מה שמותר לדעת הרמ״א (האשכנזים) ואלו שפוסקים לדעת המחבר (עדות מזרח וגישה הקבלית) בהלכה למעשה!**

אחד"י ובמטרת חיי האישות. [ויש לזכור שמצווה זו, מהווה מצווה דאורייתא, ולכן כמו תמיד ספק דאורייתא לחומרה!]


## סימן י' - הבדל מובנה בין איש לאישה – חובת הבעל לתאם את עצמו לאשתו בקיום המצווה


**שאלה:** מדוע לוקח לאשתי יותר זמן להיות מוכנה לקיום המצווה?


**תשובה:** הבעל צריך לדעת שמערכת של אישה עובדת בצורה שונה לחלוטין מזו של גבר. הקב"ה ברא אישה לתכלית אחרת מזו של גבר, ולכן גם המערכת שלה עובדת אחרת. אצל אישה בטבעה משולבים החלק הרגשי הרוחני והגופני יחד, בצורה הרבה יותר חזקה מזו של הגבר[220]. ולכן אישה מתעוררת גופנית (פיזית) למצווה רק בשילוב של הרגשה של אהבה ורוגע נפשי/רוחני, רק שהאישה מרגישה את אהבת בעלה והאכפתיות שלו[221] היא מתעוררת למצווה ונבנות אצלה תשוקה לבעלה.


בנוסף לכך יש עוד שינוי (הבדל) מהותי בין גבר לאישה, שגבר בטבעו מתעורר לעניין המצווה מהר בפן הפיזית (אומנם שטחי

---

[220] בדרך כלל אצל גבר יש ניתוק מסוים בין החלקים הגופני, הרוחניים והריגשי, ואינם משולבים יחד באופן הדוק וחזק כמו אצל נשים.

[221] רוגע נפשית יכול לכולל (כל אישה שונה מה שחשוב לה) שהבית מסודר, שאין לחץ חיצוני, שמרגישה שהכל רגוע, אווירה רגוע, אין לחץ של הפרעות (כמו הילדים) וכדומה, שהיינו ביטוי של ביטחון במקומה, יציבות של המצב והיכולת להתרכז במצב הנוכחי, להשתחרר מהלחצים ולהתפנות לתפקיד שעומד לפניה של קיום המצווה על ידי ניתנת הגוף שלה למצווה.

יותר בפן הרגשי). אישה לעומת זאת צריכה הרבה יותר זמן[222]
להתעורר למצווה. אומנם כשמתעוררת, מתעוררת הרבה יותר חזק
ועמוק מגבר[223]. יש חשיבות (וחובה של פיוס) שהבעל ייקח את הזמן
לתהליך להתפתח אצל האישה, ולא במהירות כמו שהגבר
מסוגל[224].

---

[222] בדרך כלל אישה צריכה בין 11-20 דקות של פיוס כדי להתעורר פיזית לקיום
המצווה. זה מה שחז"ל כינו "דברי ריצוי" "ופיוס" כדי לרצות את האישה לקיום
המצווה. דבר זה משולב מלהראות חיבוב רגשי וקרבה גופנית (פיזית) כללי עד
שהאישה מתעוררת לקיום המצווה. עי מלבים על מלאכים פרק א' פרק ז פסוק לו'
שדווקא על ידי חיבוק וקרבה מגיעים לחיבור עמוקה, ועל ידי זה מדמים לחיבור
בין הקב"ה לעם ישראל.

[223] התעוררות נפשית אצל אישה לחיבור על ידי המצווה עם בעלה הרבה יותר
עמוקה וחזקה, וגם מתעוררת לשמחת המצווה באופן הרבה יותר חזק ועמוק.
[נפלאות הבורא שרואים את זה גם בצורה פיזיולוגית (גופנית) שהתעוררות של
האישה הביטוי הוא חזק יותר ומשפיעה על כל הגוף, אומנם פנימית, וכמו כן
כשהאישה מגיעה לשיא השמחה, זה משפיע הרבה יותר עמוק ארוך וחזק.
בגברים לעומת זה, שאצלו התעוררות למצווה היא חיצונית (שטחית יותר)
בעיקר ומהירה יותר וגם שיא השמחה שלו קצר ומרוכז. כך גם האופי של הקשר,
הקשר של האישה לבעלה עמוק, פנימי וחזק הרבה יותר מהקשר של בעל לאשתו
שהוא יותר חיצוני ושיטחי באופי עד שיעבוד על עצמו כדי לעשות את הקשר
עמוק, חזק ופנימי.

[224] דהיינו, כדי שאישה תהנה מהחיבור באופן מלא, צריך לתת זמן לגוף והנשמה
של האישה להתרגל לעניין, ולהתחמם לאט. לכן חשוב, להודיע מראש לאישה
מתי שרוצים לקיים המצווה, ואם יש שינוי בתוכניות להודיע לה בזמן.
כשמתחילים בפיוס לקראת המצווה, יש להתחיל עם חיבוק ונישוק ואז לעבור
לליטופים ומחמאות לפני שמתקדמים יותר. דבר זה חשוב במיוחד בחודשים
הראשונים של החיים יחד, שאז לרוב הבעל להוט על העניין והבחורה עדיין לא
התרגלה לתהליך (במיוחד אם היה קשיים עם דם בתולים או הסרתם) ועדיין לא
מרגישה בנוח לפתוח את ליבה ולדבר על דברים אלו הצורה פתוחה עם בעלה.

# בנין עדי ע.ד
### אישות בעיני חז"ל

חלק בלתי נפרד ובסיסי של קיום המצווה זה להנות את האישה[225], ולא חס וחלילה רק להנאת הבעל בלבד[226]. אדרבה, גם שהבעל מרגיש צורך לקיום המצווה כדי לדחות את היצר שמתגבר עליו, עדיין חובה עליו להשתדל כמה שאפשר לשמח את אשתו[227].

מתאים וראוי לבעל להתחיל בשעות לפני שהוא רוצה לקיים את המצווה, לתת מחמאות לרצות ולהכין את האישה לקראת המצווה[228]. לשדר לאשתו באופן ברור (אבל צנוע ובעדינות) בצורה שהיא מבינה שהוא רוצה לקיים את המצווה יותר מאוחר, זה מכין

---

[225] כתוב ושמח את אשתו. וע' זוהר פרשת כי תצא דף רע"ז: ד"ה כי יקח וד"ה והא אוקימנא, וע' שם פירש הסולם. משמעות הדבר שבכל דרך שאשתו נהנית עליו להנות אותה וצ"ע למעשה עד היכן. וע' ערוך השולחן אבן העזר סד/ד כלומר שהחיוב הוא לעונגה ולמלאות רצונה בכל אשר יכול, וע' ספר יראים מצווה ק"יצ וכן בספר יראים השלם סימן רכ"ה שהמצווה על הבעל בכל דבר שיודע שיש לה שמחה. וראה ספר קדושה פרק ג הלכה כו בשם רש"יי שעיקר המצווה לשמח אותה ולא את עצמו למלא תאוותו.

[226] מה שמכונה בדברי חז"ל "אריה דורס ואוכל", ומי שעושה כך נחשב מושפל במיוחד ולבור ועם הארץ.

[227] ע' גמרא פסחים עב: חובת הבעל לשמח את אשתו. כמובן שיש זמנים שאשה לא רוצה להגיע לשיא השמחה, ומספיק לה החיבור ללא אריכות, וזה בסדר גמור. אבל חשוב להבין שזה צריך להיות ההחלטה של האישה, ולא חס וחלילה שהבעל רק "משתמש" באשתו כי היא "היכא תמצא להגיע לתוצאה". עיקר הדבר להבין שזה צריך להיות מהלך בשותפות בין בעל ואשתו, גם במצב שזה רק כדי לשמור מהיצר הרע.

[228] ע' משנה ברורה ר"יפ/ג.

87

את האישה באופן נפשי[229]. וכן לתת לאישה מחמאות אמיתיות ולהביע את אהבתו והערכתו לתכונותיה הטובות[230].

כשמעניקים אהבה והערכה לאישה בשילוב של דברי שבח ופיוס מתחילה האישה להיות מכונה ולצפות לקראת קיום המצווה. בשלב שהבעל מתחיל להתקרב לאשתו לקיום המצווה יש עליו לומר דברי פיוס ושבח לאשתו[231] על תכונותיה[232] הטובות וכמה שהיא מיוחדת לעומת כל הנשים האחרות בעולם וכמה היא טובה עבורו. כל אישה יש המעלות שלה, אבל צריך להסביר למה היא המושלמת עבורו[233]. כמה שהבעל מתאמץ לשבח ולתת הרגשה טובה לאשתו בתכונות האמיתיות שלה, תתחבר האישה יותר לבעלה, ויקיים את המצווה ביותר הידור ביניהם. ע׳ הערה[234].

---

[229] ע׳ ב"ח אורח חיים רי"פ/א, ואם התחיל לשדר ולרמז שהוא רוצה לקיים את המצווה יותר מאוחר, ואחר כך מבין שהוא לא יכול מחמת טרדות החיים, עליו להיות ברור ולומר את זה גם לאשתו. אישה שמתחילה להתכונן לקראת המצווה ולאחר מכן הבעל לא מקיים את ״הבטחתו״ לקיום המצווה בזמן שהוא הבטיח, מתאכזבת מזה ונגרם לה קושי גופני ורגשי (פנימי) מאכזבה זו, לכן יש להיזהר בדבר ולהשתדל להימנע ממצב כזה.

[230] דהיינו לתת מחמאות וכו׳ יותר מהרגיל. הרי עליו לעשות כן באופן תדירי, אבל לקרת המצווה יש להקפיד יותר מהרגיל ולהרבות עוד מהרגיל.

[231] ע׳ תיקוני זוהר נז/א.

[232] ע׳ גמרא כתובות יז. שיש לשבח את האישה על התכונות שיש לה, כל אחד לפי המעלות.

[233] ע׳ זוהר חלק א׳ מט :

[234] בכלל המצווה – חיבוק, נישוק והליטוף בכל מקום שנעים לבני הזוג ובכל דרך שמשמחת הדדית. תהליך המצווה הוא שיש להתקדם שלב אחרי שלב, מהמקומות שהמגע בהם נעים ולהגיע למקומות שמסעירים יותר, עד המקום שהמגע בו מעורר ומשמח ביותר. יש לעשות כן, בשלבים בלי לדלג ללא צורך על

## סימן י"א - הבדל בין תלמיד חכם לעם הארץ למצוות אישות

**שאלה:** מה ההבדל בגישה לאישות בין בן תורה לבין עם הארץ?

**תשובה:** בתיאור של מהות תלמידי חכמים מתחילים מהבסיס של "דרך ארץ קדמה לתורה", מידות טובות הם הבסיס של כל תיאור של תלמיד חכם, ובלי התשתית של אכפתיות ודאגה לזולת אינו נחשב לתלמיד חכם כלל. זאת, להבדיל מעם הארץ שידוע בתור חוסר מידות טובות ודאגה לזולת.

המידה הזו מוזכר גם בדברי חז"ל לעניין אישות. כתוב בגמרא[235] "המשיא בתו לעם הארץ – כאילו כופתה ומניחה לפני ארי. מה ארי דורס ואוכל ואין לו בושת פנים – אף עם הארץ מכה ובועל ואין לו בושת פנים". דהיינו כמו אריה דורס ואוכל ואינו חושב על הקורבן כלל, ולעתים קרובים אפילו אוכל את הטרף כשהוא חי לגמרי ולא

---

השלבים. כל אישה צריכה לדעת היכן המקום ההוא, כדי שתוכל במידת הצורך להדריך את בעלה כיצד לשמחה. כיוון שכל אדם שונה מחברו, חלק מהמצווה הוא, שבני הזוג ידברו ביניהם בגילוי לב על מה שמענג כל אחד מהם, וישאל הבעל את אשתו כיצד יוכל לשמח אותה יותר, והיא תיענה לו ותיפתח אליו. מתוך שהאיש ישמח את אשתו שמחה יתירה, יתחברו חיבור גמור ומהנה ביותר.

[235] ע' גמרא פסחים מט: וראה שם חידושי אגדות ותוספות דהיינו שאינו מפייס את אשתו ואינו מחכה שתהיה מרוצה לקיום המצווה, אלא אכול "כשעודנה חי" התיאור שחז"ל השתמשו לתאר כמו בשר חי שאינו בשל כל צורכו ואינו מוכן לאכילה, לכן רק בהמה או בעל תאווה מושפל שטורף את מאכלו אוכל כך, ואינו ממתין עד שהבשר יהיה מוכן כל צורכו. כך עם הארץ שאינו מתייחס לאשתו כנדרש, לא ממתין שאשתו תהיה מוכנה לקיום המצווה, אלא טורף ללא טרם עת.

ממתין עד שימות. כך עם הארץ דורס ואוכל, ואינו חושב כלל על ה"טרף" שלו, זאת אומרת שעם הארץ לעתים קרובים ידלג על השלבים של הכנת אשתו לקיום המצווה ויבעל טרם שהיא מוכנה לדבר. מקיימים את המצווה בצורה תאוות בלבד ללא חיבור רגשי או רוחני כלל ביניהם, עם חוסר אכפתיות לאשתו ורצונה.

מידת תלמיד חכם אינו כן, אלא מתאמץ לעשות המצווה עם רגישות, אכפתיות עם רצון לשמח ולהטיב עם הזולת[236]. מידות התלמיד חכם הוא להקפיד לקיים את המצוות בשלימות ובהידור רב, וכן ראוי לעשות במצוות עונה. מצאנו בגמרא שהתנאים לימדו את הבנות שלהם איך לקיים את המצווה בהידור ובתשוקה יחד עם הבעל באופן של חיבור עמוק ורצון עז של חיבור.

## סימן י"ב- איך להתכונן נכון לקיום המצווה?

**שאלה**: מהי הדרך הנכונה להתכונן למצווה?

**תשובה**: כתוב בגמרא[237] שיש לדבר עם האישה דברי ריצוי של תשמיש, למשוך אותה במילים כדי לרצות אותה לעניין המצווה[238]. לאחר מכן, יש על הבעל לעורר את עצמו לקיום המצווה בצורה שזה לא "עול" בשבילו, אלא כמו בחור צעיר מלא תאווה לאשתו. לתת לאשתו הרגשה שהוא להוט בשבילה, ושלא טעם אישות בחייו.

---

[236] עי' רוקח (אלעזר מגרמייזא) בסוף הלכות חסידות.

[237] עי' גמרא ברכות סב. סיפור של רב כהנא וראה שם רש"י.

[238] עי' זוהר פרשת בראשית מט. הבעל צריך לשמח את אשתו ולרצות אותה ולאחר מכן ליטול רשות ממנה לבוא עליה.

[כמובן, תמיד יש לשמור על נעימות של הדבר. כל תכליתו הוא לבנות קרבה, ואם ח"ו כואב, פוגע, או מלחיץ יש להימנע מזה, ויש על הבעל צורך להתאים את עצמו למצבה].

חשוב מאוד לעשות את חיי האישות חוויה חיובית לאשה, וזה גורם לאישה לתשוקה בעתיד. אישה בטבעה מתעוררת למעשה על ידי חיבור רגשי עם בעלה, מהרגשה של אכפתיות, הערכה ואהבה. עד שהאישה מתעוררת לעניין יכול לקחת זמן, ואישה צריכה רוגעת נפש לזה, ובנוסף, תיאום ציפיות לשלבים הבאים [239]. לכן יש להשתדל ליצור אווירה מתאימה, והכנה גופנית בצורה שהאישה יודעת מה לצפות בכל שלב של הפיוס, ולתת לגוף של האישה את הזמן להתאים את עצמו.

יש לשים לב, שלפעמים למרות שהבעל מנסה לעשות הכל רק להנות את אשתו, קשה לאישה להתרכך ולהנות, כי היא מרגישה "שמטריחה" אותו, ולכן יש גם להדגיש ולהראות לאשתו כמה שהבעל נהנה בעצמו ממה שהוא עושה עבורה.

סימן י"ג – מה הגמרא רוצה שנלמד בתהליך הפיוס וקיום המצווה מתרנגול?

**שאלה:** שמעתי שכתוב בגמרא שניתן ללמוד התנהגות ראויה למצוות אישות מתרנגול, מה הכוונה בזה?

---

[239] כמובן יש זמנים שאישה מתעוררת פיזית מצד עצמה אבל בדרך כלל אלו השלבים הרגילים המובנים אצל אישה ויש לקיים אותם שלב אחרי שלב.

# בנין עדי ע.ד
## אישות בעיני חז"ל

**תשובה:** הגמרא מביא שתרנגול כשהוא רוצה להזדווג מפייס ואחר כך בועל. גם לאחר התשמיש התרנגול משתטח לפניה וממשיך עם הפיוס לזמן מה[240]. מסבירים המפרשים[241] שיש ללמוד מתרנגול התנהגות זה שיש לפייס את האישה לפני קיום המצווה[242], וגם לאחר סיומו יש להמשיך לפייס ולרצות אותה. קיים פחד בעמוק ליבה של האישה לאחר קיום המצווה שאולי כבר לא תמצא חן בעיני בעלה. פחד שהבעל כבר לא מעוניין בה, וכל המילים שאמר לפני הפיוס היו רק כדי להשיג מטרתו. משכך, חשוב לתת לאישה לאחר סיום המצווה את ההרגשה שהקיום היה אמצעי לקרבה וחיבור ביניהם בלבד, ולא היעד של הקרבה עבור הבעל. לכן יש על הבעל להקפיד לרצות את האישה ולהמשיך עם דברי פיוס גם לאחר המצווה[243], וזה חלק חשוב ממצוות עונה ומחזק המשמעות שיש לכל המעשה. ע' הערה[244].

---

[240] ע' גמרא עירובין ק : בשם רבי יוחנן.

[241] ע' בן יהוידע על גמרא עירובין ק : וראה שם הסבר אחר שאפשר ללמוד מהתרנגול, שהוא ידוע כמי שאוהב להתעסק עם התרנגולות ומומחה בהלכות פיוס ופיתוי, ועל כן הוא גם נקרא 'גבר'. פירשו חכמים את מעשיו של התרנגול בדרך משל ומליצה, שבעת שהוא עושה בכנפיו תנועות רחבות מלמעלה למטה, כאילו הוא מבטיח לתרנגולת שאחרי שיזדווגו יחד יקנה לה מעיל ארוך ויפה שיגיע לה עד הרגליים. לאחר שהוא מסיים לבעול הוא מכופף את ראשו ושומט את כרבולתו במעין ענווה והתנצלות על זה שאין לו כסף לקנות לה את המעיל, ונראה כנשבע בחיי כרבולתו המפוארת שתיכרת אם יהיה לו כסף ולא יקנה לה את המעיל.

[242] דווקא בדברים שמעניין אותה.

[243] ע' שם בבן איש חי שמביא כך מרות המואבייה ובעוז, שהפחד של דיחוי הוא עמוק וחזק, ולשם כך הייתה נעמי חייבת לפייס את רות...

[244] חכם רואה את הנולד, בעל שעושה את המצווה כחוויה חיובית וממשיך לתת לאשתו מחמאות ומפייס אותה אחרי קיום המצווה, לא רק שהוא מקיים

סימן י"ד – גישה דומה לקיום המצווה ולסעודה מכובדת

**שאלה:** מצאנו שחז"ל תיארו המצווה בלשון סעודה[245], מה ניתן
להבין בזה?

**תשובה:** ניתן להבין זאת בכמה הביטים, כל אחד עם מסר שלו.
ראשית, ניתן להבין מזה שעם כל ההנאה ותכלית שיש לאדם
מסעודה הוא רק האוכל וההנאה שהוא משיג, הוא נחשב לבעל
תאווה גרידא. רק כשמשתמשים בסעודה למטרה נוסף, יותר
מרומם, מקבל הסעודה משמעות מעבר לתאווה. כך גם בעניין
אישות, למרות שההנאה הוא חלק אינטגרלי וחשוב בדבר, אין
לשכוח שהוא רק אמצעי להשיג את המטרה של "והיו לבשר אחד",
לבנות קרבה ושותפות לחיים יחד. ההנאה נשאר כאמצעי משנית
להשגת התכלי העיקרי ואינו מחליף את המטרה האמיתית.

הגמרא מלמדת אותנו עניינים נוספים שיש ללמוד מסעודה. רמז
למנה עיקרית והנלווה - כמו בסעודה כל אחד אוכל משהו אחר,
אולם האוכל הבסיסית והעיקרית ביותר נותר הלחם[246]. יש אנשים

---

המצווה ביותר הידור מצוה, בנתינת הרגשה טובה לאשתו גם לאחר המצווה
ובכך מקיים מצוות עונה בהידור רב, אלא גם מכין את אשתו לרצות בעתיד
להשתתף פעולה בקיום המצווה במלוא הרצון.

[245] עי' לדוגמה גמרא נדרים כ:

[246] מצאנו שהתורה וחז"ל רמזו למצווה בתור "לחם". עי' לדוגמה בראשית פרק
לט פסוק ו' "ויעזוב כל אשר לו ביד יוסף ולא ידע אתו מאומה כי אם הלחם אשר
הוא אוכל" ופירש רש"י שם ד"ה "כי אם הלחם" - היא אשתו, אלא שדבר בלשון
נקיה. ראה בנוסף משלי פרק ט פסוק יז "ולחם סתרים ינעם" וראה סנהדרין עה.
ראה בנוסף, גמרא נדה יז. שמוכרי עדי בדיקה לנשים, היו מכריזים בערבי

# בנין עדי ע.ד

## אישות בעיני חז"ל

שאוהבים לסעוד על דגים, אחרים אוהבים בשר ויש שאוהבים חלבי. דהיינו כל אחד אוהב משהו אחר, ולפעמים אוהב דבר אחד יום אחד ומשהו אחר למחרת. זה בסדר. רמז לתיאום ציפיות - סועד המגיע למסעדה בשרית בציפייה לאכול מנה בשרית טובה, ומגלה שיש רק דגים, יתאכזב. גם אם יאכל את הדגים וישבע, נותר מאוכזב שציפיותיו לא התקיימו.  רמז לסדר דברים - סועד אינו רוצה לקבל מנה של דגים, בשר והקינוח מעורב יחד באותו צלחת, אלא רוצה כל מנה בנפרד. כל אחד מבין שאם מעורב יחד כל המנות שזה פוגע בהנאה שיש בכל מנה בנפרד. לכן, הסועד דורש כל מנה בנפרד, כדי שיכול להנות כראוי מכל מנה.

ניתן ליישם המסרים האלו גם בענייני אישות.

רמז מנה לעיקרית והנלווה - מנה עיקרית מובן מאליו שיש במצוות אישות המצווה העיקרית ויש הנלווה. כל בני זוג מוצאים לעצמם מה נכון לפי האופי, המיזוג, הרצונות ועוד. כל אחד שונה, ואין רצונות וצרכים של אחד זהה לשני, ואלו גם משתנים מעת לעת. סופו של דבר, כל זוג מוצא לעצמם מה שטוב ועובד בשבילם, חשוב רק תמיד לזכור מה העיקר ומה הנלווה. יש להיזהר לא להתבלבל בין מה המטרה המרכזית ולשאוף להשיג אותה ומה נחשב לנלווה בלבד.

רמז לתיאום ציפיות - הוא עניין חשוב ביותר ומוזנח לרוב, שיש לו חשיבות רבה. כשחסר בתיאום הציפיות בין בני הזוג, זה גורם

---

# בנין עדי ע.ד
## אישות בעיני חז"ל

לתסכול ואכזבה, גם אם זה לא נאמר במפורש. כמעט אי-אפשר
לשים מספיק דגש על כמה שהוא חשוב בכל תחום של שלום בית
והזוגיות. מומלץ מאוד לשוחח בצורה פתוח ומכבד מראש מה
הציפיות ורצונות. זה נכון בכל תחום של הזוגיות, ובאישות עוד
יותר. החשיבות לשוחח ולשמוע הזולת ללא שפיטה היא עליונה,
ומי שעושה זאת רואה ברכה ושמחה בתוך הבית. בתחום של
אישות הרגישות והקשבה לזולת עוד יותר חשוב, היות מטבע
הדברים קשה לאישה להביע את עצמה בדברים אלו, ונדרש מאמץ
יותר מהבעל לא לחסום את הדו-שיח עם אשתו בעניין.

רמז לעניין סדר - חשוב לעשות את המצווה בדרך מכבד ובשיתוף
פעולה בין הזוג. כמו בסעודה יש שלבים, ודילוג או שינוי של הסדר
פוגע באיכות הסעודה, כך גם באישות יש שלבים ושינוי או דילוג
על הסדר פוגע באיכות המצווה[247]. יש שלבים של לקרת הפיוס,
פיוס, מצווה, ופיוס שלאחר המצווה. כך בקיום המצווה, יש לעשות
בהדרגה, שלב אחרי שלב, פרפראות בתחילתו, ולאחר מכן מנה
עיקרית, ומסיימים בקינוח[248]. יש לתת תשומת הלב הראוי לכל

---

[247] אם הקורא ישאל, אבל לא תמיד אוכלים סעודה, לפעמים אוכלים משהו
להשתיק את הרעב. גם בעניין של אישות, לפעמים רוצים לשבוע מבלי להשקיע
אורך? זה נכון לעתים בכמה תנאים. ראשית כל יש לתאם ציפיות בין הצדדים
ולעשות כן ברצון והסכמת אשתו. שנית, כל בר דעת מבין לאכול משהו כדי
להשתיק את הרעב זה לא קביעת סעודה כמו שצריך ועושים זאת רק לעתים.
עיקר הארוחה של אדם תמיד צריך להיות לאכול סעודה מסודרת. לפעמים
סעודה עם הרבה מנות, ולפעמים עם פחות מנות, הכל לפי הנסיבות. כן הדבר
במצוות אישות, לעתים יש זמן ורצון להשקיע יותר ולעתים פחות, אבל השלבים
המרכזים יש לקבוע כרגיל, ולא לדלג.

[248] יש זמן ומקום לאכול מהר לאכול ללא תשומת לב רק כדי להשתיק את הרעב,
אבל כל אחד מבין שסעודה מכובדת וברמה לא ממהרים, והמבין יבין.

שלב בנפרד ולהתייחס לכל שלב בשעתו, ורק לאחר מכן לעבור
לשלב הבא.


## סימן ט״ו – קיום כל התורה כולה כראוי אפשרי רק לאחר נישואין, הייתכן?


**שאלה:** חז״ל אומרים שרק לאחר נישואין ניתן לקיים את התורה
כראוי ולפני כן אי אפשר, הייתכן?


**תשובה:** כתוב בשם האריז״ל[249] שרק על ידי אשתו יכול הבעל
להגיע לשלימות בעבודת הבורא, ורק על ידה יכול הבעל לקיים את
התורה בשלימותה. אם הוא אוהב את אשתו כגופו ממש ומתייחס
אליה בהתאם, רק אז הוא יכול לקיים את המצווה של "ואהבת
לרעך כמוך", דהיינו זה המקום היחיד שניתן לקיים המצווה הזה.
הלל[250] אמר על מצוות ואהבת לרעך כמוך שמי שמקיים את
המצווה הזה כראוי, הוא נחשב כאילו כמקיים את כל התורה
כולה! ולכן אם יקיימו בני הזוג את המצווה בשלימות ובמלוא
הרצון של "אהבת הזולת כגופך", מקיימים את כל התורה כולה. זו
הכוונה של רבי עקיבא[251] שאמר שזה כלל גדול בתורה, היות ומי


---

[249] עי׳ באריכות בליקוטים פרשת עקב (דברים פרק ח׳ פסוק ג׳) "ויענך וירעבך
ויאכלך את המן" כי לא על הלחם לבדו יחיה האדם.
[250] עי׳ גמרא שבת לא.
[251] עי׳ ספרא קדושים ד/יב. ואידך עי׳ זוהר, ירחם השם, שכותב מי שמזלזל
באשתו ומי שלא מקיים את "ואהבת לרעך כמוך" באשתו אוי ליום הדין. מתברר
שאם לא עשה חסד עם אשתו, אם לא קיים הלכות בין אדם לחברו עם אשתו,
אז גם כל החסד שעשה בציבור היה לא לשם שמים, אלא לשם עצמו. אוי מיום

שמקיים את הכלל "ואהבת לרעך כמוך" כדבעי, הוא באמת גדול
בתורה.


מצווה זו יכולים לקיים כראוי רק בתוך הזוגיות, ששם אין
תמריצים ולחצים חיצוניים [ובמיוחד בחיי האישות בין בני זוג],
המשפיעים על התנהגות של מי מבני הזוג. כתוצאה מחוסר השפעה
חיצוניות ניתן לקיים את כל התורה כולה[252] באמת וללא השפעה
חיצוניות, אלא כפי רצון הטהור של האדם. רק בין בני זוג ניתן
לראות האם באמת אדם מתנהג בצורה מסוימת מלחץ חברתי
ומתמריצים חיצוניים או האם הוא באמת משתדל להתנהג על פי
הנחיות התורה בקיום של דרכיה דרכי נועם (ועם מידות טובות).
לכן, דווקא בתוך הזוגיות ניתן לראות את הפנימיות של אדם.
דווקא בחדרי חדרים, האמיתיות של האדם יוצא, מקום שבו הוא
לא מפחד להראות התנהגות ומידות האמיתיים שלו. בכל מקום


<hr>

הדין לאדם כזה. לא רק שעשה עבירה גדולה מאוד כלפי אשתו, אלא פוגע מאוד
בעצמו. הרי כתוב שבדרך התנהג אדם עם בני ביתו, כך יסתכלו על כלל
המעשים שלו. דהיינו אם התנהג בחסד וטוב לב לבני משפחתו כלל היחסים שלו
עם אנשים בחייו יתקבל בבית דין של מעלה בהסתכלות של חסד וטוב לב. אם
התנהג באכזריות וחסר אכפתיות כלפי בני ביתו, כך יתקבל כלל היחסים שלו
כלפי אנשים אחרים בבית דין מעלה. במילים אחרות, אם הוא התנהג לטובת
עצמו ולא לטובת הזולת, גם שעשה חסד עם הזולת יהיה נחשב לטובת עצמו ולא
חסד עם הזולת. ואם הוא התגבר על רצונות שלו ופעל לטובת הזולת באמת
ולקיים רצון הקב"ה, אז כלל ההתנהגות שלו כלפי הזולת גם יחשב כמצווה.
[252] דהיינו, לדברי האריז"ל מי שחסר בקיום מצווה זה, חסר לו חלק מהותי
מקיום התורה ולא זכה לקיים תרי"ג מצוות בשלימות.

# בנין עדי ע.ד
## אישות בעיני חז"ל

אחר אנחנו מושפעים מפחד חברתי, מהסביבה וציפיות של אחרים[253].

לכן יש להקפיד הדדית, לשמוח ולרצות אחד את השני במלוא היכולת, להרגיש את הצרכים של השני ולקיימם כמה שניתן. ועל דרך זה יקיימו את מצוות ואהבת לרעך כמוך בשלימות, ויזכו לקיים כל התורה כולה! [לכן החשיבות של תקשורת פתוחה ובריאה בין בני הזוג, כדי שיכולים להביע באופן חופשי ופתוח את רצונם וצורכם ללא בושה ופחד[254].]

---

[253] ע' גמרא ברכות כח. "כשחלה רבי יוחנן בן זכאי נכנסו תלמידיו לבקרו... אמרו לו : רבינו ברכנו. אמר להם : יהי רצון שתהא מורא שמים עליכם כמורא בשר ודם. אמרו לו תלמידיו : עד כאן? אמר להם : ולואי, תדעו כשאדם עובר עבירה אומר שלא יראני אדם". אדם בבית מרגיש כמו שלא רואים אותו אף אדם אחר, ומסתמך על זה שאשתו לא יספר לאנשים אחרים כל מה ביניהם. אדרבה, הזוג בדרך כלל מרגישים שמה שהולך ביניהם הוא סוד שלהם. יש הסכמה בשתיקה שאין לספר דברים שקוראים בין בני הזוג לאחרים. לעתים, יש שמשתמשים בהסכמה זה, שהיא טבעית ואמורה להיות בין בני הזוג, שימוש לרע. על ידי הבושה ופחד של האישה, הם מרשים לעצמם להתנהג בצורה המנוגדת להלכה, לעבור על איסורים וחי"ו יותר גרוע.

[254] חשוב מאוד, לכבד ולקבל את הרצון של הזולת בכבוד וברצון טוב. חס וחלילה לא ללעוג לצחוק או לזלזל ברצון ובדעה של השני, במיוחד בתחום של אישות שנחשב לפנימי ואישי ביותר. חס וחלילה לעשות כן, ומי שעושה כן פוגע עמוקות בקשר זוגיות והחיבור ביניהם. אין חובה לקיים את הרצון של השני, ואם לא רוצים להשתתף בעניין בכבוד, רגישות ועדינות לדחות את הניסיון בלי לפגוע לזולת. **יש לשים לב לחשיבותה הרבה של כבוד הדדי בין בני הזוג, ולהתנהג בהתאם**. אם מי מהבני זוג פותח את הרצון הפנימי לשני, והשני מזלזל בדבר, זה גורם למי שנפתח לנסוג חזק בכל דרכי תקשורת ביניהם, וחוסם אותם לפעמים לשנים רבות. דבר זה פוגע עמוקות בחיי הזוגיות שלהם. ולכן יש להקפיד ביותר, לקבל ולכבד את הרצונות של הזולת. [שוב, לא חייבים לקיים אבל חייריח לרדד]

# בניין עדי ע.ד
### אישות בעיני חז"ל

## סימן ט"ז - סגולה לילידים טובים של מהר"ל

**שאלה:** האם יש סגולה לילדים טובים ובריאים?

**תשובה:** כותב המהר"ל [255] שככל שאהבת הזוג מתגבר, וככל שהתשוקה מתגברת ביניהם, החיבור ביניהם יהיה יותר חזק, ויזכו לבנים טובים יותר [256]. הסיבה לכך, ככל שהאישה מתחברת ומשתוקקת לבעלה יותר, היא מתקשרת יותר עם שורש החיים בעולמות העליונים, ועל ידי זה הנשמות שמיוצרים מחיבור כזה יהיה שורשם בדרגות הגבוהות ביותר [257]. מצאנו במדרש שעל ידי השתוקקות לבעליהן וההשתדלות שעשו נשים צדקניות בדור מצרים לקיים המצווה בשמחה ובתשוקה עם בעליהן למרות הקושי שהיה כרוך בזה, בזכות זה זכו כל ישראל ליציאת מצרים. דבר נפלה ביותר שבו זמני הגדירו את עצמם מבדר עבירה וקיומו

---

[255] עי' מהר"יל גבורת השם פרק מ:ג'.

[256] המדרש בבראשית רבה פה/ט כותב שתמר זכתה להיות המייסד של שלשלת מלכות בית דוד לדורות, משיח בן דוד וסנהדרין כי התאוותה לחיבור עם צדיק. כותב המדרש בילקוט שימוני בראשית קמה/ד שהקב"ה שלח המלאך הממונה על תאווה ליהודה להכריח אותו לקיים המצווה בחיבור טוטלי עם תמר במלוא הרצון והתשוקה - באמירה שצריך להקים תקוות ישראל וגאולת ישראל העתידי, ולכן שלח המלאך הממונה על תאווה. רק על ידי השפעת המלאך במלוא הכוח היה אפשרי לגרום לחיבור כזה עוצמתית ואיכותית שממנו יוצא שלשלת בית דוד, משיח וסנהדרין.

[257] כן מצאנו גם להיפך, ככל והחיבור חלש יותר או מזלזל יותר, יוצא נשמות וגופות פגומים יותר, לדוגמה בני תשע מדות.

99

מצווה, ועל ידי זה זכו לגאולה ויציאת מצרים עם כל הניסים שזכו בהם[258]. וע' לקמן סימן י"ח סיפה סגולה נוספת.


## סימן י"ז – חיוב יזמת מצוות עונה מוטלת על הבעל


**שאלה:** על מי מוטל החיוב של היזמות במצוות העונה?


**תשובה:** החיוב לייזום ולקיים המצווה מוטל על הבעל[259] באופן אקטיבי (פעיל).

הרמב"ן[260] מסביר על פי הגמרא[261] ששארה זו קירוב בשר (משמשים מיטותיהם בקירוב בשר), כסותה זה כסות המטה ועונה זה שיבא אליה לעת דודים[262]. כל אלו דברים שמוטלים על הבעל לספק לאשתו. כל פעם שהבעל רואה שאשתו מתאוות לו, יש לו

---

[258] עי' גמרא סוטה יא: בזכות נשים צדקניות שהיו באותו הדור נגאלו ישראל ממצרים. מוזכר במדרש שהיו יוצאים לשדות לבעליהם מקושטת יחד עם דגים קטנים כדי שבעליהם יהיו שמחים ומרוצים, ואחר כך קיימו המצווה. מאותו חיבור יצא דור של ילדים שזכו שהמלאכים גדלו אותם, ולאחר מכן הצביעו ואמרו בקריאת ים סוף כשראו השכינה מרחפת מעליהם "זה אלי". היו בכזה דרגה רוחנית שהכירו את הקב"ה במצרים ובקריאת ים סוף הצביעו להקב"ה בהכרה שזה הקב"ה.

[259] עי' דברים פרק כ"ד פסוק ה' "ושמח את אשתו" וראה גמרא פסחים עב: ראה בנוסף גמרא נדה עא. שהבעל צריך לשהות את הנאתו עד אחרי קיום חובתו לשמוח את אשתו.

[260] עי' שמות פרק כ"א פסוק י'-י' "שארה כסותה ועונתה לא יגרע"

[261] עי' גמרא כתובות מח.

[262] דהיינו לקיים המצווה בכל עונה ובכל עת שאשתו מתאוות לו.

מצווה לשמח אותה[263]. זאת אומרת, <u>החיוב</u> של מצוות עונה מוטל על הבעל ליזם, למרות שגם הבעל וגם האישה מקיימים מצווה דאורייתא בקיום המצווה ביחד.

מן הראוי לציין, יש טעות נפוץ אצל חלק מהגברים שחושבים שהאישה צריכה להיות פעילה או מובילה במעשה האישות. הדבר אינו כן, וזה מחשבה שנובעת ממקורות שאינם תורניים כלל[264]. הגמרא [265] מסבירה שחלק מקללת הקב"ה לחווה הייתה זה שלמרות שיש לה צורך לקיום המצווה לא פחות מהגבר, אין מטבע האישה להביעה את הצורך הזה באופן גלוי.

כתוצאה מקללת חווה על ידי הקב"ה, טבע של האישה היא להיות כלי קיבול לאהבת בעלה בצורה יותר פסיבי בעניין קיום המצווה [266]. מצוי ורגיל שאישה בטבע הדברים מתחילה בתור

---

[263] ע' גמרא פסחים עב : ומקיים מספר מצוות דאורייתא כשהוא משמח את אשתו ע' שם.

[264] יש לדייק מבראשית פרק כ"ו פסוק ח' "ויצחק מצחק את רבקה אשתו" שהדרך המקובל בדרכי התורה הוא שהבעל הוא שמצחק את אשתו.

[265] ע' גמרא עירובין ק : על בראשית פרק ג' פסוק ט"ז "והוא ימשול בך" וכו' דהיינו חלק מהקללה של חוה לגרימת חטא אדם הראשון היה שיש לה צורך עמוק וחזק למצוות אישות, אבל הצורך הזה סגור בפנים (כבודה בת מלך פנימה) ויש לה איפוק טבעי מלהביע דעה או רצון בעניין. מחובתו של הבעל לשחרר את הצורך והרצון על ידי פיוס ודברי רצון. יש לזכור מטבע הדברים קיים איפוק, אבל כמו שאר הקללות של חוה, יש נשים עם יותר השפעה של הקללה ויש עם פחות השפעה של הקללה.

[266] כל אישה וכל מקרה שונה – כמו שלא כל אחד סובלת קושי בלידה באותו רמה וצורה, למרות שזה כלול גם בקללה של הקב"ה לחווה. בדומה לכך, כל אישה יש לה ביטוי אחר של עניין זה.

״קרקע עולם״ ולא לוקחת חלק פעיל ביזמות של המצווה. רק לאחר מכן, כשהאישה כבר נחשפת ומתעוררת לתאוות האישות, מתחילה לקחת חלק פעיל בעניין[267].

כתוב בשיטה מקובצת שמי שמקיים המצווה לבוש בבגדים[268], אף על פי שמשמש בבגדים משום צניעות[269] אין זה דרך חיבה [...] ואם עושה כן שיוציא (יתגרשו) וייתן כתובתה[270]. דהיינו אישות הוא מצווה שיש לקיימה בדרך חיבה, ואם הבעל מקיים המצווה ולא

---

[267] מובא בהלכה המוסג שתחילתה באונס וסופו ברצון, מותרת לבעלה עם הסבר כי לאחר שאישה מתעוררת למצווה זה נשלט עליה. טבע האישה שהיא מתחילה בתור ״קרקע עולם״, ורק לאחר שהבעל חושף אותה לתאוות האישות, ומעורר תאוותיה אז אישה לוקחת חלק פעיל יותר בדבר. יש נשים שהבעל מעורר אותם בשלבי הפיוס מהר, ויש שמתעוררת רק לאחר זמן מה, וזה תלוי בעיקר בהשקעת הבעל בפיוס. יש בזה רמז מהתורה של ״יהוא ימשול בך״ שבטבע הדבר לאחר חטא אדם הראשון זה חלק מהמצב של האישה שהיא יותר פסיבי בקיום המצווה. [על פי רמז יש בזה צד של ״קיבולי״ והמבין יבין]. (אין להבין מזה שאישה שלוקחת חלק יותר פעיל אינו נורמטיבית או שזה לא בסדר לפי הלכה. אלא זה מתאר המצב באופן כללי. עם זאת, כל אחד והטבע שלה ומי שיותר חמה ואקטיבי, אין בזה שום פסלות או איסור).

[268] ע׳ שיטה מקובצת כתובות מח.

[269] דהיינו, גם אם על פני כוונתו למטרה טובה, שהוא חושב שבדרך זו ישיג יותר קדושה, ויהיה יותר צנוע.

[270] דהיינו, אם האישה מבקשת להתגרש ממנו כי הבעל דורש לשמש בבגדים, זה נחשב שמתגרשים מחמת אשמתו והבעל יהיה חייב לשלם כתובתה. זאת למרות שהיא תובעת את הגירושין, מה שעשוי לפגוע בזכויות של באישה לקבלת כתובתה. [כשמתגרשים מחמת האישה, דהיינו האישה גרמה להתגרש (באשמה) יש מקריים שמפסידה את הכתובה שלה. במקרה כזה גם אם האישה דורשת להתגרש, זה נחשב מוצדק.]

מראה חיבה לאשתו, הוא אינו מקיים את המצווה[271]. יותר חמור מזה, אם הבעל מבטל את העונה כדי לצער[272] את אשתו[273] הוא עובר על איסור דאורייתא, ויש אומרים גם ללא כוונה לגרום לה צער[274], עובר על איסור דאורייתא בזה.

## סימן י"ח - מה רמת החובה של האישה ביזמות וקיום המצווה?

**שאלה**: האם מוטל חובה על האישה ליזם קיום של המצווה ולהשתדל לקיימה או האם חובה מוטל רק על הבעל?

**תשובה**: יש לאישה מצווה דאורייתא כשמקיימת מצווה עונה עם בעלה. ע' הערה[275]. עם זאת, <u>חובת</u> השתדלות מוטל על הבעל, וכן

---

[271] שאלה אם קיום מצווה בכלל וגם שאלה האם הוא עבר איסור. ויש להיזהר מזה היות ובקלות לא רק שהוא מבטל מצוות עשה אלא אפילו עובר על לא תעשה שבתורה.

[272] ע' טור חושן משפט סימן רכ"ח ושולחן ערוך חושן משפט סימן רכ"ח/ג, וראה בנוסף בבא מציעא נט. "אמר רב לעולם יהא אדם זהיר באונאת אשתו שדמעתה מצויה אומנתה קרובה", וע' שם רש"י אומנתה קרובה דהיינו לבא פורענות אומנתה ממהר לבא

[273] ע' שלחן ערוך אבן העזר עו/יא אסור לבעל להימנע מקיום המצווה עם אשתו בכל עונה, ואם עושה זאת כדי לצערה הוא עובר על איסור דאורייתא של "עונתה לא תגרע". וע' יומא ע"ד: שביטול קיום המצווה היה בין העינויים שעשו מצרים לכלל ישראל.

[274] ע' באר היטב אבן העזר עו/טז. וע' בית שמואל אבן העזר עו/יז שמותר לבעל לדחות קיום חובת עונה מחמת מחלה לתקופה מוגבלת ככל וזה לא מחמת שנאה.

[275] ישנם מספר הביטים חשובים מאוד למצווה זו בנוסף למצוות עונה, ואישה שמקיימת את מצוות עונה בהידור עם בעלה שכרה הרבה מאוד! כרוך בזה הרבה

הוא משועבד לדבר[276] כלפי אשתו. חובת קיום העונה מוטל על הבעל, ואין חיוב לאישה לקיים מצוות פרו ורבו כמו שיש לבעלה. עם זאת, אישה משועבדת בקיום המצווה לבעלה, [דהיינו מתחייבת לקיים המצווה עם בעלה באופן פעיל[277]] וקיומה מהווה מצווה דאורייתא[278] עבורה.

---

מצוות דאורייתא לרבות "ואהבת לרעך כמוך", מצוות חסד בכמה הביטים ועוד מצוות עשה וכן מניעת איסורים רבים בקיום המצווה.

[276] מטבע הדברים הבעל יותר פעיל בעניין, והאישה בדרך כלל יותר מסתירה את הרצון שלה בדבר. יש עניין גדול בצניעות ויש הגבלות בביטויים שמותר להשתמש מצד האישה, אבל אין להבין מזה שדובר בדבר שלילי  אם אשתו לוקחת חלק פעיל בעניין, אלא בצורה שהאישה עושה זאת. חז"ל רק התייחסו שאין לאישה לדרוש את קיום המצווה בפה בפירוש בצורה גסה [יש לשמור על כבודה של בת מלך]. (מותר לאישה לרמז, ואפילו לומר בפירוש, מילים שמרמזים לבעל בצורה ברורה שהיא רוצה לקיים את המצווה). מצווה גדולה על האישה לקחת חלק פעיל בקיום המצווה. זה מובא כבר בדברי חז"ל ועל אחת כמה וכמה בזמן של פריצות בעולם, שיש עניין לאישה להשתדל שיהיה בעלה במצב של "פת בסלו".

[277] עי' רמב"ם יד החזקה הלכות דעות פרק ה' הלכה ד' שכותב "ולא יהיו שניהם לא שיכורים ולא עצלנים ולא עצבנים [...] אלא ברצון שניהם ובשמחתם" ויש לדייק בדבריו שיש חובה על הבעל ועל האישה - שניהם - להיות "לא עצלנים" בקיום המצווה, דהיינו להיות פעיל בקיום המצווה ולעשות זאת בשמחה.

[278] הגדרת חיוב של מצוות עונה לבעל הוא חיוב אקטיבי ופעיל, דהיינו חיוב יזמות מוטל על הבעל, אם הוא רוצה ואם הוא לא רוצה, לקיים מצוות עונה לפי המינימום בדרישת ההלכה. מעבר לזה מוטל על הבעל חובת קיום מצוות אישות בכל עת שקיים צורך למי מבני הזוג, וזה מהווה מצווה דאורייתא לשניהם. חובת הבעל לקחת יזמות ולהתאמץ בקיום המצווה כל עת שקיים לו חיוב מצוות עונה. מבחינת האישה יש שיעבוד לקיום המצווה אבל אין חובה אקטיבית ליזם מצידה קיום המצווה. במידה ואין לה או לו צורך, אין מוטל עליה חובה של קיום המצווה.

מצווה[279] על האישה לשדל[280] את בעלה לקיום המצווה, וזה נחשב
לדרגה גבוהה[281]. כשהאישה משדלת את בעלה ומרצה אותו בדברי
רצוי ופיוס לקיום המצווה[282] זה סגולה לילדים חכמים ונבונים[283].
מובא בגמרא שבזכות שלאה הלכה לשדל את יעקב בדברי ריצוי,
זכתה לדורות של נביאים וגדולי הוראה משבט יששכר[284]. בזכות
זה זכו כל ישראל לצאת ממצרים, וזכו להוריד נשמות כה גבוהות
שיכלו לומר על השכינה "זה אלי" כשראו את השכינה[285]. וכל זה
רק בזכות ששידלו את הבעלים לדבר מצווה.

---

[279] ע' גמרא סוטה יא: ראה גם שרב חסדא לימד את בנותיו איך להרבות תאוות
בעליהן ואיך לשדל אותם לדבר מצווה. הייתכן שרב חסדא היה טורח אם אין
בזה לכל הפחות מצווה, אבל משמעות הגמרא הוא שכרוך בזה חובה ממש, ולא
רק מצווה.

[280] משמעות הדבר שאין חובה על האישה לשדל את הבעל, אבל מצווה יש. וע'
נדרים כ:

[281] יש אומרים שהסיבה שרחל אמנו לא זכתה להיקבר יחד עם יעקב אבינו
במערת המכפלה הינו משום שזלזלה בקיום מצוות אישות עם יעקב אבינו
שמכרה את זמנה ללאה בעד הדודאים שלה. זאת, למרות שרחל עשתה זאת
מרצון העז שלה לקיום מצוות פרו ורבו עם הצדיק ולהביא את חלקה משבטי
ישראל לעולם!

[282] ע' בית יוסף אורח חיים סימן ר"מ, וע' גמרא עירובין ק: , וע' גמרא נדרים כ:

[283] ע' לעיל סגולת המהרי"ל בסימן ט"ז.

[284] ע' גמרא עירובין ק:

[285] ע' גמרא סוטה יא: שבזכות נשים צדקניות שהיו באותו הדור נגאלו ישראל
ממצרים. וכן מוזכר במדרש שהיו יוצאות לבעליהן מקושטות יחד עם דגים
קטנים כדי שבעליהם יהיו שמחים ומרוצים, ואחר כך קיימו המצווה.

סימן י"ט - שני היבטים של "החיובים" במצוות עונה:

**שאלה:** האם חיוב עונה הוא חיוב עם זמנים קבועים או האם החיוב משתנה?

**תשובה:** ישנם שני חיובי עונה המחייבים במגביל.

יש חובת עונה מינימלית של חובת הבעל, כל אחד לפי תעסוקתו ופרנסתו[286]. זה המינימום שהבעל מתחייב בדאורייתא והתחייב בכתובה, ואסור לו להוריד מזה. עונה זה יוצא לרוב האנשים בפועל, פעמיים בשבוע, ובנוסף לזה יש של התחייבות של זמנים מיוחדים כמו שיצא לדרך. זה חובת עונה שמוטלת על הבעל לקיים כדי להראות חיבה לאשתו ולחזק את האהבה ביניהם[287].

יש עוד מצוות עונה שמוטל על הבעל לקיים בכל עת, וזה בכל עת שמכיר באשתו שמתעורר אצלה תשוקה למצווה. גם אז מוטלת על הבעל חובה ומצווה דאורייתא לקיים את המצווה יחד עם אשתו[288].

ניתן לשאול מדוע הוצרכה התורה לתת שתי חובות לבני הזוג לקיום המצווה. הרי מתי שיש צורך לאחד מהבני זוג בקיום המצווה חובה לקיים את המצווה מצד מצוות עונה. ובנוסף לזה יש

---

[286] עי' שולחן ערוך אורח חיים ר"מ/א.

[287] כמו שנאמר שמות פרק כ"א פסוק י' "ועונתה לא יגרע". מאחר שזמן המצווה הוא מגיע בזמנים קבועים ובתדירות נקרא זמן המצווה בדברי חז"ל "עונה".

[288] מוטל חובה גם על האישה לקיים המצווה עם בעלה.

# בנין עדי ע.ד

אישות בעיני חז"ל

חובת קיום המצווה בתדירות שלה. אם כן, למה צריך חובה נוספת של פעמיים בשבוע?[289]

ראשית, חז"ל ידעו בבסיס הנפש של בני זוג שצריך על פי רוב, כדי לשמור על קשר יציב ועמוק, פעמיים בשבוע הקרבה של קיום המצווה. לכן, קבעו שיש לקיים את המצווה לפחות פעמיים בשבוע לרוב בני אדם שלא בנסיבות מיוחדות הלא מאפשרות את זה (לדוגמה, חולים). שנית, היות ויש נטייה לגבר למהר את קיום המצווה מצידו ולהתרכז בתענוגותיו, ולא לקחת את הזמן שאישה צריכה.

לכן קבעו חז"ל שיש לקיים את המצווה, תמידים כסדרם, כדי שהבעל ירגיל את עצמו בזמנים אלו בחיובו כלפי הנאת אשתו[290] לקיים את המצווה באופן מושקע. אם ירגיל את עצמו בהידור מצווה בזמנים הקבועים, אז בזמן שיש לאישה תשוקה לבעלה ויש לקיים עונה מיוחדת, יצליח לקיים את המצווה דאורייתא בהידור.

---

[289] שאלה נפוצה ששואלים למדריכים (במיוחד מבני חוץ לארץ או בעלי תשובה), שקביעות הזה "משעמם" ו"מה עם ספונטניות"? שאלה זו נובעת בעיקר משגיאה בהבנת העניין, היות וזה מבוסס על הסתכלות של סיפוק תאווה. התורה דורשת מהבני זוג להשתמש בתאווה של האישות ככלי וכאמצעי לבנות קשר עמוק וחזק בין בני הזוג, ולא רק לספק (או להשתיק) את התאווה. ולכן מעבר ל"ספונטניות" שגם לזה יש מקום חשוב באישות על פי התורה, יש עניין של קביעות ותדירות של בניית הקשר בין בני הזוג. וזה החשיבות של קיום באופן "מסודר" מצוות אישות.

[290] הרי ברור מדברי חז"ל שיש חובה, ככל והאישה רוצה, שהבעל יביא את אשתו לשיא השמחה. אם הבעל לא משקיע את מלוא תשומת הלב המתאימה כמו שצריך, הסיכויים שיצליח לקיים את המצווה בהידור כמו שצריך קלוש ביותר. (מה שנקרה בלשון חז"ל "דורס ואוכל" שזו מדת עם הארץ).

# בנין עדי עד

אישות בעיני חז"ל

## סימן כ' – שימוש בבושם ותכשיטים

**שאלה**: האם מותר וראוי לאשה לשים בושם ותכשיטים ליפות את עצמה לבעלה, או זה נחשב לדרכי האמורי?

**תשובה**: הגמרא[291] מספרת שיחד עם המן שירד לכלל ישראל במשך ארבעים שנה במדבר ירדו תכשיטי נשים, ומסביר רש"י שמדובר בבשמים. זאת במשך כל הארבעים שנה! הקב"ה רוצה שהאישה תתקשט ותתבסם לבעלה כדי לחבב אותה עליו[292], ולחזק את הקשר. אכן מצאנו שכתוב במדרש שהקב"ה בכבודו ובעצמו קלע שערות של חוה כדי ליפות אותה לאדם הראשון[293]. הקב"ה הוריד לכלל ישראל יחד עם המן גם התכשיטים ללמד את חשיבות העניין[294].    וכן מצאנו שעזרא הסופר תיקן תקנות כדי שיהיה תכשיטים מצויים לנשים[295].

---

[291] ע׳ גמרא יומא עה. אמר רבי יהודה אמר רב.

[292] וע׳ רוקח סוף הלכות חסידות.

[293] ע׳ ילקוט שנעוני כג/ג

[294] ע׳ ספרי על במדבר פרק י"ב פסוק א׳ מביא שמרים הנביאה ידעה שציפורה (אשת משה ריבנו) פרשה מבעלה כיון שהפסיקה להתקשט בתכשיטי נשים, וזה רק כי משה היה צריך להיות מוכן לקבל נבואה בכל עת. אהרן הכהן ומרים הנביאה, למרות שהיו נביאים גם כן, לא פרשו מאישות, וזה היה עניין של ה"לשון הרע" שדיברו. לכן, ניתן גם כן לראות שאין נדרש פרישות כדי להשיג רוחניות, או לשמור על רמה רוחנית מסיומת.

[295] ע׳ גמרא ברא קמא פב.-פב:

## סימן כ"א - כפייה לקיום המצווה

**שאלה**: אם אשתי אינה מעוניינת בקיום המצווה האם מותר לי לכפות אותה, הרי היא משועבדת לי בדבר?

**תשובה**: הגמרא[296] אוסרת חד משמעית לבעל לכפות את אשתו לדבר מצווה[297]. קיום המצווה נגד רצונה של האישה נחשב לאחד מתשע המידות[298] שאסור[299]. ולכן ככל שהבעל רוצה לקיים את המצווה ואשתו לא מעוניינת, עליו לפייס אותה לדבר מצווה. כבר הסברנו, שאישה מתעוררת לדבר מצווה על ידי הרגשה שבעלה אוהב אותה ודואג לשלומה. עם זאת, יש לדעת שלפעמים החוסר

---

[296] ע' גמרא עירובין ק : אמר רמי בר חמא אמר רב אסי.

[297] חומרת האיסור של אונס בעיני התורה ניתן ללמוד מזה שניתן לעצור אונס בכל האפשרי לרבות הריגת האונס ע' סנהדרין עג. ורש"י שם ד"ה לפגמה מסביר שסיבת ההיתר להשתמש בכל אמצעי לעצור האונס הוא מרוב בושה וזלזול שהאישה מרגישה במצב של אונס. ברור שמסגרת נישואין אין דובר במצב שהגמרא דיבר עליו, עם זאת אין ספק שאישה שעוברת אונס במסגרת נישואין עוברת עינויים קשיים מאוד שכולל בושה והרגשת זלזול עמוקה וקיים בזה איסור חמור מאוד. אוי ליום הדין למי שעובר, נותן יד או אפילו מעלים עין באיסור כה חמור.

[298] בני אונסה היינו שהאישה אינה רוצה לקיים המצווה, גם אם היא לא מתנגדת ממש ולאו דווקא אונס בכוח ממש ע' מגן אברהם ר"מ/ז.

[299] ניסיון הקשה מלמד שהרבה מהילדים שנולדו עם בעיות (נפשיות, רפואיות או פיזיות), נולדו מקיום המצווה בניגוד לרצון האישה. דבר זה נכון אפילו אם האישה הסכימה לקיום המצווה אומנם זה היה נגד רצונה באמת, רק לא רצתה לאכזב את בעלה וכדומה.

רצון (כשהוא לא זמני[300]) בעניין נובע מדברים עמוקים יותר ויש
לפנות לבעל מקצוע. במקרה כזה יש להתייעץ עם מומחה בתחום,
ולא להסתמך על עצות של חברים או אפילו של ״בעלי עמדה״[301]
שאין להם ניסיון ספציפי בתחום.

---

[300] אם חוסר הרצון הוא זמני בלבד, זה נורמלי. ברור ומובן מאליו שיש זמנים
שלא רוצים לקיים את המצווה מסיבות שונות כמו עייפות וכדומה. בעל שלא
מבין את זה גורם לריחוק ופוגע בתמריץ הרגישי של האישה לקיים המצווה, כי
זה אומר בענייה שהוא לא אוהב אותה ודואג לשלמה אלא מעדיף לספק צרכיו
בניגוד לצרכיה.

[301] כמו רבנים או אנשי ציבור שאין להם מומחיות בעניין ספציפי. יש לדעת
ש״רצון טוב״ או גישות לא מקצועיות יכולים לגרום עיכובים בטיפול ולפעמים
אפילו להחריף את המצב עוד יותר. מומלץ להימנע מלהתייעץ עם אנשים שאינם
בעלי ניסיון בתחום, אלא להשקיע ולחפש בעל מקצוע מתאים. במיוחד יש לשים
לב אם שינוי ברצון עולה לאחר לידה (גם תקופה של כמה חודשים לאחר לידה)
או אירוע דרמטי אחר בחיים של הזוג. ע׳ נספח בסוף הספר בעניין דיכאון לאחר
לידה.

# שער המצווה

סימן כ״ב - מצווה צריכת כוונה, איזה כוונה רצויה בקיום
המצווה?

**שאלה:** ידוע דברי הפוסקים שמצווה דאורייתא צריכה כוונה, מה
הכוונה שצריך בקיום מצוות אישות?

**תשובה:** יש שתי כוונות שיש לחשוב עליהם בעת החיבור. הראשון,
צריך לכוון שמקיימים מצוות הקב״ה בקיום החיבור של מצוות
עונה [302]. מצווה זו מקיימים גם כן בעת זקנה, ובעת שהאישה
בהריון כבר. הסיבה לכך היא כיוון שמדובר באופן קיום המצווה
ולא בתוצאה של הקיום. בנוסף יש לכוון שהתוצאה של החיבור
יהיו ילדים שמקיימים את התורה ולהרבות עושי מצוות בעולם [303].

---

[302] עי׳ טור אורח חיים סימן רל״א

[303] עי׳ דברי טור אבן העזר סימן כ״ה. היינו מצוות עונה מורכבת ממספר מצוות,
כל אחד עם הכוונה שלו. יש מצוות עונה, פרו ורבו, בין אדם לחברו ועוד. יש
כוונה שונה לכל רכיב, ויש להשתדל לכוון על חלק לפי הכוונה שיש בה. מצוות
עונה הוא על המעשה של מצוות אישות בלבד (מנותק מהתוצאה) ולכן מצווה זה
צריך כוונה של עצמה. כוונה בזה הוא לעשות רצון הקב״ה, להימנע מעבירה
וכדומה. מצוות פרו ורבו דורש כוונה נפרדת, שהתכלית של מצוות פרו ורבו
ליהודי הינו להביא לעולם ילדים שמקיימים את התורה ויהיו עובדי הקב״ה
ברצון ובאהבה. זה תכלית מצוות פרו ורבו, ולכן יש לכוון לעניין זה. כוונה של
מצוות בין אדם לחברו שניתן לקיים בים בעל ואשתו, שהבעל רואה שאשתו
מתאווה לו, לזה יש כוונות אחרות של בין אדם לחברו וכל העניינים של תומר
דבורה.

יש מוספים לכוון גם בקיום עונה שהוא עושה המעשה כדי להימנע מלעבור על מצוות לא תעשה[304]. מכל מקום, מי שכוונתו בעת החיבור הוא שיהיה שבע מן ההיתר שלא ירעב ויתאווה אל האיסור כוונתו לטובה ויש לו שכר[305].


## סימן כ"ג - מצוות עונה – באיזה תדירות יש לקיימה?


**שאלה**: כמה פעמים בשבוע מותר לקיים המצווה?


**תשובה**: על פי הלכה ללא הגבלה במספר פעמים או בתדירות שמותר לקיים המצווה[306], הפעמיים בשבוע שכתוב בהלכה זה

---

[304] ע"י דרך פקודיך מצוה ראשונה חלק המחשבה אות א-ב "ועונתה לא יגרע".

[305] עד כאן לשון הטור באורח חיים סימן ר"מ, עיין שם עוד. אשרינו ומה טוב חלקינו, הרי הזוג נהנים בקיום המצווה ומקיימים הרבה מצוות דאורייתא חשובים. בקיום המצווה הם מקיימים רצונם ותאוותיהם בהיתר, ובכל זאת מקבלים שכר על הרבה מצוות דאורייתא(!). אשרינו ומה טוב חלקנו, שהקב"ה רצה לזכות אותנו בקיום רצונו בכל עת ובכל זמן.

[306] ע"י שלחן ערוך אבן העזר ע"ו/א שברירת מחדל לכל אחד הוא חיוב לקיים מצוות עונה כל לילה. ברירת מחדל זה מוגבל לפי כוח של האדם באופן כללי. לאחר קביעות החיוב המחבר מגדיר מה נחשב ממוצע בכוח של האדם לפי עבודה שלו. הנחת היסוד הוא שאדם בתעסוקה כמתואר, גם ללא הוכחה, יש להניח שהוא מוגבל לפי כוח אדם ממוצע בתעסוקה שלו.
ע"י בעל הטורים על דברים פרק כ"ד פסוק ה' "ושמח את אשתו" שהמילה "ושמח" הוא בגימטרייה (354) יוצא לאותו מספר כמו מספר הימים בשנה שיש חיוב לקיים את המצווה, שהוא כל ימות השנה חוץ מיום הכיפורים (ע"י גמרא יומא עג :). [גם שיש ימים בשנה שמחמירים אם אין צורך, החובה קיים כל השנה חוץ מיום כיפור שאסור בתשמיש המטה מדין דאורייתא. אם יש צורך לאחד מבני הזוג, אין להחמיר ברוב הימים שמחמירים בהם. ואין להקל בימים שהם איסור מדרבנן.] ע"י עוד בסימן ר"י/א בחלק הראשון של הספר.

המינימום[307] שחייבים לקיים גם כשאין צורך לשניהם. זה הנדרש
גם שכאין צורך מיוחד כדי לשמור על קשר תקין בין בני הזוג בדרך
כלל[308].

אם יש לאחד מבני הזוג צורך, אז יש מצווה וחיוב [קרי - שיעבוד]
לשני לקיים יחסים[309]. אם יש קושי סיבתי [כמו בתחילת הריון]
אפשר להפחית לפעם בשבוע, אבל זאת רק באופן זמני. פחות מפעם

---

[307] ע׳ פתחי תשובה אבן העזר עו/ג שמביא בשם המעיל צדקה סימן נ"א שמביא
שמשום פריצות הדור וקנאת ירך חברתה יש לקיים גם לתלמידי חכמים פעמיים
בשבוע, ולא פחות. אם זה היה נכון בזמנו לפני כשלוש מאות שנה (דהיינו תל"ח-
תע"ג (פראג) בוהמיה!) שמדובר בתקופה "שמרנית" יחסית שחוסר צניעות
בציבור לא היה מקובל, וגם במדינה עם מזג אוויר יחסית קריר. על אחת כמה
וכמה במקום עם מזג אוויר חם ובזמן שפריצות וחוסר צניעות לצערנו מקובל
בכל מקום, ואדרבה עוד חוגגים לשבח החוטאים.
[308] הרב שך זצ"ל אמר פעם לאברך, נכון יש מצוה בשבת לאכול חמין [טשולנט –
מאכל חם שאוכלים כדי להראות שמותר להחזיק אש בשבת, לאופקי
מהצדוקים] אבל לא עושים מזה "מזרחי" עסק עיקרי וחשוב. נכון, יש מצווה
אישות והיא חשובה עד מאוד בזוגיות, אבל לא כל החיים הולך סביב זה. יש
תמיד לזכור שהתכלית הוא הדבר שאמור להנחות אותנו בגישתנו בעניין - אם
זה מחבר ומקרב את הזוג יותר להיות קרוב – ואם כן, זה חלק מהמצווה. אם
זה הופך להיות טרדה וקשה לאחד מהבני זוג אז וודאי זה לא מקרב ביניהם ולכן
זה לא חלק מהמצווה. אדרבה, ייתכן שבקיום המצווה הוא מגיע למצב שעובר
עבירה במקום מצווה.
[309] חשוב לציין שיש גם יוצא דופן מגדרי הנורמה, ומי שצריך הרבה מדיי, מומלץ
להתייעץ עם מומחה. גדרי "הרבה מדיי" הם בדרך כלל שזה פוגע באורח החיים
הרגיל של בני הזוג, שהכול הולך סביב העניין, או שזה מטריד אחד מבני הזוג.
גם פחות מדיי וגם הרבה מדיי נוגע לעניני של איסורי דאורייתא. יש להדגיש,
צורך יתר לא הופך את האדם לבעייתי, מקסימום יש עניין שצריך הדרכה או
טיפול ממוקד. מאחר ואי טיפול בעניין עלול לגרום לבעיות בשלום בית, מומלץ
מאוד להתייעץ עם מומחה.

בשבוע[310] גורם להרחקה בין בני הזוג ולא מומלץ אפילו באופן זמני, [אלא בשעת צורך ממש[311]].

מחויב הבעל לעורר את אשתו בדברי פיוס וריצוי, וכדאי לקיים פעמיים בשבוע, גם אם נדרש מאמץ על ידי הבעל. זה חיוב עונה, ויש לקיים אותו כמו כל מצווה דאורייתא, גם אם צריך מאמץ. חיוב עונה לפי הלכה קיימת על הבעל כל לילה[312], וכן נשאר החיוב למי שאינו נחלש מחמת טרדות החיים[313]. אסור להפחית מהחיוב עונה, אלא אחר שקיומו מצוות פרו ורבו[314]. כל העונות שחז"ל כתבו פחות מקיום המצווה כל יום, זה רק המינימום מחמת חולשת הגוף ומחמת טרדות החיים שהקילו[315].

## סימן כ"ד - פיוס, מהו?

**שאלה:** מה הכוונה של פיוס?

---

[310] הרב ניסים קרליץ זצ"ל.

[311] לדוגמה אם יש מחלה וכדומה המונעת אפשרות של קיום המצווה. גם אז, יש לקיים המצווה על ידי פיוס בדברים וכדומה מה שאפשר בנסיבות העניין.

[312] ע' שלחן ערוך אבן העזר ע/א.

[313] ע' חלקת מחוקק אבן העזר ע/א אנשים שאין להם טרדות החיים נקראים "מטיילים" בהלכה, וגדרי מטיילים ע' שם.

[314] ע' שלחן ערוך אבן העזר ע/ו, יש להעיר שגם אחרי שהזוג קיומו מצוות פרו ורבו, מותר לבעל להפחית התדירות בקיום המצווה רק בהסכמת אשתו.

[315] ע' שלחן ערוך אבן העזר ע/יא, מי שנחלש ואינו יכול לקיים מצוות עונה מחמת חולי וכדומה. וע' באר היטב אבן העזר ע/טז האם מותר לבטל מצוות עונה מחמת טיול או פרנסה, וע' שם בשם האלשיך שביטול עונה גם לא כדי לצערה אסור.

**תשובה:** פיוס הינו כל התהליך הרגשי, הפיזי והמילולי הקשור לקיום המצווה כדי להקרין חיבוב לאשתו חוץ ממעשה המצווה בעצמו. ישנם כמה שלבים לפיוס, שמתחיל עם דיבור זמן מה (ייתכן כמה שעות) לפני תחילת פיוס המעשי ומסיים עם השלבים היותר אינטנסיביים מיד לפני קיום המצווה בעצמה. מה שמוגדר בדברי חז"ל כפיוס הוא מתייחס בדרך כלל לשלב של דיבור שמחבב את האישה לבעלה[316], דברי אהבה ודברי ריצוי[317].

לאחר ובנוסף לשלבים של פיוס בדיבור שהוא קירוב על ידי דיבור בעלמה, יש עניין של קרבת הגוף אחד לשני, שכולל חיבוק ונישוק, שזה כבר חלק מפיוס "המעשי". זה שלב מקדמי למעשה המצווה שהריכוז שלו הוא על ההרגשות וקרבה לקראת המצווה, אבל לא כולל את המצווה בעצמה[318]. רק אחרי כמה דקות של השלב המעשי יש להמשיך להגיע לחלקים היותר רגישים של הגוף[319]. כל זה נחשב לפיוס לפני המצווה, שלאחר השלבים אלו יש לקיים את המצווה בהידור. לאחר סיום המצווה, יש שלב נוסף וחשוב של פיוס שהוא כולל קרבה ודברי אהבה וחיבה לאשתו. כל ההליך לפני ולאחר המצווה הוא מכונה כ"פיוס" אומנם לרוב "פיוס" מתייחס לדברי פיוס ולא כלל השלבים.

---

[316] ע' משנה ברורה ר"פ/ג שיש להרבות בדברי חיבה ואהבה מספר שעות לפני פיוס בפועל לקראת קיום המצווה, ויש לדייק בלשונו שדובר אפילו חצי יום ויותר לפני תחילת הפיוס.

[317] מה שנקרא "דברי עגבים" בדברי חז"ל, הכוונה הוא דברי שבח לצד הגופני של האישה וצורת הגוף שלה. דברי ריצוי הכוונה לדברי רגש וחיבוב.

[318] ע' באר היטב אבן העזר ע/א שלמרות שהערה נחשב לביאה לכל דבר, לקיום מצוות עונה לא נחשבת ביאה [אלא קיום המעשה בשלימות נחשב קיום המצוות].

[319] וזה כולל נגיעה באברים האינטימיים המיוחדים לאישה.

תהליך של פיוס אמור לקחת זמן, וזה מאוד חשוב מצד האישה לתת זמן לגוף להתרגל לעניין של המצווה. כמה שמשקיעים יותר לעשות פיוס בסבלנות עם תשומת הלב כמו שצריך, יפיק יותר תועלת ומקיים את המצווה בהידור רב יותר. לצערנו, מצוי לעתים שממהרים או מדלגים על שלבי הפיוס, שזה גורם לבעיות בין בני הזוג.

[מובן מאליו שיש להקפיד כמה שאפשר לניקיון הגוף וריח טוב לקראת פיוס. מומלץ מאוד לעשות מקלחת לפני תחילת הפיוס המעשי, ולכל הפחות לדאוג שאין ריח רע או משהו דוחה כלל[320]. וזה חלק ממצוות ואהבת לרעך כמוך שיש לקיים במצוות אישות. (פיוס מעשי מוסבר יותר מפורט בחלק "הדרכה מעשית" של הספר, ע' שם.)

## סימן כ"ה – רצונות שונים בקיום המצווה

**שאלה:** מה לעשות שקיים פער ברצונות ההנאה של הבני הזוג?

**תשובה:** כתבנו מספר פעמים שיש לקיים את המצווה פעמיים בשבוע לכל הפחות. מומלץ לעשות זאת בזמנים קבועים - בליל

---

[320] יש על הבעל ועל האישה להקפיד על ניקיון הגוף, ולנקות היטב מקומות שבהם מתווסף זיעה, ובמיוחד בין הרגלים ובית השחי, לפני תחילת הפיוס. מצוי שיש ריח ממקומות האלו ולפעמים הריח יכול לדחות את השני ממש. מובן מאליו שריח רע מפריע בפיוס ובקיום המצווה, ומוריד מהרצון בקיום המצווה בין בני הזוג, וישפיע על ההתעניינות ונכונות לקיים המצווה בעתיד. ולכן <u>כחלק מהידור מצווה</u> יש להקפיד על ניקיון הגוף וריח נעים (לא מדיי חזק).

שבת ולילה נוסף במשך השבוע. מומלץ לבחור זמנים רגועים יותר כמה שניתן, ובעת הצורך ניתן לקבוע הזמנים אפילו ביום במקום בלילה.

מצוי שהבני זוג נהגים בדרכים שונים של פיוס וקיום המצווה וזה בסדר גמור וטבעי ביותר. כל אחד שם דגש על דברים אחרים ונהנה יותר בדרך שהם מרגישים טוב בו. לכן, מומלץ לקבוע זמנים מסודרים מימים הקבועים לקיום המצווה. לדוגמה, יום אחד "יום האישה" שבו הבעל שם עיקר הדגש להנאות את אשתו ולקיים באופן המקסימלי את רצונות שלה, לפני כל רצון שלו בגישתו לאישות של אותו יום. ויום שני הקבוע להיות "יום הבעל", שבו האישה תשים עיקר הדגש באישות בלהנות את הבעל ולקיים את הרצונות שלו בקיום המצווה.

באופן זה כל אחד מקבל את מה שהם צריכים מקיום המצווה, ובנוסף לומדים הדדית איך לרצות את הרצונות של הזולת. שאר הזמנים של קיום המצווה במשך השבוע, ככל ויש רצון מעבר לפעמיים הקבועים, בהם יכולים "להיות ספונטני" בגישה לפי בחירת הבני זוג באותו עת.

סימן כ"ו - הסתכלות על האישה בעת שהיא מותרת

**שאלה** : האם מותר לבעל להסתכל על אשתו ללא בגדים?

**תשובה**: מותר[321] וחובה לבעל להסתכל על אשתו כשהיא מותרת –
אפילו לא בזמן תשמיש - ללא בגדים, וכך מובן בפשטות בהרבה
מקומות בהלכה[322]. יש להבין, האיסור של "לא תתורו" הוא לא
להסתכל[323] על עריות ומראות אסורות. אנחנו מברכים "והתיר לנו
את הנשואות", כי אשתו של אדם מותרת לו לגמרי[324]. לכן, אין
שום הלכה (בזמן שהיא מותרת) שאוסרת על הבעל מלראות
וליהנות מאשתו. אין בזה שום שייכות לעריות כלל, אדרבה, זה

---

[321] עי' אגרת הקודש לחזון איש אגרת ב'.

[322] עי' שו"ע אבן העזר קי"ז/ג'/י שאינו נאמן לומר שיש לה מום אחרי כמה ימים.
ולפי זה ברור שלדעת חז"ל אינו מתקבל שאדם מתחתן ולא מסתכל בכל הגוף
של אשתו. אם היה בזה אפילו עניין של חומרה לא להסתכל על כל הגוף של אשתו
כשהיא ערומה, גם אם לא היה בזה איסור ממש, היה מתקבל טענתו שלא
הסתכל. לכן, ברור ללא ספק שמותר להסתכל על כל הגוף של אשתו כשהיא
מותר, ואין בזה חשש איסור כלל. ודבר פשוט הוא למעיין בהלכות שונות,
לדוגמה בהלכות קריאת שמע ועוד.

[323] האיסור של מראות אסורות הוא להסתכל בדבר, דהיינו להתבונן ולהסתכל
בכוונה. ראיה בעלמה אינו נכללת בהגדרה של איסור הסתכלות בדברי חז"ל.
תלמיד חכם גדול שלמד אצל גדולי מוסר לאחר המלחמה סיפר לי שהיו שמים
קצת שעווה, שכבה דקה מאוד, במרכז המשקפים שלהם כדי לטשטש את הראיה
הברורה כשהיו צריכים ללכת במקום שיש מראות אסורות ולא היה אפשרות
להימנע מזה.

[324] חשוב לציין, שכלפי בעלה אין חובת צניעות, הרי אשתו כגופו והיא מותרת לו
לגמרי. כמו שלא שייך לאדם חובת צניעות לעצמו, כך לא שייך צניעות של אשתו
כלפי בעלה (כשהיא טהורה בלבד). עם זאת, חובת צניעות כלפי גברים אחרים,
כולל בניה של האישה, <u>הוא נותר באותו איסור חמור ויש להקפיד על צניעות
כלפי אנשים אחרים</u>! חס וחלילה לחשוב שהיתר שהיא כלפי בעלה מתיר רפיון כללי
בהלכות צניעות גם כלפי בני המשפחה.

חלק מהמצווה של אישות[325]. בדומה לערב יום כיפור, שיש מצווה לאכול ויש למחרת איסור לאכול. כל דבר לפי רצון הקב"ה, כל מצווה יש לקיים במלוא המובן בזמן הנכון[326].

ידוע הסיפור עם אברך שהגיע לרב שך זצ"ל והתלונן שיש לו כל הזמן הרהורים וקשה לו לעבור ברחוב בלי להסתכל על נשים. שאל אותו הרב שך זצ"ל, האם הוא מסתכל על אשתו ללא בגדים כשהיא מותרת? אמר האברך "לא", זה לא צנוע. אמר לו הרב שך זצ"ל, שזו חומרה בגדר "חסיד שוטה" וחייב להסתכל על אשתו באור ולהנות מגופה כשהיא מותרת[327]. לאחר תקופה קצרה האברך אמר לרב שך זצ"ל שהבעיה נפתרה.


סימן כ"ז - שינה ביחד


**שאלה**: האם מותר לישון ביחד בלי בגדים גם לא בשעת קיום המצווה?

---

325 בעל הקהילות יעקב הביא שראוי שיהיה מעט אור בחדר בשעת קיום המצווה. מצד אחד נדרש מעט אור כדי לראות ולהתרכז במי מתחברים כשמקיים המצווה, ועל ידי מחזקים את החיבור ביניהם. לזה נדרש מספיק אור שניתן להכיר את הזולת, אבל יש להיזהר מאור חזק בחדר. בנוסף, כשיש מעט אור בחדר והבעל יכול לראות את אשתו, זה יעזור לו להימנע מלחשוב על אישה אחרת ח"ו בעת קיום המצווה.

326 יש בזה רמז בגמרא יומא נד. אמר רב נחמן כלה כבית אביה צנועה כיון שבאתה לבית חמיה [הכוונה לאחר שמתחתנת עם בעלה] אינה צנועה מבעלה. **וכן התדמו הכרובים** לכלל ישראל שלא היה עניין של צניעות בין כל ישראל וקודשה ברוך הוא בעת דודה.

327 עי אגרת הקודש לחזון איש אגרת ג'.

**תשובה** : כן, וקיים דעות האם זה חלק מחובת עונה[328], יש אומרים שזה חלק ממצוות עונה, ויש אומרים מצווה בעלמה. באופן כללי מצאנו בדברי חז"ל שלישון בקירוב בשר זה היה דרך הרגיל[329]. העניין להפריד את המיטות זה משום שילדים ואורחים יכולים לדעת מתי אסורים ומתי מותרים אם מחברים ומפרדים המיטות. לכן אם יש צורך ניתן להפריד את המיטות ביום ולחבר בלילה[330].

## סימן כ"ח - כיסוי הגוף בעת קיום המצווה

**שאלה** : אם נופל הכיסוי באמצע קיום המצווה, האם צריך לעצור ולהתכסות?

**תשובה** : לכתחילה יש לכסות את הגוף, דהיינו מקום החיבור, בעת קיום המצווה, גם בחדר חשוך. בחיוב הכיסוי הכוונה הוא על מקום החיבור דווקא, ואין חיוב לכסות את כל הגוף, ובוודאי לא מעל הראש וכדומה. במקרה שכיסוי הגוף, דהיינו במקום החיבור, מפריע בשעת מעשה אין קפידה לשמור על כיסוי וניתן להוריד את הכיסוי. כן, אם יש סיבה אחרת, לדוגמה, לפי התנוחה בקיום

---

[328] עי' לדוגמה רש"י שבת יג. ד"ה איכא שינוי, וכן דעת הרמב"ן שזה מחובת המצווה של עונה.

[329] עי' לדוגמה בהלכות קריאת שמע, הנהגות הבוקר וכדומה, שאין ספק שזה היה מצוי לישון ללא בגדים בלילה בקירוב בשר.

[330] הרב יהודה שפירא זצ"ל.

# בניין עדי עד
## אישות בעיני חז"ל

המצווה קשה לכסות, הכיסוי יפריע או נופל, מותר לקיים המצווה ללא כיסוי כלל[331].





**שאלה**: האם יש חובה לכסות את הגוף כל הזמן בעת קיום המצווה, גם בשלבים של פיוס?


**תשובה**: מותר להסתובב סביב המיטה [ובחדר שינה] ללא בגדים[332] בעת קיום המצווה. כמו שכל אחד מבין בחוף הים למרות שהדין "שכל הארץ מלא כבודו" שייך, ולכן נדרש צניעות ויראת הרוממות, ובכל זאת מותר להסתובב בבגד ים (למרות "החוסר צניעות" שבזה). דוגמה נוספת עוד יותר ברור, מדברי חז"ל ברור שבבית המרחץ הסתובבו ללא בגדים, ויותר מזה הולכים למקווה וטובלים ומתכוננים ללא בגדים (למרות שזה הוספת קדושה), כי זה מה שמתאים למצב ההוא. חוסר הלבשה וצניעות אינו מפריע לקדושה היות וזה מה שנדרש באותו עת להוסיף קדושה[333]. כך גם מובן מאיליו שמותר להסתובב בעת המצווה ללא בגדים כל כי זה מה

---

[331] בעל שבט הלוי. וכן שמענו מתלמיד מובהק של הרב בן ציון אבא-שאול זצ"ל בשם רבו וזאת למרות שהיה יודע בהקפדה יתירה לקיים הלכה עם החומרות של בעלי קבלה.

[332] רב ניסים קרליץ זצ"ל.

[333] אדרבה, כהן גדול טבל מספר פעמים במשך עבודת יום הכיפורים ואין מי שיגיד שזה היה חסר צניעות או פוגע בהוספת קדושה בו בזמן, היות וזה מה שנדרש כדי לקיים את העבודה.

שמתאים למצב ההוא ואין בזה חוסר צניעות כלל[334]. יש לזכור שזה שמותר להסתובב ללא בגדים בזמן הפיוס אינו מתיר כלל וכלל אמירת ברכות וכדומה מול ערווה[335] ומי שעושה כן עובר על איסור[336].


## סימן ל' – הבנה נכונה של מהו צניעות


**שאלה:** כל החיים שלי למדתי על העניין של צניעות שיש להתכסות כראוי, איך זה מסתדר עם חיי האישיים בין בני זוג?


**תשובה:** אנשים יודעים שעל פי הלכה יש חובה לכסות את הגוף באופן ראוי על-פי גדרי צניעות לפני שמתעסקים בכל דבר שבקדושה, לדוגמה לפני תפילה, אמירת ברכות וכדומה. בנוסף, כולם מצטטים את הגמרא של קמחית, הסמל של צניעות, ומסיקים מזה שצניעות הוא כיסוי מקסימלית של הגוף. הרי כתוב בגמרא[337] שלא ראו קורות ביתה את שערות ראשה, ובזכות זה זכתה לשבע בנים ששרתו ככהן גדול בבית המקדש (!!). ברור

---

[334] רב חיים קניבסקי שליט"א (זצ"ל). פשוט הוא שזה מתחיל כבר משלב הראשון של פיוס וממשיך עד לאחר שלב הפיוס לאחר קיום המצווה. כמו שהסברנו כבר לעיל, העניין שיהיה מעט אור בחדר הוא רק בשעת מעשה המצווה בעצמו, ולא כל זמן הפיוס.

[335] ע' נדרים ז: בכל מקום שהזכרת השם שלא כהגון מצויה שם עניות מצויה.

[336] ע' שלחן ערוך אורח חיים סימן עה סעיף א וע' משנה ברורה סימן ע"ה סעיף א' בהרחבה ופשטות הדבר שמול אשתו מהני עצימת עיניים אם הוא נזהר לא להסתכל כלל. וע' שם מגן אברהם שבגד דק שניתן לראות דרכו הבשר לא נחשב כיסוי לעניין זה.

[337] ע' גמרא יומא מז.

# בנין עדי ע.ד
### אישות בעיני חז״ל

שזכתה לזה מרוב צניעות עם כיסוי של הגוף בכל דרך אפשרי עד
כדי כך שאפילו קצה שערות לא היו מגולים כלל.

חז״ל מסבירים שדובר שבעת שקמחית יכלה לכסות את שעריה,
כיסתה אותם[338]. מובן מאליו שהיו זמנים שלא היה אפשרות, וזה
לא הוריד כלל משבח שלה על הקפדת הצניעות. לדוגמה, אי אפשר
על פי הלכה לכסות את השערות בהכנה לטבילה דאורייתא, לרבות
טבילת נדה[339] ואכילת קודשים ועוד[340]. השבח המיוחד של קמחית
לא הייתה בנוי על כיסוי לגמרי של כל חלקי הגוף, לרבות את
השערות[341].

---

[338] עי׳ גמרא יומא מז. ועי׳ שם רש״י ד״ה לא ראו קירות ביתי, ותוספות ישנים
ד״ה לא ראו קורות ביתי. וראה בנוסף גמרא נדה ע״א. רש״י ד״ה ויקדש עצמו.
מכל האמור ברור שיש עניין לשמור על צניעות.

[339] לפני שהקורא יגיד שזה לא ראיה לגילוי שערות בעת עשיית אמבטיה, נזכיר
לקורא המלומד שלפני טבילה יש חובה הלכתית לסרוק את השערות ולהסיר כל
הקשרים וכדומה. חובה (דהיינו יש עדיפות גבוהה) לעשות את הפעולות אלו
בביתה כדי לאפשר לאישה לסרוק בנחת את שערה. סריקת השערות מחייב גילוי
שערות לגמרי כדי לעשות הפעולה על פי דרישות ההלכה. ברור אפוא שהיו זמנים
שהשערות לא מכוסים, ולא ייתכן שדובר בכיסוי תמידי. אם הדבר כן, אז במה
דובר שלא ראו קורות ביתי? מוכרחים לומר שבזמנים שהשערות היו אמורים
להיות מכוסים, הם היו מכוסים היטב לפי דרישת ההלכה. מתי שהיה נדרש
גילוי שערות, הם היו גלויים גם כן לפי גדרי ההלכה.

[340] ברור שבעת תשמיש גם לא כיסתה את השערה, הדין של כיסוי השערות לאחר
החתונה הוא כלפי אנשים זרים ולא כלפי בעלה. דבר פשוט הוא שאם שערות
נחשב לערווה, כמו חלקי ערווה אחרים של האישה, שהיא מגלה את ערוותה
לבעלה, כך הוא גם לגבי שערותיה שאשתו של אדם מגלה השערות שלה לבעלה.
ערווה אינו דבר שלילי אלא דבר מוקדש למטרה ספציפית, ולמטרה זו בלבד.

[341] יש מדינות שלמות שמחייבות כיסוי טוטאלי של גוף האישה, וזה דרך הרגיל,
וחוץ מהעיניים או ידים אסור לגלות כלום. ברור שאין זה הכוונה כלל במעלות

123

השבח הגדול של קמחית הוא שהסתירה את השערות שיכלה, קרי
שהלכה אמר לכסות, וגילתה את שערותיה בעת שהלכה אמר שזה
נכון לעשות. ההסבר הנכון אינו כמו שהרבה טועים להבין, שהייתה
מתכסה בכל זמן ועת, זה לא החידוש ולא ההבנה נכונה של הגמרא.
החידוש של "קמחית" היה שידע שבזמן שיש להיות צנועה להקפיד
על צניעות במלוא הדרישות של ההלכה. ובזמן שהדרישה של הלכה
הייתה לא להקפיד על צניעות, לדוגמה בעת דודים, ידעה גם לפעול
בצורה מתאימה כמו שנדרש על פי הלכה[342].

מה שיש ללמוד מקמחית זה ההבנה עמוקה ש"לכל זמן ועת",
תמיד לפעול על פי הנחיות של הלכה במלוא המובן, יש זמן לצניעות
ויש זמן של קרבה, העיקר שהכל לשם שמים. אין לערבב את
שניהם, אלא יש לקיים רצון הקב"ה בזמן שהצניעות נדרשת
בהתאם להלכה ובזמן שהצניעות אינה נדרשת גם כן לפעול על פי
הלכה.

ניתן להמחיש את הנקודה שצניעות לאו דווקא מתייחס לצורת
הלבשה, על ידי זה שמצאנו שהמילה "צניעותי" מתאר בדברי
הגמרא מה שאנו לא מתארים כצניעות. הרי הגמרא משתמשת

---

הצניעות ואין זו דרך אבותינו. מעבר לזה, לא מצאנו תיאור של כיסוי מעין זה
אצל כלל ישראל אלא במקומות ערביים ששם מנהג המקום של הגויים היה
לכסות באופן שלם. ברור שאסור להיות יותר "פרוץ" בלבוש מהסביבה על פי
דעת יהודית, ולכן בהכרח בכזה מקום הדין הוא לכסות יותר ממה שנדרש על פי
הלכה מטעם דעת יהודית. האם נשים ערביות שחייבים לכסות את כל הגוף
שלהם נחשבות לצדיקות וצנועות? בין אם התשובה כן ובין התשובה לא – נדרש
הסבר מה היה מיוחד בצניעות של קמחית שזכתה לשכר ושבח כזה מיוחד?

[342] עי' בן יהוידע על גמרא יומא מז. ד"ח אמרו לה הרבה נשים עשו כן ולא הועילו.

במילה צניעות לתאר משהו שלפי הבנתנו המוטעית מנוגד לצניעות[343]. אם כן, נדרש הסבר למה הגמרא השתמשה ספציפית במילה "צניעותי" לתאר משהו שונה מהבנת המילה "צניעות" באופן הרגיל. ההסבר הוא שאנחנו רגילים להבין – שזה לכסות מקומות הגוף על פי גדרי הלכה ודרישות של "צניעות" ולנהוג באופן שלא מושך עין כלל והפרדה מגדרית. כל מה שמרחיק את העם מאיסור חמור של עריות.

ההסבר פשוט, ברגע שמבינים ש"צניעותי" אינו מתאר מצב הלבשה, אלא "התנהגות תואמת לנסיבותי" אז ניתן להבין את המסר של קמחית והבנה אמיתית של מוסג הצניעות. שמירת וייישום לתכלית של הדבר באופן ראוי ותואם למצב נחשב להנהגות "צנוע". שימוש לא הגון ושאינו תואם למצב הוא בלתי-ראוי ומנוגד להלכה נחשב לאי-צניעות. בדרך זה ניתן להבין המסר של קמחית והצניעות שלה.

כשמסוויים ומכוונים את כל ההתנהגות על פי דרישת ההלכה לקיים רצון הקב"ה באמת, זוכים בבנים שהם כהנים גדולים בעבודת השם, במידה כנגד מידה. הרי הכהן גדול מסמל עם לבישת השמונה בגדים, ובמיוחד הוא זוכה ללבישת הציץ הנדרש שיפנה את כל מחשבתיו ללא הפסקה לרגע להתבוננות בהקב"ה וקיום רצון הקב"ה. לכן זכתה קמחית בשבע בנים ששרתו ככהן גדול, כי כל התנהגות שלה הייתה מכוונת לקיום רצון הקב"ה, תמיד תואם לנסיבות.

---

[343] עי' גמרא שבת קמ: שם מסופר שרב חסדא הדריך את בנותיו להיות צנועים, ובין היתר, סופר שהדריך לבנותיו איך לשדל את בעליהן (עי' שם רש"י). ברור ששידול בעליהן לדבר מצווה הוא לא תואם למה שמבינים בדרך כלל כצניעות.

סימן ל"א - דיבור בעת קיום המצווה, האם מותר?

**שאלה:** האם יש אחד מבני הזוג שנהנה לדבר בעניין תשמיש האם מותר?

**תשובה:** חלק מצוות עונה זה לדבר דברי "ריצוי" וחיבוב[344] בין בני הזוג[345]. בין כהכנה למצווה בשלבים הראשונים של הפיוס בתור דברי ריצוי[346], ובין בשלבים מתקדמים יותר של פיוס, מצווה לספר בענייני תשמיש כדי להרבות את התאווה[347]. אם זאת בעת החיבור ממש יש למנוע מדיבור ולהשתדל ביותר לא לדבר בדברים שיכולים למשוך מחשבה על אנשים אחרים, שאסור לחשב על אחרים בעת קיום המצווה. וכן לפני החיבור יש להשתדל לא לדבר על דברים אחרים שיכולים לגרום למשוך המחשבה אחרי אנשים אחרים, דבר שפוגע בקדושת ואיכות החיבור.

סימן ל"ב - האם יש חובה ליטול ידיים אחרי המצווה?

**שאלה:** האם יש חיוב ליטול ידיים אחרי קיום המצווה?

---

[344] בשעה שרוצים לקיים את המצווה, יש לדבר דברי ריצוי, חיבוב, אהבה ומענייני תשמיש יחד. דהיינו, יש לדבר באופן מכובד ובאהבה לזולת יחד עם דברי תאווה שמחברת ביניהם, לכן זה מצווה לדבר בענייני תאווה וריצוי אבל יש גם לקרב על ידי שבח המעשים טובים והכרה של המעלתיה המיוחדות של אשתו, ובצורה זו מתגברת התאווה ואהבה גם יחד.

[345] ע' ערוך השלחן אבן העזר כה/א.

[346] ע' דרך פקודיך מצוות עשה הראשונה, חלק הדיבור אות יג'.

[347] יש לשים לב, היתר של דיבור בדברי ריצוי אינו מתיר איסור של ניוול את חפה

**תשובה:** נוהגים ליטול ידיים אחר תשמיש[348], אמנם אין חובה ליטול <u>עד</u> שרוצים לומר דברי קדושה, לדוגמה ברכה[349]. למעשה אם נרדמים, או ממשיכים לשכב בפיוס שלאחר המעשה, אין חובה לקום ליטול ידיים. במקרה שיש בזה משום חוסר צניעות (לדוגמה, כשיש אורחים שירגישו בדבר או שמתארחים וכדומה), או שזה מפריע לאווירה בין הבני זוג (לדוגמה, שהאישה רוצה להמשיך לשכב יחד), עדיף לא ליטול ידיים או לחכות עד יותר מאוחר[350]. ללכת לישון ודאי מותר בלי ליטול. מכל מקום יש להשתדל לנקות את השכבת זרע מבשרו מיד, אומנם אין חובה להקפיד להוריד בגד שעליו יש לכלוכית של שכבת זרע[351].

## סימן ל"ג - איזה תנוחות מותר בעת קיום המצווה?

**שאלה:** האם מותר תנוחות שונות בקיום המצווה, האם יש עדיפות או חובה לתנוחה מסוימת לקיום המצווה על פי הלכה?

---

[348] עי' שליי"ה דרכי טהרה כד/ג.

[349] עי' משנה ברורה ר"י/מ/נד יש לשטוף את השכבת זרע לפני הזכרת השם וכל דבר שבקדושה.

[350] ואם לא מצליח ליטול בכלל בסוף, לדוגמה כי נרדמו, אין צורך לעשות תשובה על הדבר. יש להקפיד ליטול ידים לפני דברי קדושה, ברכות ולימוד תורה, שיש חובה ליטול ידים לפני.

[351] עי' רמ"א אורח חיים סימן ע"ו סעיף ד', ועי' שם משנה ברורה סעיף ט"ו שדין שכבת זרע על בשרו דינו כצואה אמנם על בגדו ומכוסה אין להקפיד כלל. ככל ואפשר יש לנקות עצמם משכבת זרע ולהחליף בגדים אם הבגד התלכלך משכבת זרע כדי לקדש את עצם ולהרחיק מהטומאה. כאמור לעיל, כשיש בזה חוסר צניעות משום סיבות צדדיות אין חובה להקפיד.

**תשובה:** בדרך כלל עדיף שהבעל יהיה למעלה עם פנים למטה
והאישה למטה עם פנים למעלה [מה שמכונה ״תנוחה
מיסיונרית״][352] . בליל טבילה ובזמנים שאישה עלולה להיכנס
להריון יש להשתמש בתנוחה זו[353], בזמנים אחרים מותר להשתמש
בכל תנוחה שרוצים[354]. למרות מה שנאמר שיש עדיפות לתנוחה
״מיסיונרית״ בדרך כלל, ככל ויש סיבה לא להשתמש בתנוחה
המיסיונרית מחמת כאב, אי נעימות וכדומה, יש להשתמש בתנוחה
נוחה ואין חובה להקפיד על תנוחה המיסיונרית.

לעדיפות בתנוחה הזה, יש הרבה הביטים, מתחום הקבלה ועד
פסיכולוגיה, בין היתר במושגים של נותן ומקבל, משפיע ומושפע,
ואין כאן מקום להאריך בזה. הזמנים שיש להקפיד על תנוחה
מסיונרית הם זמנים שיש יותר אפקט של משפיע/מושפע
נותן/מקבל, ורמת הסיכוי להיכנס להריון הוא רק צד אחד ממנו,
לכן יש עדיפות להקפיד בזמנים אלו.

מה שאסרו תנוחות אחרות נובעת מהעניין שבה האישה רוצה
להשתלט על בעלה[355], ודורשת להשתמש בתנוחה של ״שליטה״ על
בעלה כדי להראות שליטה עליו. כשאישה רוצה להשתלט על בעלה

---

[352] עי׳ מסכת כלה פרק ג׳ משנה ג׳. זה מה שמכונה ״בתנוחה המיסיונרית״.

[353] מלאו שומע הן, ראה גמרא כתובות לז אישה שרוצה לא להיכנס להריון
מתהפכת כדי שלא יקלטו הזרע.

[354] עי׳ ספר חסידים תקי״ט, ועי׳ רבינו ירוחם נתיב כ״ג סוף ח״א, ועי׳ כסא רחמים
על מסכם כלה פרק ג׳ משנה ג׳.

[355] אם לא עניין של מניעת הריון שקיום המצווה בצורה שבכוונה מונע הריון הוא
נחשב בחז״ל כמעשה זנות – ראה בראשית רבה אנשי דור המבול היו משקין
לנשיהם כוס עיקרים שלא תלד והמשמש בה כאוות נפשו ואותו מעשה הרי
כמעשה זנות בעלמא.

באמצעות המצווה, יש בזה ניגוד הילכתי. למרות זאת, כל והאישה רוצה להשתמש בתנוחה שיש באלמנט של ״שליטה״ על בעלה לא בכדי לשלוט עליו אלא להרבות את ההנאה שלה או שלהם, מותר ואין חובה להימנע מזה.


## סימן ל״ד - מה מותר בקיום המצווה?


**שאלה** : מה מותר לאדם לעשות עם אשתו?


**תשובה** : הדרכה חכמה וכלל גדול אומרים בדבר[356], כל מה שרוצים הבני זוג לעשות בתוך המסגרת של הלכה, מותר ואין הגבלה כלל[357]. לאחר סיום מעשה המצווה באופן אחד או אחרת, יבדקו אם זה מקרב אותם או מרחיק. אם האופן שקיומו את המצווה מרחיק[358] אותם אלד מהשני, אין לחזור ולעשות כך שוב. אם מעשה זה שניסו מקרב אותם, אז זה נהיה בשבילם חלק של מצוות עונה.


הדבר העיקרי שלגביו יש הגבלה, הוא בעניין של הוצאות זרע שלא במקום. מותר לקיים המצווה בכל צורה שרוצים, ומה שכתוב ״דרך עזות״ או ״עקושי״, דהיינו רק שהאישה מתעקשת (ולא כי זה

---

356 הרב ניסים קרליץ זצ״ל והרב קליין שליט״א. הרי לדעת הגמרא הכל מותר, אז איך ניתן לדעת מה מותר כי זה נכלל בקיום מצוות עונה, ומה אוסר כי זה לא מוגדר כמצוות עונה? לפי הכלל שאמרו...

357 זה לא מתייחס האם מותר להוציא זרע מחוץ לאותו מקום. הדין לגבי זה מוסבר בתשובה של ״לא כדרכה״.

358 מרחיק דהיינו שאינם מרגישים קירבה על ידי המעשה. מקרב שלא רק שנהנו ממעשה המצווה אלא מרגישים שזה היה ביטוי לקרבה ואהבה שביניהם.

מוסיף לאישה הנאה גופנית) לעשות כך, רק אז יש בזה בעיה[359].
לכתחילה בליל הטבילה יש לקיים את המצווה שהבעל למעלה
והאישה למטה – פנים מול פנים, ואין להקל[360] בדבר[361].


סימן ל"ה - מה הגישה הנכונה לגבי קולות וחומרות בענייני
הלכות אישות?


**שאלה:** מה הגישה הנכונה לגבי קולות בנוגע לענייני אישות, האם
יש מקום בכלל להקל?


**תשובה:** ככלל – כתוב בפסוק[362] "והתקדשתם והייתם קדושים"
שחז"ל[363] פירשו שיש להיות קדושים[364] בענייני תשמיש המיטה[365].
ראוי ונכון לנקוט בגישה מחמירה כשאפשר. עם זאת, כשיש צורך

---

[359] דהיינו, רק אם האישה רוצה באופן זה להראות שהיא "משתלטת" על בעלה,
ולא הוא עליה, יש בזה איסור הלכתי. אם האישה רוצה בתנוחה אחד או אחרת
משום שזה מוסיף להנאתה, מותר לכתחילה.

[360] כאמור לעיל, במקרה שיש סיבה להקל כמו כאבים וכדומה, יש מקום להקל
אפילו בליל טבילה, אבל אין להקל סתם.

[361] ע' עזר הקודש אבן העזר כה/ב.

[362] ויקרא יא/מד

[363] ע' גמרא שבועות יח:

[364] ע' זו"ח בראשית יי"ב מאי קדושה שייך בקיום המצווה, אמר רבי יהודה בר
יעקב שלא יעשו פריצותא וחציפותא ולא לשם זנות.

[365] ע' ספר בעלי הנפש לראב"ד שער קדושה, מה נחשב קדוש? מי ששומר את
עצמו ממעשה ומחשבה אסורה בעניין עריות נקרא קדוש (וע' שם שכדי לשמור
על קדושה יש להוסיף ולהגדיר מחמותר כדי להתרחק מו/שש עבירה).

או רצון חזק[366] אצל מי מהבני הזוג להקל בעניין ספציפי יש
להשתדל לענות לבקשה זו[367], אם הדבר מותר לפי הלכה[368].
ראשית, יש לקחת בחשבון מה הרמה של ה"צורך" ולשקול איזה
גישה מתאימה ביותר בנסיבות בני הזוג. לאחר מכן יש לשקול,
האם המעשה יקרב את הבני זוג אחד לשני, או מרחיק אחד
מהשני[369]. יש לשים לב, מותר להקל ולפסוק לפי דעה מקילה בצורך
גדול, אבל ברור שזה לא נותן היתר כלל לעבור איסור כלשהו.

ואסביר, בגישה ההלכתית, לכל שאלה יש דירוג וסיווג הלכתי
שצריכים לעשות כדי לתת מענה הולם לשאלה. יש לקחת בחשבון
שיקולים שונים, לרבות הנסיבות האישיות של השואל, כדי להגיע
לדירוג ההלכתי הנכון לכל רכיב, ובדרך זה ניתן להגיע לתשובה
לשאלה ההלכתית באופן נכונה.

הגישה בפסק הלכה הוא (במקום הראוי), שאם הגישה המקובלת
והשמרנית יותר שהיא בדרך כל יותר מתאימה לפעול בדרכה,
גורם לקושי מיוחד במצב או עלות גבוהה לפי הנסיבות, שיש לפעול
לפי הגישה המקילה יותר ולא לפי הגישה השמרנית ומחמירה

---

[366] דהיינו, אין להקל סתם אבל אם יש צורך חזק או גדול יש מקום להקל בתוך
גדרי הלכה. צורך גדול ניתן להגדיר בתור רצון שאינו עובר עם הזמן, חוזר
בתדירות או מעסיק את הראש בצורה שמפריע.

[367] אולי יש לומר שזה כלול בכוונת התנא דבי אליהו פרק ט' "אין לך אשה כשרה
בנשים אלא אשה שעושה רצון בעלה" וצ"ע.

[368] יש להדגיש, אם הדבר אסור לפי הלכה (בכל תחום הלכתי שיהיה) אין להקל
כלל.

[369] כבר אמרנו ככלל אם זה מקרב יש לצדד שזה חלק מהמצווה, ואם זה מרחיק
יש להתרחק מהדבר.

יותר [370]. ואכן, מצאנו הרבה מקומות בהלכה שניתן לפעול לכתחילה בדרך היותר המקלה ו-ה"בדיעבד" יותר בשעת הדחק [371].

ברור שדבר שאחד מבני הזוג מאוד צריך (או רוצה) בתחום האישות, היות ויש להם אפשרות לספק (להשיג) הצורך הזה רק במסגרת של אישות עם הבן/בת זוג, אין שעת הדחק גדול מזה. כמו שאמרנו בהלכה, אם זה נחשב צורך גדול שזה מוגדר כשעת הדחק, ולכן כשיש צורך בדבר לאחד מהבני זוג, אין ספק שזה נחשב לשעת הדחק [372].

_______________

[370] כמובן שיש עדיין בהרבה מיקרים מקום להחמיר אם רוצים. זה לא סותר שיש מיקרים שבהם, אם יחמירו, זה עלול לגרום מי מבני הזוג לעבור עבירות ואפילו עבירות רבות וחמורות. מומלץ תמיד יש לגשת לרב להתייעץ ולברר האם יש מקום להחמיר, האם זה מתאים, והאם זה רצוי להחמיר בנסיבות הספציפיות של הזוג. אין לפעול נגד החלטת הרב בשיקול דעת עצמי היות ולרוב השואל לא ישים לב מה הסיבות שעל פיהם יש דווקא להקל ולמה אין להחמיר במקרה הספציפי.

[371] לפי הלכה "שעת הדחק" נחשב למצב שבו הדבר הוא יקר (עבור <u>אותו אדם</u> ("הפסד מרובה")), דורש מאמץ רב להשיג, קשה או בלתי אפשרי להחליף [גם אם זה מחוסר זמן, לדוגמה, ערב שבת סמוך לחשיכה). ע' מגן אברהם אורח חיים סימן רס"א/ו בשם שו"ת המהרש"ל סימן מ"י שכל צורך גדול כהפסד מרובה, וע' חכמת אדם כלל ל' סעיף ט' וכלל מ"ח סעיף א'. ולכן למרות שיש מקומות בהלכה שיש עדיפות להחמיר בחלק הזה של הספר, יש מקומות שהלכנו יותר לקולה היות ולעניות דעתי עשוי להיות לשואל מצב של שעת הדחק.

[372] יש להדגיש, אין המובן של שעת הדחק להתיר מה שאסור, זה טעות, מה שאסור נשאר אסור. שעת הדחק רק "נוטה את הכף" שאם יש אפשרות לפי הלכה להקל או להחמיר בשאלה, ובדרך כלל הנטייה הנכונה היא להחמיר, שבמקרה של שעת הדחק יהיה נטייה לקהל (ולא להחמיר כבדרך כלל).

חשוב לציין, זה שהדבר נחשב כ"שעת הדחק" לפי הלכה לא משאיר את הדבר להיות בדיעבד, מצב שעדיף למנוע או בלתי ראוי[373] אלא מעלה את הדירוג ההלכתי להיות גישה ראויה שמותרת לפעול על פיו גם לכתחילה באותו מצב[374].

לכן, במקרה של צורך, רצון או דרישה על ידי אחד מהבני זוג בדבר מסוים, וזה סוג דבר שהשני מסכים לו ואינו אסור על פי הלכה[375] זה הופך להיות מצב של "שעת הדחק" ומותר לפעול באופן זה

---

לדוגמה, עדיף לפי הלכה לקיים את המצווה בלילה, אבל אין ספק שאם יש צורך כמו עייפות וכדומה (כמו שהבאנו מבית מונבז) שמותר ולפעמים מצווה דווקא לפעול לפי הדרך המקל, ולקיים המצווה דווקא ביום (באפילה). דוגמה נוספת, מה שנביא של "לא כדרכה" למי שאין צורך או רצון (גדול) בזה דווקא, ברור שאין להקל בדבר "סתם" למרות שיש מקום להתיר בשעת הצורך. בכל ספק יש עדיפות מחביבות של קיום רצון הקב"ה וחרדה לדבר השם, יש עדיפות להחמיר. עם זאת, אם העניין בגדר של החמרה כמו שהפוסקים מביאים, וקיים צורך או "שעת הדחק" ברור שמותר להקל כל עוד שזה בתוך גדרי של הלכה, ולא מוחצה לה ח"ו.

[373] לכן ברור שאין צורך לעשות תשובה או להרגיש אי נעימות בקיום הדבר. הדבר הופך להיות חלק ממצוות עונה, ויש לעשות מאמץ לרצות הרצונות והנצרכים של מי מהבני זוג שלהם קיים הצורך הזה.

[374] כמו בכל מצב של שעת הדחק, אם המצב של שעת הדחק עבר, והמצב חוזר להיות ראוי לגישה יותר מחמירה, יש לחזור ולהחמיר בעניין. כל עוד שהמצב נשאר במצב של שעת הדחק ניתן לפעול על פי הגישה המקילה לכתחילה.

[375] כמובן יש לשים לב שאין בדבר איסור הלכתי. לרבות שאין איסור לפי הגישה של הזוג בהלכה ועל פי מנהג העדה (אשכנז ועדות מזרח פוסקים במספר דברים שונה לגמרי בצורה שאין להקל). בנוסף, כאמור לעיל אין זה היתר לעבור עבירה שאסורה על פי עקרונות אחרות של התורה, לרבות בין אדם לחברו, מראות אסורות, עשיית נזק, גרימת כאב, השפלה, פגיעה מילולית או פיזית בזולת וכדומה. כל אלו נשארים אסור לגמרי ואין "שעת הדחק" מתיר אותם בכלל.

לכתחילה. יש להדגיש שזה לא מתיר לעבור שום איסור, רק משנה הדירוג ההלכתי מה נחשב בדיעבד ולכתחילה ומתי.

ראוי לסיים עם הדברים הקדושים של הרוקח[376] "כל מה שאדם רוצה לעשות באשתו [קרי - עם אשתו], עושה[377], כדי שלא ייתן עיניו באחרת". יש להעיר על זה, ראשון הרוקח מביא את זה להלכה דווקא בשורש קדושה היחוד, דהיינו שזה דרך ליחיד להשיג קדושה. שנית, אדם שמרגיש שנמשך ליתן עיניו "בכוס אחר" יש להגדיר את עצמו במותר לו בכל דבר שהוא צריך, וזה נחשב לו למצווה ומשפיעה עליו תוספת קדושה.

## סימן ל"ו - הגדרת "אותו מקום"

**שאלה**: מה מוגדר כאותו מקום, מה מותר ומה אסור?

**תשובה**: רק הנקב/הפתח של הנרתיק בעצמו נקרה "אותו מקום". דהיינו הפתח[378] למה שמכונה בלשון חז"ל "הפרוזדור", רק זה

---

[376] ע' ספר רוקח שורש קדושת היחוד, וכן מובא במכתב השלישי של הרב וולבה זצ"ל.

[377] עכ"ד דברי הגמרא בנדרים כ.

[378] מצאנו בלשון חז"ל שלכל מקום הערווה (איברי-המין) של אישה נקראת "מקום הטינופת" או "בית התורפה" כשדיברו על האזור האינטימי של אישה באופן כללי יותר. לכן ברור ש"אותו מקום" מתייחס לא למקום הכללי אלא למקום הספציפי ופנימי יותר. ראה לדוגמה גמרא נדה יד. , מא: ו-מב: ראה בנוסף גמרא נדרים כ. ששם מצוי שני התיאורים "מקום הטינופת" ו-"אותו מקום", ואין ספק ששימוש של שני התיאורים מתייחסים לשני מקומות שונים. ראה ספר התרומה הלכות נדה סימן צ"ו לגבי שטיפה של אותו מקום ששם מאגר

134

נחשב ל״אותו מקום״ לגבי איסור הסתכלות ונישוק [379]. שאר המקום מסביב לפתח, גם מה שקרוב לפתח, לא נחשב ל״אותו מקום״ ומותר גם בהסתכלות [380] ובנישוק [381]. לגבי מה שמכונה ״הדגדגן״ אין שאלה כלל שמותר בהסתכלות ובנישוק [382], ואם זה

_______________

שכבת זרע, וברור מזה שמדובר בתוך הגוף בעומק ולא בחלק החיצוני. לכן, ברור שבחירת התיאור של ״אותו מקום״ על ידי המחבר הוא דווקא ולא אקראי בעלמה. במיוחד על פי הגמרא בנדרים, שהגמרא בוחרת בתיאור ״כל המסתכל באותו מקום״, ולא ״כל המסתכל במקום הטינופת״ שהיה מתאר המקום האינטימי של האישה באופן כללי יותר.

[379] ועי' ביאור הגר״א אבן העזר כה/טו שלכאורה על פי הגמרא לכל הדעות מותר, ולא קבלו החומרה כלל. ולדבריו יש להבין שמדובר בחומרה שראויה לקיימה, אבל במקרה של צורך ובוודאי במקרה שזה הדרך לקיום המצווה שיש לנטוש את החומרה ולא לחשוש בדבר כלל.

[380] כך דעת הרב הרב אלישיב זצ״ל ודעת בעל שבט הלוי זצ״ל.

[381] יש לשים לב, לפי המבנה של גוף האישה, הפתח של ״אותו מקום״ מוכנס קצת בתוך הגוף ואינו בולט כלל, אלא שקוע קצת בעומק הגוף, ומכוסה על ידי ״השפתיים״. קשה להגיע ל״אותו מקום״ שהוא אסור במקרה מבלי להתאמץ להגיע לשם. משכך, אין צורך לחושש שבטעות מגיעים למקום האסור ללא כוונה. יותר מזה, מותר לגעת בכל האזור חוץ מאותו מקום, ואין סיבה לחשוש שיעבור על איסור בשימוש הרגיל באותו אזור.

[382] זה מקום בחלק הקדמי של איברי המין של האישה, כמין ״כפתור״ שמכוסה עם ״כיפתי״ עור להגן עליו, זה המקום של האישה שמסוגל ביותר לעזור לאישה להגיע לשיא השמחה. (בו במקום ובסביבה, שהעצבים שיוצאים מאותו מקום ומתפשטים בשני צידי איברי המין של האישה). מה שמכונה דגדגן בערבית ובאנגלית ״קליטוריס״ clitoris. יש טעות על ידי אנשים שחושבים שכל המקום נחשב מקום ״הטינופת״ והדבר אינו כן, מזה נובע הטעות שיש לאנשים לחשוב שכלל המקום אוסר בראיה וכו'. ע' בגמרא נדה מא: שמקום שמתגלה אצל תינוקת שיושבת נחשב בית החיצון, ופשוט הוא שהשפתיים והדגדגן הוא מקום מגולה אצל תינוקת שיושבת.

# בנין עדי עד

## אישות בעיני חז"ל

מה שמעורר את האישה שזה מותר לכתחילה [וכן, וודאי שמותר לנסות האם זה מעורר את האישה][383].


## סימן ל"ז - נגיע באיבר של הבעל, האם מותר?


**שאלה**: האם מותר לאישה לשחק באיבר של בעלה או האם יש לחשוש שזה יגרום להוצאת זרע לבטלה ולכן יש להימנע מלגעת[384]?

**תשובה**: מותר לאישה לגעת בבעלה ללא הגבלה. גם לדעת האוסרים "שלא כדרכה"[385] עדיין מותר כל פעולה שאינו נכנס

---

[383] כך אמר רב חיים קניבסקי (שליט"א) זצ"ל וע' בית יוסף אבן העזר כה/ל, וע' עזר מקודש אבן העזר כה/ב.

[384] כל זה לדעה שאוסרת "שלא כדרכה" או דרך איברים, היות ולמתירים פשוט שמותר. אין נפקותא בדין אם האישה נוגעת ביד או בפה וכדומה, והכל מותר.

[385] ע' ערך "שלא כדרכה" ו-" קדושת הברית ותיקוני" והערות שם. השאלה נובעת ממה הגדרה נכונה של "איסור הוצאת זרע לבטלה", מתי נחשב לבטלה, מתי קיים האיסור והאם זה שייך בכלל במצוות עונה עם אשתו.

ואסביר כאן בקצרה, אין ספק שמעשה ער ואונן מהווה האיסור דאורייתא, היינו השחתת זרע בכוונה לא לפרות ולרבות אלא לשם תאווה בלבד, מה שמוגדר "דש מבפנים וזורע מבחוץ". השחתת זרע כדי למנוע עיבור בכוונה הוא לכל הדעות מקור הדין של איסור הוצאת זרע לבטלה. [כמובן לא מדובר במקרה שלפי הלכה יש עניין לא להיכנס להריון, ויש הרבה כאלו, ואין כאן מקום להאריד]. מסכנת הפוסקים (חלקת מחוקק, בית שמואל, עזר מקודש ועוד על אבן העזר סימן כ"ג ו-כ"ה) יוצא שהשחתת זרע במקרה שאינו "דש מבפנים וזורע מבחוץ" בכוונה להימנע מלהיכנס להריון אינו בכלל איסור דאורייתא, אלא מדובר באיסור דרבנן (למרות חריפות הלשון של הפוסקים).

נשאלת השאלה, לדעות שהוצאת זרע לבטלה הוא איסור דרבנן [וכל וזה לא נעשתה כדי להימנע מהריון], כשגזרו חז"ל על האיסור האם ומתי גזרו איסור

בדרך אישות במסגרת של קיום המצווה עם אשתו שלא בכוונה להימנע מהריון? [יש לזכור שבדרך כלל חז"ל גזרו איסור דרבנן רק אם דרך הפעולה או התוצאה של המעשה דומים לאיסור דאורייתא, ולכן עשו גדר להרחיק מהעבירה. סוג שני של גזירות עשו לתיקון עולם – דהיינו למטרה שהחברה יתפקד באופן נורמטיבי, מסודר והגון.] מובן מאליו שבכל מקרה דובר במיעוט הזמנים ולא בתדירות, היות ואם זה בתדירות וודאי שזה מונע מלהיכנס להריון, ועוברים על איסור דאורייתא של ער ואונן. כל השאלה הוא במקרה של הוצאת זרע לבטלה לפעמים בלבד.

ניתן לסכם לדעת כולם קיים איסור דאורייתא של ער ואונן "בדש מבפנים וזרוע מבחוץ" כדי להימנע הריון באופן קבוע.

לגבי הוצאת זרע לבטלה שלא בדרך קבוע/תדירי - יש דעות כמו המחבר ופוסקי עדות מזרח שאומרים שתמיד קיים האיסור של ער ואונן, ואין להתיר כלל בשום תנאי הוצאות זרע מבחוץ. מאידך יש הגישה שמתיר כמו הרמ"א, שהוצאת זרע לפרקים שאין כוונתו השחתה/מניעת הריון שלא כדין, מותר במיעוט הזמנים. בדעת הרמ"א שמותר במיעוט הזמנים, האם מיעוט הכוונה הוא 49% מהזמן או 0.01% מהזמן? ויש דעות בהדרגתיות עד כמה מקלים, מפעם בחיים עד המצב שכל עוד שרוב הבעילות הם כדרכה ומאפשרים להיכנס להריון מותר, ע' שיטה מקובצת נדרים כ': גם לדעות שאוסר הוצאת זרע לבטלה [המחבר], כל עוד שאין ספק של הגעת למצב של פסיק רישא שיוציא זרע לבטלה, מותר לקיים המצווה בדרך איברים ושלא כדרכה. גם לדעות האלו, האיסור קיים רק ממתי שנכנס לחשש הוצאת זרע, דהיינו מצב של פסיק רישא ואילך. במילים אחרות, אין האיסור הפעולה של שימוש שלא כדרכה או בדרך איברים. האיסור הוא רק הוצאות זרע במקום שאינו ראוי להיכנס להריון, לא הפעולה בעצמו. ראה רמב"ם איסורי ביאה פרק כ"א הלכה ט'. מאידך, למתירים הוצאת זרע לבטלה בכלל, כל עוד נותר ספק של פחות מ-"פסיק רישא" שהבעל יגיע להשחתת זרע מבחוץ, זו שאלה של ספק דרבנן ולכן יש מקום להקל עד המצב של קרוב יותר לוודאות. למעשה לכל הדעות מותר בדרך איברים, אלא לדעת המחמירים צריך להפסיק טרם הגעת למצב של חשש הוצאת זרע, ולמקלים יש להפסיק רק שיש חשש של הוצאת זרע לבטלה.

להגדרה של פסיק רישא[386] שהבעל יוציא זרע מבחוץ ולכן מותר[387].
גם אם חוששים ורוצים להחמיר לגבי פסיק רישא, עדיין חובה
להתרחק (ולעצור נגיעה) רק במקרה שמתקרב לוודאות שיוציא
זרע מבחוץ, לדוגמה 70% ויותר סיכוי[388]. גם אם מתקרבים לסיכוי
שהבעל יוציא זרע, אם מדובר במצב שהוא יכול להיכנס עם האיבר
שלו לפרוזדור מיד כדי לגמור בפנים, אז עדיין מותר.

מכל מקום במצב שאין מה לחשוש שיוציא זרע מבחוץ, גם אם אינו
יכול לשמש מכל מיני סיבות, ראוי להיות ביחד בקירוב בשר בשביל
הקירבה, ושזה חלק ממצוות עונה[389].

יש להעיר, חז"ל התייחסו רק לשכבת זרע[390], ולא התייחסו לנוזל
השקוף שיוצא להכנת קיום המצווה כשכבת זרע בעניין זה. לכן אין
לחשוש כלל בנוזל הזה, ומותר לכתחילה לגרום לנוזל הזה
לצאת[391].

___

[386] כך אמר הרב אלישיב זצ"ל. פסיק רישא הינו הכוונה שאם יפסיק רישא
(הראש) מעל התרנגול, האם הוא לא ימות? דהיינו אם קרוב לוודאי יקרה הדבר.
לכן לדעה זו, גם אם יש סבירות גבוהה, אבל קרוב לוודאות, עדיין מותר הדבר.

[387] ע' דרישה אבן העזר כג/א שמתיר.

[388] דהיינו, בשלבים הראשונים שאין עדיין חשש כלל, אין איסור לכל הדעות, רק
לאחר שהבעל מתקרב ממש להוצאת זרע יש להחמיר.

[389] ע' חזון איש באגרות קודש ב'.

[390] נוזל שבטבעו הוא סמיך יותר ובצבע לבן. יוצא בבת אחת או ביחד בו זמני
ולא נוזל באופן רגיל.

[391] דהיינו נוזל שיוצא מהגבר כדי לאפשר קיום המצווה. הנוזל שיוצא כהכנה
לקיום המצווה הוא שקוף ונוזלי. למרות שלפי הרפואה יש בנוזל השקוף מעט
זרעים וניתן להיכנס מזה להריון לא מצאנו שחז"ל התייחסו לזה כשכבת זרע.
יותר מזה, יש לנו כלל שהתורה לא ניתנה למלאכי השרת, ומטבע הדבר נוזל הזה

## סימן ל"ח - שלא כדרכה – האם מותר כלל?

**שאלה:** מה הדין והתייחסות לקיום המצווה בדרך שמכונה "שלא כדרכה" או "דרך איברים"[392], האם מותר בכלל, ואם מותר, באיזה תנאים?

**תשובה:** ראשית דבר, חשוב לציין, גם לדעת המקילים, העדיפות היא תמיד לקיים המצווה "כדרכה" [דהיינו בדרך הרגילה], היות וזה מה שמביא לכל התכלית של אישות ומה שגורם לחיבור היותר קרוב בין בני הזוג. לכל הדעות חשוב להקפיד בזמנים שהאישה יכולה להתעבר וכן בליל טבילה לא להקל בדבר (גם לדעת המקילים) ובאותם זמנים לקיים המצווה כדרכה[393].

---

מתחיל לצאת בכל עת שהגבר מתעורר לקיום המצווה, גם לא סמוך להוצאת זרע ממש. פשוט וברור שאם הנוזל הזה כבר היה נחשב להוצאת שכבת זרע, היה בלתי אפשרי אפילו לעשות הכנה למעשה או פיוס כי מיד עוברים על הוצאת זרע לבטלה. ודבר פשוט הוא. המעיין באגרת הקודש של החזון איש אגרות ב-ד רואה שהחזון איש כלל וכלל לא חשש מהנוזל הזה, שיוצא מטבעו גם כשהבעל מתעורר למצווה.

[392] לפרש המונחים: "<u>כדרכה</u>" מתייחס לדרך הרגיל של קיום המצווה שדרכו ניתן להיכנס להריון. "<u>שלא כדרכה</u>" מתייחס דווקא לבעילה דרך פי הטבעת (אנלי) [כך הוא הפשטות של המונח ע"פ גמרא סנהדרין נד.-נד: קידושין כב: יבמות לד: יבמות נה: יבמות נט, סוטה כו:] ויש מפרשים שזה מתייחס לקיום המצווה בתנוחה כמו בהמות עושים, דהיינו פנים אל גב. [ראה לדוגמא ראשית חכמה שער קדושה פרק ט"ז] "<u>דרך איברים</u>" מתייחס לכל דרך אחר של אישות שאינו "כדרכה" או "שלא כדרכה".

[393] היות ולכל הדעות האיסור חמור של ער ואונן (ע' בראשית לח:ז, יבמות לד:) הייתה דווקא שלא רצו שתמר תיכנס להריון, ולכן הפכו את השולחן או דשו מפנים וזרעו מבחוץ כדי למנוע את ההיריון באופן כללי. משכך, ברור גם לדעת

# בנין עדי עד

אישות בעיני חז"ל

עם זאת, יש אנשים שליבם חפץ בדרכי הנאה אחרות ובצורות שונות, וההלכה מתייחסת גם לזה[394]. הכלל הוא, כל מה שמחבר בין בני הזוג ומקרב אותם אחד לשני, מותר[395].

אני מזכיר גם אם לפי הלכות אישות מותר הדבר, זה לא מתיר כל דבר ובכל תנאי. יש לשים לב שגם אם בהיבט של מצוות אישות דבר מסיום מותר זה בוודאי לא מתיר איסורים הלכתיים אחרים מתחומים אחרים של שלחן ערוך. יש חובה לקבל הסכמת הזולת, אחרת עלולים לעבור איסורי דאורייתא[396]. עם זאת, אם הבני זוג

---

המקילים שאין להקל בזמנים שיכולה להיכנס להריון, ואין לעשות כן בקביעות או רגיל בכך. וע' זוהר רעיה מהימנא פרשת בהר עמוד קי"ח סוד נפלא להיות בצורה הנכונה ולהכיר את הבת זוג בעת החיבור.

[394] ע' נודע ביהודה, מהדורה קמא, אורח חיים סימן לי"ה "ואינו ראוי להחמיר על עצמו...במותר לוי". הכלל הוא קודם כל לקדש את עצמו במותר לו. זאת אומרת הדרך הראוי והנכון הוא לקדש עצמו במקום שהקב"ה התיר ששם הכל מותר לו. בתוך מסגרת הנישואין לאחר שברכנו "והיתר לנו מתחת לחופה – שם המקום הראוי לתאוות האלו, כל אחד לפי מה שהוא צריך. במקום שאוסר לו, שם יש המקום הנכון להוסיף הרחקות, חומרות וגדרים להרחיק מהעבירה. יש לזכור "לקדש" משהו פירושו לאו דוקא פרישות, אלא שימוש המתאים והנכון לפי ההגדרת הדבר. לקדש את השבת, אין הכוונה להיות פרוש בשבת אלא להתרחק ממלאכה אסורה. כך, לקדש את עצמו באישות הכוונה הוא להרחיק מן האסורות לנו, ולהנות עם המותר לנו.

[395] וע' מהרי"ל באר הגולה באר השני דף לו-לז בד"ה וכדי שתדע.

[396] ע' מסכת כלה פרק ב' משנה ז'. אין ספק שבמצב כזה עובר על "ואהבת לרעך כמוך", וייתכן לפי הנסיבות גם איסורי דאורייתא אחרים. אין צורך להאריך בדבר אבל פשוט וברור שמי שפוגע בזולת בעניין אישות עובר איסורים חמורים. במיוחד בלקחת בחשבון שצפוי ונדרש על פי הלכה התייחסות של לכבד את אשתו יותר מה שהוא מכבד את עצמו. מוטל על הבעל להיות רגיש במיוחד לצורכי אשתו, ולכן העונש מרובה מאוד למי שעושה כן. כמה שהחיוב עוצמתי

רוצים וזה מקרב אותם אחד לשני ונהנים, מותר בהסכמה הדדית
לעשות דרכים ותנוחות שונים. יש מתירים אפילו שלא כדרכה[397]

---

ומקיף יותר, הכישלון, הזלזול או הפגיעה ח"ו בחובת דאגה לאשתו, גם העונש
יהיה חמור יותר בהתאם.

[ע' רב חיים ויטאל וכן נמצא בכתבי החיד"א, דרשת רב שלמה וולבה "חתן דומה
למלך – כיצד? הדין בעולם האמת לאחר 120 של אדם על מעשיו כשהוא חי -
נמדדים על פי התנהגותו כלפי אשתו! כל המעשים שלו נמדדים במסגרת
והסתכלות של איך הוא התייחס עם אשתו. אם הוא עשה חסד והיה טוב אליה,
אז כל מעשיו רואים בעין טובה. מי שחס וחלילה לא היה טוב לאשתו, כל מעשיו
נמדדים בעין ביש. דהיינו, מי שעשה חסד מחוץ לבית אבל לא עשה עם ביתו חסד,
יהיה נחשב כאילו לא עשה חסד גם מחוץ לבית. והסיבה פשוטה, היות ובבית
האדם מראה את האמת בתכונותיו.

[397] ע' תוס' יבמות לד : ד"ה ולא כמעשה ער ואונן, "אם תענה את בנותיי" דהיינו
יש בזה משום עינוי, וע' שם עוד שאיסור של ער ואונן היה שהם דשו מבפנים
וזרעו מבחוץ באופן קבוע כדי להשחית את הזרע שלהם (למנוע מהריון, שלא
יאבד את היופי שלה ואחיו שלא יהיה זרעו נחשבת לשל אח שלו. בכל אופן
להימנע מהריון מסיבות פסולות). באופן כזה קיים איסור דאורייתא בהוצאת
זרע לבטלה, בהוצאת זרע באקראי וללא כוונה להימנע מהריון במסגרת של קיום
המצווה, כתוב שמותר ברמ"א. ראה בנוסף גמרא סנהדרין נח : ותוספות שם ד"ה
מי איכא מידי. [וע' לעיל ערך קדושת הברית]. ואם ישאל הרי כתוב בגמרא נדרים
כ.-כ : על ארבע דברים שחו מלאכי השרת ליוחנן בן דהבאי, וביניהם על הפיכת
שלחן ונישקת אותו מקום. שם בגמרא ברור שאמרו לו שאסור? ראשית כל,
בהמשך הגמרא ברור שלא פסקו כדעתו של רבי יוחנן בן דהבאי. בנוסף, זה
מחלוקת יחיד ורבים, שהלכה כרבים. מהמשך של הגמרא ברור שאמר רבי יוחנן
שזה דעת יוחנן בן דהבאי, אבל חכמים אומרים כל מה שאדם רוצה לעשות
באשתו עושה, משל לבשר הבא בבית הטבח, רוצה לאכלו במלח - אכלו, צלי -
אכלו, מבושל – אכלו, שלוק -אכלו, וכן דג הבא מבית הדייג. מסכנת הגמרא
יוצא שהלכה כדעת חכמים ודעתו של רבי יוחנן בן דהבאי לא התקבלה כהלכה.
זאת אומרת, למסכנת הגמרא הכל מותר לפי הלכה, ומי שמחמיר זה חומרה ולא
מעיקר הדין. כמו שמצאנו במקומות אחרים, שדעה נדחה, ובדרך כלל מי שרוצה
לחשוש ולהחמיר כדעה שנדחה, מותר לו במסגרת של חומרה..

או בדרך איברים ובתנאי שאינו מוציא זרע.[398] [לבני אשכנז יש מתירים אפילו אם מוציא זרע, ובתנאי שעושה זה רק באקראי,[399] ואינו רגיל בכך.[400]]

**יש לעיין היטב בהערות שוליים של סעיפים ל"ד - ל"ז וסעיפים נ"ה-נ"ו.**
**אין להקל ללא צורך גדול גם לדעת המקילים!**
**ראה להלן הבנה נכונה של טומאת שכבת זרע.**

---

[398] השלחן ערוך אוסר במפורש, וראה בפירוש החיד"א על אבן העזר כה/ב.

[399] ברור גם לדעת המקילים שאין להקל סתם, ויש להקפיד כמה שאפשר לקיום המצווה כדרכה, ומי שאינו כן עושה הוא עובר מנוול בתוך התורה. יש כמה דעות מה נקרא אקראי, יש אומרים פעם אחד בחיים בלבד, ויש אומרים מיעוט במיעוט ויש מתירים לעתים. לכל הדעות רוב התשמיש חייב להיות כדרכה, ומי שמשווה הבעילות כדרכה לשאינו כדרכה עובר איסור דאורייתא של ער ואונן.

[400] ע' רמ"א אבן העזר כה/ב בשם היש אומרים, וע' אליה רבה על אורח חיים סימן ר"מ/י. ע' קונטרס כללי הפסק של השי"ך אות ה' שכתב כשהרמ"א כותב דעה אחת ואחר כך כותב "יש אומרים", אם מדעה השנייה יוצא לקולא, אזי באיסור דרבנן יכול לסמוך ולהקל כדעה השנייה [בשעת הדחק. כמו שכתבנו במבוא שכל צורך גדול אצל אדם נחשב שעת הדחק. וכן דבר שאין לו תחליף, שקשה להשיג, יקר וכדומה, מצאנו בדברי חז"ל שזה נחשב "שעת הדחק". לכן, ברור כשיש צורך לאחד מהבני זוג בדבר שקשור לחיי אישות, היות ואין אפשרות אחרת, נחשב לשעת הדחק לפי הלכה.] וע' בית שמואל וחלקת מחוקק על אבן העזר כג/א שברור שאינו מדובר באיסור דאורייתא, אלא איסור דרבנן. [אומנם על פי קבלה הדבר נחשב חמור מאוד ולכן יש להחמיר כשניתן, אבל אינו הופך את הדבר להיות איסור דאורייתא]. לגישות אלו מדובר באיסור דרבנן, שניתן להקל כדעת היש אומרים בשעת הדחק. וע' עזר לקודש כה/א (על אבן האזר, מובא בשולחן ערוך).

# שער הזמנים

סימן ל"ט - חומרת החיוב בקיום המצווה בליל טבילה

**שאלה:** האם ניתן לדחות את קיום המצווה בליל טבילה?

**תשובה:** בעיקרון לא. מצווה וחיוב חמור מהרגיל לקיים את
המצווה באופן הראוי והמלא בליל טבילה[401]. גם מי שקשה לו
מחמת סיבות מוצדקות חייב לקיים את המצווה בליל טבילה[402].
רק בשעת הדחק ולאחר קבלת רשות בלב שלם של אשתו מותר
לדחות את המצווה מליל טבילה (כמובן יש צורך גם בלקבל

---

[401] ע' שלחן ערוך אבן העזר ע/ד, וע' פתחי תשובה יורה דעה קפד/כב ובאר היטב
שם, שאם נפל ליל טבילה בעונה ווסת דרבנן שיש זמנים לדחות את הווסת דרבנן
ע' שם. בשונה מיוצא לדרך, אין חולק שהבעל חייב לקיים מצוות עונה במלואה
אם נפל ליל טבילה בעונה ווסת דרבנן, מה שמראה חומרת הדין של קיום
המצווה בליל טבילה. וע' עוד אבן העזר ע/ד.

[402] ע' לדוגמה חלקת מחוקק על אבן עזר ע/ד שגם בזמנים שאסור לקיים את
המצווה משום נסיבות חיצוניות, חובה לקיים את המצווה בליל טבילה. גם מי
שלא יכול לקיים את המצווה באופן המלא חובה עליו לרצות את אשתו בחיבוק
ונישוק וכו'.ראה בנוסף אגרות הקודש לחזון איש. גם אם אי אפשר לקיים
המצווה כדבעי, יש חובה לטבול בזמנה ולקיים את המצווה באופן המרבי שניתן
לפי הנסיבות של הזוג.

# בניין עדי עד
## אישות בעיני חז״ל

הסכמת הבעל)[403]. אי-קיום של המצווה בליל טבילה הוא ביטול מצוות עשה דאורייתא של עונת אשתו, ועובר על איסור חמור.

ניתן להסביר למה חז״ל החמירו בעניין ביטול המצווה בליל טבילה, היות והאישה יודעת ומלא ציפיות לקיום המצווה וקרבה לבעלה, ועוברת תהליך לא קל של טהרה[404], ולכן זלזול של הבעל במאמצים שלה פוגעת בה בעומק יותר מזמנים אחרים[405]. מומלץ גם בזמנים שקשה ללכת לטבילה[406], לעשות את ההשתדלות המרבית שניתן לעשות, ורק לדחות בשעת הדחק כשאישה מבקשת לדחות[407], או אם בנסיבות העניין יש צורך גדול בדיחוי.

---

[403] ואין צורך בלהאריך בציטוטים מדברי חז״ל העונש החמור של מי מבני הזוג שדוחה קיום מצוות אישות כדי לצער את השני. עונש חמור מאוד, גם בדיני שמים, וגם יש סנקציות בבית דין. איסור חמור מאוד להשתמש במצוות תשמיש כדי לצער את השני, ועונש חמור צפוי למי שעושה כן, גם בעולם הזה וגם בעולם הבא, ואין כאן מקום להאריך בעניין זה.

[404] שכוללת עובר האישה בדיקות שהם לא נעימות ולפעמים אפילו כואבות ממש, חשיפה לאישה אחרת (בלנית), טרחה ואי נעימות. בעל שרוצה לקיים ״ואהבת לרעך כמוך״ בצורה המיטבית, יש עליו לקחת חלק בתהליך של הטהרה שכולל לשאול איך היא מסתדרת, ללוות את אשתו למקווה (אם זה פרקטי ולא מפריע לנשים אחרות שבאות, לא מפריע מגדרי צניעות וכדומה), לחוות את התהליך יחד עם אשתו.

[405] ועל זה כתוב שיש להיזהר מדמעות של נשים, היות והם קרובות לבוא והקב״ה יענה את תפילתם (גם שלא מתכוונת לרע).

[406] אצל אישה עניין רגשי יכול להיות נחשב לצורך גדול, הכל לפי האישה והנסיבות. לכן תמיד מומלץ להתייעץ עם מורה הוראה שמכיר את הנסיבות, ומומחה בעניין.

[407] לדוגמה שמתארחים או יש שמחה משפחתית וקשה ללכת לטבול, אין לדחות את הטבילה אלא אם כן שני בני הזוג רוצים ומסכימים לדחות. בשעת הדחק, ניתן לפנות למורה הוראה [שמתמצא בתחום זה] ולקבל ייעוץ ואישור לטבול עם

**שאלה:** אני נוסע הרבה לעסקים, האם זה משפיעה על תדירות של עונת חיוב שלי?

**תשובה:** כן. מובא בהלכה[408] שיש חובה על מי שנוסע מהבית לפקוד את אשתו בלילה לפני שיוצא מהבית[409]. מסבירה הגמרא[410] שלקרת הפרידה, גם פרידה זמנית מבעלה, מתגבר השתוקקות של האישה לבעלה, ולכן יש עליו מצווה לפקוד את אשתו[411] ולהראות

---

איפור ועם איזה איפור ניתן לטבול. למרות שבדרך כלל מחמירים בזה, ונמנעים מלטבול עם איפור משום חשש חציצה בטבילה דאורייתא, יש מעט סוגים של איפור שניתן לטבול בהם ללא חשש. לכן חשוב להתייעץ עם רב שמכיר את התחום היטיב כדי לקבל ייעוץ ספציפי על מה מותר (דבר שמשתנה מעת לעת). בדרך כלל, זה יכול לפתור את הבעיה של גילוי של ליל הטבילה בשמחות משפחתיות. **חס וחלילה להקל לבד בעניין האיפור, ולא להתייעץ עם רב. עלולים להיכשל באיסור דאורייתא!! ההבדלים הם דקים מאוד ויש תמיד להתייעץ עם רב מומחה בתחום! להיות ברור, מה שאסור לטבול בו, הופך את הטבילה להיות כאילו לא טבלה כלל, והאישה נשארת טמאה נדה!**

[408] ע' שלחן ערוך אבן העזר עו/ד וע' שלחן ערוך אורח חיים רמ/א, ושלחן ערוך יורה דעה קפד/י וע' שם שחיוב זה קיים גם אם נפל הזמן בלילה של עונה וסת דרבנן שיש לקיים את המצווה. אומנם יש מחלוקת האם ניתן לקיים בפיוס בלבד, ע' שם.

[409] ע' בשו"ע יורה דעה קפד/י, שהחיוב כל כך חשוב שיש להקל אפילו סמוך לוסתה, וכל החומרות שנוהגים כמו עונת אור זרוע וכדומה מקילים היות ואין מקומו של חומרה דרבנן לבוא ולדחות חיוב דאורייתא ע' שם ט"ז.

[410] ע' גמרא יבמות סב:

[411] ידוע שזה גם סגולה ושמירה ממכשולים בדרך, ועל זה נאמר (איוב ה, כד): "וְיָדַעְתָּ כִּי שָׁלוֹם אָהֳלֶךָ וּפָקַדְתָּ נָוְךָ וְלֹא תֶחֱטָא".

לה את חוזק החיבור ביניהם[412]. אין להקל בדבר אלא במי שהדרך קשה לו פיזית במיוחד[413], אבל היום שנוסעים ברכב או מטוס ואין מאמץ פיזית מרובה בדבר[414], אין להקל. מרחק הדרך שנחשב בדברי חז״ל ליוצא לדרך הוא שהבעל מתרחק 12 מיל בלבד[415]. אם הבעל נוסע לדבר מצווה[416], אין חובה לפקוד את אשתו לפני היציאה[417], אומנם מצווה איכא.

מי שחוזר הביתה מדרכו לאחר שלא היה בבית, יש עניין גדול לפקוד את אשתו[418]. וכן ראוי לנהוג, אלא אם הדרך הייתה קשה במיוחד. וכן מתאים להראות חיבה יתירה לאשתו כשחוזר הביתה, וחשוב לעודד את האישה כמה שהפירוד היה קשה לבעל, למרות שבדרך כלל אין ההפרדה מפריע לבעל כמו לאישה. חשוב לזכור

---

[412] ולכן, אם אינו יכול לפקוד את אשתו במצווה (לדוגמה אם היא נדה), חובה עליו לרצות אותה בדברי ריצוי ואהבה. הכל כדי להראות לה את עומק אהבתו ולחזק אצלה הביטחון שהמרחק אינו מפריד בניהם כלל.

[413] לדוגמה, גם מי שטס אבל הדרך ארוכה במיוחד, וכן מי שהולך ברגלו במשך שעות, יש מקום להקל.

[414] עי רמ״א אורח חיים רמ/טו, ועי טײז שם, ועי עטרת זקנים על שלחן ערוך אורח חיים רמ/ב.

[415] זה בערך 12 קילומטר (7.5 Miles). עי שו״ת תשובה מאהבה חלק א׳ סימן ל״ד. יש לדון האם מדובר בזמן הליכה של 12 מיל או מרחק 12 מיל ללא קשר בזמן הליכה. מקובל בפוסקים שמדובר בזמן ממוצע להליכה של 12 מיל, ולא מרחק. מקובל לא להחמיר היום אלא אם הבעל לא יחזור הביתה בלילה, או אם המרחק הוא יותר מהשגרה הרגילה של הבני זוג.

[416] ועי באליה רבה אורח חיים רמ/ד אם משא ומתן נחשב דבר מצווה או דבר רשות, גם לדעה שזה מצווה אם הוא יכול לקיים עונת אשתו וגם לנסוע, אין להקל בדבר.

[417] מצווה איכא, חובה ליכא. עי שלחן ערוך אורח חיים רמ/א.

[418] עי זוהר בראשית נ.

שאישה בטבעה חושבת על בעלה הרבה, גם שהבעל לא בבית היא עסוקה כל הזמן עם מחשבה על בעלה[419]. טבע של גברים בדרך כלל אינו כן, ויש נטייה שהבעל חושב פחות על אשתו כשהוא לא נמצא בבית, ולכן יש חשיבות להשתדל כמה שניתן להתקשר לאשתו כשהוא בדרכו, ואם אינו יכול להיות בקשר כשהוא לא נמצא בבית, לכל הפחות להראות  כשחוזר שהיה לו קשה הפירוד.


סימן מ"א - נסיעה מהבית לשם פרנסה, האם מותר?


**שאלה** : אני רוצה לנסוע לעבודה לתקופה מהבית, האם יש הגבלה לפי הלכה בדבר?


**תשובה** : מותר לצאת ללא רשות האישה עד שבוע[420] ימים, וברשות האישה לצאת מהבית עד חודש ימים בדיעבד[421]. ואם עדיין לא קיים מצוות רפו ורבו, אין להקל בדבר[422].


סימן מ"ב - הסתכלות באשתו בעת שהיא נדה


**שאלה** : מה ההבדל בין לראות ולהנות מאישה זרה ברחוב, לאומת אשתו שהיא נדה שמותר להנות מהיופי שלה במקומות הגלויים?


---

[419] עי׳ בראשית רבה פרשה כ/ח שלאישה יש תשוקה עמוקה לבעלה.

[420] עי׳ באר הגולה אבן העזר ע/ט על פי המשנה.

[421] עי׳ שלחן ערוך אבן העזר ע/ה בשם הטור והרא"ש.

[422] עי׳ בית שמואל אבן העזר ע/ז. ועי׳ שם מה הדין אם האישה נותנת רשות מרצונה.

**תשובה**: מותר להסתכל על אשתו גם כשהיא נדה[423], גם אם הוא נהנה מההסתכלות, אומנם יש למנוע להסתכל במקומות המכוסים[424]. ההסתכלות באשתו מותרת, למרות ההנאה שהוא מקבל מזה, מפני שזה רצון התורה להרבות באהבה ביניהם והאהבה היא ההכנה למצוות עונה העתידה[425], מה שאין כן [באשה זרה] שאסורה לו. משמעות הדבר הוא, שכל קרבה עם אשתו בצורה שמותרת[426], גם אם באופן טבעי יגרום לו להרהור יהיה מותר, גם בימים שהיא אסורה לו[427].

## סימן מ"ג - מצוות עונה בהריון

**שאלה**: האם קיים חובה לקיים המצווה גם בתקופת הריון?

**תשובה**: אין חובת המצווה תלויה ביכולת להיכנס להריון או בחובת פרו ורבו, אלא החיוב של מצוות אישות קיים כל החיי

---

[423] עי' שלחן ערוך אבן העזר כא/ד, ועי' שם בית שמואל שמחלק בין בית התורפה ושער הגוף והדבר צריך עיון. ועי' תורת השלמים יורה דעה קצה/ט שמסביר הבדל בין הגישה של השלחן ערוך באבן העזר ויורה דעה.

[424] עי' שלחן ערוך יורה דעה סימן קצה/ז.

[425] עי' בסוף אגרות הקודש ב' לחזון איש.

[426] כך משמע מדברי החזון איש וכך שמענו מהרב שבח צבי רוזנבלט שליט"א. ויש עניין נוסף גם שהוא מהרהר אחרי אשתו יש בזה משום "פת בסלו". וכך משמע גם משלחן ערוך אבן העזר כא/ה, מותר גם אם זה מביא לידי קרבה, אומנם אין להקל ראש למרות שאין חוששים ממכשול הואיל והיא מותרת לו לאחר זמן.

[427] כמובן שכל זה דובר בתוך מסגרת של הלכה, ואין להקל בדיני הרחקות וכדומה.

נישואין[428]. לפיכך אין ספק שגם בזמן הריון יש חובה לקיים
המצווה תמידיים כסדרם, אלא יש חובה להיזהר ולשים לב לנוחות
של האישה יותר מהרגיל. בשבועות הראשונות העובר מחובר רק
לרירית ועדיין לא מחובר חזק לרחם[429], ולכן יש לעשות המצווה
יותר בעדינות[430]. יש להשתדל לא לכנס בעומק[431] או בחוזק רב.

להרבה נשים יש עדיפות בשבועות הראשונות של הריון לקיים
המצווה פחות מהרגיל, מחמת קושי, בחילות ותופעות אחרות. גם
אם זה מקשה על האישה אין למעט פחות מפעם בשבוע, ואם נוח
לקיים המצווה אז פעמיים בשבוע[432]. פחות מפעם בשבוע פוגע
בקשר של הבני זוג ובקרבתם, ויותר מפעמיים יכול להיות קשה
לעובר. כל מקרה לגופה, היות ויש נשים שמעורר אצלם הרצון
לקיום המצווה יותר בזמן הריון (ויש להיפך), ואם כן חובה על

---

[428] עי עזר מקודש אבן העזר עו/ה.

[429] בערך שליש הראשון של הריון, כ-13 שבועות. יש לציין שהגמ' אומרת באופן
כללי שקיום המצווה בשליש הראשון של הריון טוב לבעל, בשליש השני טוב
לאשה ובשליש האחרון טוב לעובר.

[430] עצה טובה קא משמע לן, ואין לחשוש מדי היות והקב"ה ברא את העולם
לסבול את זה באופן טבעי.

[431] בעת הצורך ניתן להיכנס בחצי איבר בלבד כדי להקל על האישה. אף על גב
דהעראה נחשב כביאה לכל דבר (בין להיתר ובין לאיסור), למצוות קיים עונה לא
מקרי ביאה, עי שו"ת רדב"ז חלק א' סימן קי"ח. לכן אין להקל בדרך כלל
ולהסתפק בהעראה בלבד, אבל בתחילת הריון צריך להקפיד לא לקיים המצווה
בצורה "עמוקה" וחזקה. חשוב להקשיב לתחושת האישה בתקופה זו כמה חזק
ועמוק ניתן לקיים המצווה.

[432] כך המליץ הרב ניסים קרליץ זצ"ל שב-13 שבועות הראשונים לא למעט מפעם
בשבוע ולא להרבות יותר מפעמיים בשבוע, אלא אם יש צורך ובהסכמת האישה.

הבעל לקיים המצווה. הכל לפי רצון והיכולת של האישה ובהתאמה לנסיבות הנוכחיות.

אם יש המלצה רפואית על הצורה או כמות של קיום האישות, ברור שחיוב הלכתית לציית להמלצה הרפואית.


סימן מ"ד - מצוות עונה אחרי לידה


**שאלה:** אשתי אחרי לידה, ומפחדת להיכנס שוב להריון, ולכן לא רוצה לקיים המצווה, מה הגישה הנכונה לזה?


**תשובה:** במבט ההלכתי מותר לקיים המצווה מיד לאחר שאשה מצליחה לטהר, אם אין הנחייה רפואית אחרת. לרוב אין זה שאלה הלכתי אלא רגשי, וזו בעיה נפוצה, במיוחד אם הלידה הייתה לא קלה, או אם תקופה ראשונית אחרי הלידה קשה במיוחד[433]. במצבים כאלו יש אומרים[434] שאחרי לידה יש להימנע מלהיכנס

---

[433] ידוע לפעמים שלידה ראשונה יותר קשה לאישה, וכן יש נשים שהמעבר מלהיות בחורה ולהפוך להיות אמא עם כל האחריות הקשורה בזה קשה עבורם, ולכן יש נשים שנכנסות לחרדה מלהיכנס להריון שוב. לרוב המקרים, הפסקה של כמה חודשים ללא לחץ רגשי שיכולה להיכנס להריון פותר את העניין. אם אחרי כמה חודשים עדיין יש חרדה חזקה מהעניין, כדאי מאוד להתייעץ עם מומחה בתחום [בדרך כלל מדובר בעניין שניתן לטפל בו יחסית מהר, אבל חשוב לדבר עם רב שמומחה בתחום עם ניסיון].

[434] כך נאמר על ידי רב יהודה (יודל) שפירא זצ"ל ראש כולל חזון איש בבני ברק. לבני משפחתו המליץ להמתין רק חצי שנה, וכל מקורו לגופו.

להריון[435] לתקופה של עד שנה[436] כדי לתת לתינוק כל צרכיו, ולאפשר לאישה לאגור כוחות. היום מצד אחד, הוסת חוזר לרוב הנשים יותר מהר ממה שהיה בזמן חז״ל כי התזונה יותר טובה, אבל הגוף בפועל יותר חלש, ולכן יש להמתין הזמן הנצרך.

## סימן מ״ה - חלב אם בעת פיוס

**שאלה**: בתקופת הנקה עלול ליזול חלב אם בעת פיוס, מה דינו?

**תשובה**: אסור לבוגר לינוק ישירות משדי אישה כתינוק, דבר שהוגדר ״כיונק שרץ״ בהלכה[437]. מאידך, אין איסור בחלב אם ומותר לבוגר לשתות חלב אם לכתחילה כל עוד שזה לא ישירות

---

[435] רוב הנשים היום הם יותר חלשות מדורות שעברו, ולכן יש צורך לחכות עד שנה לאחר לידה לפני שנכנסים להריון שוב. אחרי שנה אם יש צורך להמשיך מניעה יש להתייעץ עם רב המתמחה בתחום (ולא רב קהילה רגיל) היות ויש הרבה שיקולים האם להמשיך מניעה או לא, בין היתר בריאות הנפש של האישה, יכולת פיזיות של ההורים, והיכולת של ההורים לתת את מלוא תשומת הלב הנצרכים לילדים וכדומה. מי שלא מנוסה בתחום לא יכיר את מלא השיקולים וההשלכות בדבר.

[436] ע״י שלחן ערוך אבן העזר יג/יא שלא יישא מניקת עד כ״ד חודש [וע״ש מפשרים שמקצרים עד לי״ח חודש]. משם ניתן ללומד שיש מקום להמתין עד בין 15-9 חודש אחרי לידה לפני שנכנסים שוב להריון, וכל אחד צריך לשאול רב לפי הכוחות של האישה והנסיבות של הבית. אין לפסוק לבד בעניינים אלו כלל [היות ולעתים זה נוגע בדיני נפשות ממש לכאן ולכאן]. וע״י אגרות משה חלק א׳ אבן העזר סימן ס״ד וחלק ד׳ אבן העזר סימן ס״ז.

[437] ע״י שלחן ערוך יורה דעה פא/ז והאיסור הוא מדרבנן שמא יבוא לאחלופי בבהמה טמאה (ע״י ט״ז שם וביאור הגר״א).

משדי האישה[438]. אם בזמן הפיוס נוזל חלב אם מהדדים אין חובה להוריק את החלב החוצה היות וזה דרך פיוס ולא בדרך יניקה[439] (שתייה).


סימן מ"ו - קיום המצווה ביום, האם מותר?


**שאלה**: למדנו שיש לקיים המצווה בלילה, האם מותר לקיים המצווה גם ביום כשיש צורך?


**תשובה**: לפי הצורך[440], מותר גם <u>לכתחילה</u> לקיים המצווה ביום[441], אומנם בשעת מצווה ממש יש להקפיד להחשיך את החדר. לדוגמה,

---

[438] ע' שלחן ערוך יורה דעה פז/ד וע' ש"ך על שלחן ערוך יורה דעה פא/יז. לא שייך בשרי/חלבי אצל חלב אם והוא נחשב פרווה, אבל מדין מראית עין יש לחשבו כחלבי.

[439] יש לדייק בלשון הבית יוסף "גדול היונק משדי אימו" דהיינו להחזיר <u>ילד</u> גדול שהפסיק לינוק לחזור לינוק משדי אימו אסור וכיונק שרץ. היות והגזירה הייתה מחמת שמא יאכל מבהמה טמאה ולא יבין שיש הבדל, אבל בעת פיוס זה ברור שהוא פועל בפיוס ולא באכילה, ולכן יש להקל אם נוזל חלב (במקום קיום מצווה דאורייתא ובדרך שינוי לא גזרו רבנן).

[440] כמו תמיד, מותר לקיים פיוס באור מלא אומנם המצווה בעצמה יש לקיים ללא מקור אור בחדר ורק עם מעט אור בחדר. הכוונה לא חושך מוחלט, אלא להחשיך את החדר בצורה שלא ניתן לקרא ספר בקלות באור החדר. יש עדיין להשאיר מספיק (מעט) אור כדי להכיר ולראות הדדי אחד את השני.

[441] ע' מגן אברהם אורח חיים רמ/כו שכותב לקיים המצווה ביום בבית אפל מותר לכתחילה, ולאפיל בטליתו [לאור היום ללא אפשרות להחשיך את המקום] יש להקל רק אם יצרו מתגבר עליו. ע' גמרא נדה יז. הגמרא אומרת שהסיבה העיקרית לשימוש בלילה זה מ"ואהבת לרעך כמוך" (דהיינו שלא יראה משהו שמגנה אותו, ואז ירחק מאשתו, ויצא מזה שהוא עובר על ואהבת לרעך כמוך),

אם עייפים בערב ולא יכולים להנות מהאישות בערב ומכריחים את
עצמם לקיים את המצווה בערב, עדיף לחכות ליום כדי להנות
ולעשות את המצווה בצורה מהודרת. דבר זה יכול להיות מצוי בליל
שבת שהאישה מאוד עייפה אחרי הכנות שבת וניקיון של הבית.
במקרה כזה במקום להכריח את עצמם לקיום המצווה בלילה
(שיכול גם להשאיר הרגשה של אי נעימות), עדיף לקיים המצווה
בבוקר שהאישה יכולה להנות יותר (כי יבנה קרבה).

## סימן מ"ז - האם יש זמנים שאוסר לקיים המצווה?

**שאלה:** האם יש זמנים שאסור או מומלץ לא לקיים המצווה, ואם
יש צורך גדול עדיין אסור?

**תשובה:** מצד הדין יש איסור דאורייתא לקיום המצווה ביום
הכיפור וקיים איסור דרבנן לקיום המצווה בתשע באב, וכן אסור
בימי אבלות[442]. ראוי לא להשתמש בליל א' של פסח וליל שבועות
ושני ימים של ר"ה וליל שמיני עצרת אם לא בליל טבילה[443]. וכל זה
אינו אלא לאדם שהוא מלא ביראה ולא יחטא ח"ו אבל אלו שיצרם
מתגבר עליהם והם חושבים שהוא כעין איסור תורה ועל ידי זה
באים ח"ו לידי כמה מכשולים מצוה לשמש אפילו בר"ה ויטבול

---

שואלת הגמרא מה עם בית מונבז שמזכירים אותם לשבח דווקא על זה ששימשו
ביום? עונה הגמרא שהיה להם אונס שינה בלילה ולכן לשמש ביום היה אצלם
הביטוי הנכון של "ואהבת לרעך כמוך" ועל זה שהחמירו במצוות "ואהבת לרעך
כמוך" ושימשו ביום הזכירו את בית מונבז לשבח.

[442] עי חכמת אדם

[443] עי משנה ברורה רמ/ז : ועי בן איש חי הלכות שנה שניה פרשת וירא אות כ"ד

למחר[444]. חשוב לציין שכתוב בביאור הלכה שמי שעדיין לא קיים מצוות פרו ורבו [דהיינו בן ובת], אין להחמיר בימים אלו כלל[445].

## סימן מ"ח – דינים של אישות בתשע באב

**שאלה:** מה מותר ומה אסור לעשות עם אשתו בתשע באב, והאם הדין שונה בתשע באב נדחה?

**תשובה:** אסור לקיים המצוה בתשע באב וכן אסור חיבוק ונישוק[446]. בלילה יש לנהוג הרחקות כמו בזמן שאשתו נדה ואין לישון יחד במיטה[447]. בעת הצורך יש מקום להקל להעברה מיד ליד[448]. אם תשע באב נופל בשבת ולכן נדחה ליום ראשון, לכתחילה יש להחמיר בהרחקות ולא לקיים את המצווה[449]. במקרה שנופל

---

[444] עי' כף החיים רמ/ב וכן בחכמת אדם כלל קכ"ח

[445] עי' ביאור הלכה על אורח חיים סימן רי"מ ד"ה מליל שבת

[446] עי' גמרא תענית ל.

[447] עי' שלחן ערוך אורח חיים תקנ"ד/י"ח ומשנה ברורה שם ס"ק לז

[448] יש מתירים בזה, ויש אוסרים ולכן היות והדבר תלוי במנהג ולא בדין, יש מקום להקל בעת הצורך. דעת הרב אלישיב שמותר להעביר מיד ליד ראה קרא עלי מועד הערות הגר"ח קניבסקי אות לח. דעת שבט הלוי בקובץ מבית הלוי חי"ג עמוד מא נוטה להחמיר, וכן כתוב בכף החיים תקנ"ד ס"ק פ"ה בשם הבן איש חי.

[449] עי' רמ"א אורח חיים תקנד/יט, וכן המנהג אצל רוב קהילות אשכנזיות, וכן נוהגים להכריז בבית כנסת "נוהגים דברים שבצנעי". עי' מהרי"ל דיסקין קו"א סימן ה' אות ס"ז שיש להקפיד על הרחקות גם כן. לדעת המחבר מותר לקיים המצווה לכתחילה בשבת, אמנם בשו"ת אור חלק שלישי פרק כ"ט תשובה י"ז שטוב להחמיר בזה.

ליל טבילה בליל שבת שהוא ליל תשע באב יש להקל ולקיים המצווה[450].


# סימן מ"ט - בזמן אבלות, מה מותר ומה אסור בין איש לאשתו?


**שאלה:** מה הדין של אישות בשבוע של אבלות, ומה הדין מסוף השבעה ועד השלושים?


**תשובה:** בשבוע של אבלות, אסור לקיים את המצווה, אבל שאר דברי קירבה מותר[451]. ראוי להחמיר בחיבוק ונישוק[452] (של קרבה ואהבה), במיוחד באבלות של האישה[453]. מיד לאחר שקמים מהשבעה מותרת לבעלה ואין דרישה למעט בקישוט וכדומה להראות אבלות[454].


אישה שימי לבונה (שבע נקיים) נפלו בתוך השבעה, סופרת שבע נקיים. אם צריכה לשטוף את המקום כדי לעשות בדיקה כראוי


---

[450] עי' משנה ברורה תקנ"ד ס"ק מ' וכן יש מקום להקל בכל עונה שנפול באותו לילה ואין להחמיר.

[451] עי' שלחן ערוך יורה דעה שפג/א.

[452] עי' הגהות רעק"א שלחן ערוך יורה דעה שפג/א , ויש מקילים בחיבוק ונישוק של נחמה, שאין בהם משום חיבוב.

[453] עי' שייך שלחן ערוך יורה דעה שפג/א היות שאם יצרו מתגבר עליו נשמעת לו, יש לחוש יותר.

[454] עי' שלחן ערוך יורה דעה שפא/ו.

מותר לשטוף גם בתוך השבעה, ויש להקפיד לשטוף רק את האזורים שצריכים[455].


נדה שיום הטבילה לאחר שבעה נקיים נופל בתוך ימי שבעה, אינה טובלת בתוך השבעה למרות שזה טבילת מצווה[456], אלא מסיימת הספירה של שבעה נקיים וממתינה לטבול עד אחרי תום השבעה. כלה שרחמנא ניצלן אירע לה אבלות תוך שלושים יום מחופתה, מותר לה להמשיך להתאפר ולהתקשט כרגיל[457]. שאר הלכות חתן או כלה שאירע להם אבלות לפני החופה ע' הערה[458].


## סימן נ' - ביטול מנהג דם טהור לאחר לידה


**שאלה:** דם טהור אינו מטמא לפי התורה, ולכן אינו אוסרת אישה לבעלה. אם כן למה אנחנו מחמירים בזה[459] ומתייחסים לדם טהור כמו כל דם אחר?


**תשובה:** דם טהור הוא הדם שאישה רואה לאחר לידה מיום 8 לזכר ויום 15 לנקבה עד סוף תקופת דם טהור, שהוא 40 יום לזכר

---

[455] ע' ט"ז שלחן ערוך יורה דעה שפא/ב ושי"ך שפי"א/ג. ברור שאין הגבלה לדעתם לשטוף כמו שצריך, רק יש להקפיד לא להפוך את הרחצה לשם מצווה להזדמנות לרחוץ יתר חלקי הגוף.

[456] ע' שלחן ערוך יורה דעה שפי"א/ה. יש לסיים לספור השבע נקיים גם אם בפועל לא טובלת.

[457] ע' שלחן ערוך יורה דעה שפא/ו.

[458] ע' שלחן ערוך יורה דעה סימן שפי"א ושפי"ג.

[459] ידוע דברי המדרש שזמן טומאת לידה לבן הוא שבע ימים כדי שאימו של תינוק יכולה לטהר לפני הברית, שיהיו הם שמחים גם כן בשמחת חברית.

ו-80 יום לנקבה. מדאורייתא הדם הזה אינו מטמא ולכן אינו אוסרת את האישה לבעלה. אם כן, למה בפועל אנחנו היום מחמירים בדם הזה, ונהוגים להתייחס אליו איסור כמו דם נדה?

קיים אי-הבנה מסוימת אצל אנשים מה דין של דם טהור היה בפועל. יש להבין גם שנהגו דם טהור נדרש הפסק טהרה לאבחן בין דם לידה לדם טהור. המעבר לדם טהור אינו אוטומטית לפי ספירת הימים, אלא כל עוד שלא נעשתה הפסק טהרה כהלכה, האישה ממשיכה עם דין שכל דם שהיא רואה הוא דם לידה והאיסור ממשיך להיות איסור דאורייתא. לא תמיד התאפשר לעשות הפסק טהרה מיד לאחר תקופת דם טהור [יום שמיני או ארבע עשר].

יותר מזה, הבדיקה דורשת הקפדה יתירה היות והמכשול שעלול לקרות מעשיית הפסק לא באופן הראוי, הוא חמור מאוד ועניינו איסור דאורייתא, היות וכל עוד שלא עשו הפסק טהרה כדבעי, האישה ממשיכה להיות בטומאת לידה גם אם טבלה. בפועל, לרוב, כשניתן לעשות הפסק טהרה כהלכה האישה הפסיקה לדמם וממילה מטהרת לבעלה. עיקר הנפקה מינה לגבי דם טהור הוא בעיקר לגבי כתמים עד תום תקופת דם טהור[460].

ככלל, נאבד לנו החוכמה לאבחן היום בין סוגי דם (דם טהור, דם בתולים וכו'), מה שיכלו לעשות בעבר. כתוצאה מזה, ככל ונותר ספק שאולי דובר בדם שאיסורו דאורייתא, יש להחמיר כמו בכל ספק דאורייתא. לפיכך, אלא אם כן ברור שהדם מקורו בהיתר

---

[לדוגמה, דם מכה] ולא באיסור, נוקטים לחומרה ואוסרים את הדם.

בנוסף, ניתן לסבר את האוזן בטעם נוסף למה מחמירים בדבר. ראשית כל האישה צריכה זמן לרפאות ולחזור לעצמה פיזית לאחר הלידה. בנוסף לזה, השינויים ההורמונליים שאישה עוברת בשבועות הראשונות לאחר לידה, למרות שהם טבעיים ונורמליים, לעיתים הם קשים לאישה לעבור[461]. בנוסף לכל הנ"ל, יש לזכור שזה תקופה שיש להתרכז בילד ולטפל בו, האישה עסוקה לילה כיום סביב הילד ואין לה פניי להתרכז גם בבעלה.

היות ובדרך הטבע ככל ומותר לבני זוג לגעת, הבעל עלול לדרוש את היחס שלו הגופני גם כן, וזה יגרום למצב שאישה קרועה בין טיפול לילד והתעסקות כאישה לבעלה. דבר זה בוודאי עוד יותר נכון בלידה ראשונה, שגם לבעל קשה המעבר מלהיות מרכז החיים של אשתו ולקבל את מלוא תשומת הלב של אשתו, ועכשיו הוא כבר לא תופש מקום המרכזי, אלא צריך "לחלק" עם הילד. יש לקחת בחשבון, שלוקח זמן לשני ההורים הצעירים להתרגל למצב החדש (גם אם זה לא הילד הראשון), למצוא את האיזון החדש בחייהם.

לכן מכל הנ"ל נשי ישראל קבלו על עצמם לנהוג[462] הרחקות בתקופה ראשונה, ולא לנהוג לפי דיני דם טהור, כדי שיכלו להתרכז

---

[461] בעניין השינויים ההורמונליים לאחר לידה נא לעניין בסוף הספר עניין של קשיים שיוצאים מגדרי הנורמה ומתי מומלץ לבקש עזרה.

[462] מי שמתעסק בסוגיות שבהם כתוב "נשי ישראל החמירו על עצמם" יגלה שהחומרה הנוספת שהחמירו הוא קטן ביותר ובדרך כלל נמדד בפועל בחומרת

בטיפול הילד ולתת לבעלה זמן להתמודד עם השינוי שעובר על היחסים ביניהם. בתקופה זה, כמו בכל תקופה של הרחקות, על הבעל להתרכז בגישתו הרגשית לאשתו ולתת לה הרגשה [בניתוק לגמרי מהפיזי] של אכפתיות ודאגה לטובתה.

היום, משהתקבל המנהג לאסור בכל תפוצות ישראל בדם טהור, <u>אסור להקל בדבר כלל וכלל.</u>

## סימן נ"א – הסרת שער על ידי גבר

**שאלה:** האם מותר לגבר להסיר שערות הגוף?

**תשובה:** אסור לגבר להסיר שער בית השחי ובית הערבה משום איסור "לא תלבש". במקום שמקובל שנשים ואנשים מסירים השערות משום בריאות או נוחות מותר בדיעבד להסיר את השערות מבית השחי ובית הערבה גם לגבר[463]. שערות בשאר הגוף מותר לגבר להסיר במספרים ולא בתאר[464]. מכל מקום אסור להסיר שערות משום יופי גם במקום שמסירים השערות[465]. מי שצריך להסיר שערות משום רפואה מותר לו להוריד שערות בית

---

יום אחד בלבד. אשריהם ומה טוב חלקיהם שיראת שמים שלהם שומר על קדושת וטהרת הבית.

[463] עי' שלחן ערוך יורה דעה סימן קפ"ב סעיף א', ולדעת הרמ"א מותר לכתחילה.

[464] עי' ביאור הגר"א יורה דעה סימן קפ"ב סעיף א ושי"ך יורה דעה סימן קפ"ב סעיף ג. יש נפקא מינה שבכל הגוף מותר במספרים כעין תאר (מספרים בגזרה קרובה מאוד שמחליק המקום) ובבית הערבה ובית השחי אסור במספרים כעין תאר.

[465] עי' שי"ך יורה דעה סעיף קפ"ב סעיף א' וט"יז שם סעיף א'

השחי ובית הערבה גם כן, ואין זה נחשב ליופי[466]. בדומה לכך, מי
שמאוד שעיר או מזיעה הרבה ומשום כך יש לו חטטין בשערות בית
השחי או בית הערבה מותר לו להסיר השערות אם הוא סובל מזה,
ואין זה נחשב הסרת שערות ליופי[467].

---

[466] עי' באר היטב יורה דעה סימן קפ"ב סעיף ג' ושי"ך שם סעיף ה'
[467] עי' שלחן ערוך יורה דעה סימן קפ"ב סעיף ד'

# שער ההבנה

סימן נ"ב אוהב כגופו מכבדה יותר מגופו – איך?

**שאלה:** אני יודע שחז"ל אמרו[468] "אוהב את אשתו כגופו והמכבדה יותר מגופו". איניני מבין היתכן כזה דבר, ואיך ניתן להגיע לשם? הרי אני נשוי טרי ואוהב את אשתי אבל לומר יותר מעצמי נשמע לי לא בר השגה.

**תשובה:** אוהב כגופו הכוונה הוא שכמו שהבעל יחוס על עצמו ואם הוא צריך עזרה הוא ידאג להביא עזרה לעצמו, לדוגמה בבניית סוכה וכדומה. באופן דומה הוא צריך להיות רגיש ומתי שהוא רואה שאשתו צריכה עזרה, לדוגמה עם לשמור על הילדים, ניקיון בית וכדומה, שהוא ידאג ויסדר לה את העזרה כמו שהיה עושה לעצמו[469]. מכבדה יותר מגופו דובר שהבעל קונה לאשתו בגדים[470] ותכשיטים יותר יפים ויוקרתיים ממה שהוא קונה לעצמו[471]. וכן כשנוסעים לאפשר לה בחירה ראשונה במקום לינה ולסדר לה המקום לפני שהבעל מסדר לעצמו[472]. ותדע שזה סגולה מהגמרא

---

[468] ע' סנהדרין ע"ו : ויבמות ס"ב : דרך ארץ רבה פרק ב' משנה ט"ז

[469] ע' בן יהוידע על יבמות סב :

[470] ע' ראב"ן על סנהדרין ע"ו : ד"ה ואוהב את אשתו

[471] ע' רש"י סנהדרין ע"ו : ד"ה "והמכבדה", ובן יהוידע על יבמות סב : לדוגמה, קניית תכשיט יותר יפה ויקר ממה שהבעל קונה לעצמו שעון, בגדים יותר יוקרתיים ונעים ממה שהוא קונה לעצמו, וכדומה. וראה בנוסף נחלת יעקב על מסכת דרך ארץ רבה ב' : ט"ז

[472] ע' שפתי חכמים על בראשית פרק י"ב פסוק ח'

לעשירות, כמו שכתוב לעולם יהא אדם זהיר בכבוד אשתו, שאין ברכה מצויה בביתו אלא בשביל אשתו[473]. וכן ראוי לעשות בכל דבר של כבוד לאשתו[474], ולהיזהר מאוד לא לבזות את אשתו[475].

## סימן נ"ג - קשיים להגיע לשיא השמחה

**שאלה:** יש קושי להגיע לשיא השמחה, מה עלינו לעשות?

**תשובה:** חלק חשוב של מצוות עונה הוא שהבעל יענג את אשתו[476], וזאת בכל כוחו ותשומת ליבו עד שאשתו מגיעה לשיא השמחה. אם זאת, לא הכל תלוי בבעל, הרי אצל הבעל העיקר הוא גופני (פיזי) והוא צריך לעבוד על עצמו להשתתף ולהתחבר בחלק הרגשי שבדבר ; אצל האישה הדבר אינו כן, אלא האישה מתחילה בתחום הרגשי ורוחני, ועוברת לתחום הפיזי רק לאחר מכן.

לכן כשיש מחסום אצל האישה, בין אם הוא נובע מהתחום הרגשי ובין אם הוא נובע מתחומים אחרים, ייתכן מאוד שיהיה גם קשיים להגיע לשיא השמחה. וכן, אם יש חוסר הבנה בחשיבות

---

[473] עי גמרא בבא מציעא נט.

[474] עי גמרא ברכות נא. עי אגרות משה אורח חיים חלק רביעי סימן מח לגבי כוס של ברכה, וכן מלאו אתה שומע הן כמו שכתוב ביבמות סב : השרוי בלא אישה שרוי בלא ברכה, ואם כן השרוי עם אשתו יש לו ברכה.

[475] עי גמרא פסחים נ : המצפה לשכר אשתו [...] אינו רואה סימן ברכה לעולם. שכר אשתו – מתקולתא. ופירש רש"י "מתקולתא – נוטלת מאזנים בידה ומהלכת בשוק להשכירן לכל הצריכין, דשכר מועט הוא, **ומתבזה אשתו על שכר מועט**. ויש לפרש דעיקר הסיבה שאינו רואה סימן ברכה הוא מחמת ביזוי אשתו, דכך הוא מבזה מקור הברכה בביתו.

[476] כתוב בדברים פרק כ"ד פסוק ה' "ושמח את אשתו"

# בנין עדי ע.ד

## אישות בעיני חז"ל

וקדושת העניין לפי התורה לאישה להגיע לשיא השמחה ייתכן קשיים בדבר[477].

במקרה שהאישה מתקשה להגיע לשיא השמחה, זה גורם לעצבנות ותסכול פנימי, ולפעמים אפילו עצבות. כיון שאצל האישה שיא השמחה הוא עמוק יותר ונובע מעומק נפשה, ומשפיע יותר על כל גופה, לכן כשלא מצליחה זה גם משפיע יותר על כל הגוף והנפש שלה. ייתכן, כשאישה יודעת שהיא לא תצליח או יקשה עליה להגיע לשיא השמחה, שהיא תעדיף יותר להנות יחד עם בעלה בלי להגיע לשיא.

---

[477] הרי יש גישה לא יהודית (עכו"ם ממש) שאישות זה דבר לא טהור ולא ראוי, ורק הכרח הטבע, ולו יכולנו להתעלם מהדבר היה יותר טוב. גישה זו, כאמור, לא רק רחוקה מגישת התורה, אלא מנוגדת לה לחלוטין. חלק בלתי נפרד ממצוות עונה זה שגם האישה וגם הבעל ייהנו מקיום המצווה ושיגיעו לשיא השמחה. ייתכן שיש זמנים שאחד או השני יחליט שלא רוצים להגיע לשיא השמחה (משום נסיבות מוצדקות , כגון עייפות אבל בכל זאת רוצה לקיים המצווה עכשיו) אבל זה קיום המצווה בצורה של בדיעבד בלבד. קיום מצוות עונה לכתחילה דורש הגעת לשיא השמחה גם לאישה וגם לבעל. ברור, שאם זה המצווה, ושהדבר עניין קדוש ורצוי וקיומו זה קיום של רצון הקב"ה, ולא חס וחלילה דבר בזוי ושפל כמו שהעכו"ם אומרים. [מצאנו בהרבה מקומות בחז"ל שזה היה אחד עקרי הקשיים מאז ומתמיד של העומת העולם עם התורה, איך ייתכן שדבר פיזי ו"בהמיי" הוא דבר קדוש (עי מדרשי חז"ל בחורבן בית המקדש, כרובים, לדוגמה). וכן היצר הרע ממשיך לעבוד קשה לשיבוש הדבר גם בשלב לפני שמתחתנים וגם לאחר מכן, כדי לעשות תקלות בדבר שמגיע לרומו של עולם.

# בנין עדי ע.ד

### אישות בעיני חז"ל

אם האישה מעדיפה מרצונה לא להגיע לשיא[478], זה מותר, והיא יכולה לבחור להנות מהקרבה עם בעלה. במקרה כזה עדיין יש חובה לבעל לעשות מלא המאמץ האפשרי לשמח את אשתו בדברי ריצוי וחיבה[479].

יש לזכור, עם ה-לכתחילה של הדבר, שקיום המצווה זה דבר נורמלי וטבעי ומושפע מאוד מהמצב הגופני והרגשי, גם של הבעל וגם של האישה, ויש זמנים שאחד מהם לא ירצו או לא יכלו לתפקד באופן הרצוי או באופן המלא. חשוב לדעת שזה טבעי ואין להילחץ מזה כלל. אדרבה, הלחץ מזה יכול לגרום לבעיות יותר עמוקות וחוזרות, ולכן חשוב להוריד לחץ במצבים כאלו, לקבל את המצב, ולהנות יחד במה שניתן.

יש לפעמים תקופות פחות טובות, בהם יש קושי להגיע לשיא השמחה. במצב כזה יש לבדוק אם ניתן למצוא גורם ולטפל בו. ייתכן שהזמנים שמקיימים את המצווה זה זמן של עייפות, מתח, וכדומה. במצב כזה יש להשתדל כמה שאפשר לשנות[480] את סדר

---

[478] לדוגמה, היא מותשת מזה, או מרגישה עייפה מדי, וכדומה, מותר לאישה להחליט לדחות את העניין לפי הנסיבות. אין לדלג באופן תדיר על שיא השמחה, אלא יש להשתדל גם מצד הבעל וגם מצד האישה להגיע לשיא השמחה וגם לרצות את השני כמה שניתן, וזה עיקר מצות עונה מלכתחילה.

[479] כמובן עם ליטופים וכדומה, ובעל שהוא חכם יבין שיכול להכין את המצב שבעתיד האישה תהיה יותר רגועה ומוכנה נפשית לחיבור אם הוא עושה לאשתו נעים ומרצה אותה בצורה שמכבדת אותה <u>ולא מלחיץ אותה כלל</u>. באופן זה, הוא עושה הכנה למצווה ומעשים אלו בגדר של הכנת מצווה, כמו בכל מצווה.

[480] לדוגמה, להוריד מתח, לישון תנומה בצוהריים, להשכיב את הילדים מוקדם יותר, לקיים את המצווה בבוקר, וכדומה. ידוע מגדולי תורה שאמרו שביום

164

היום, או זמן קיום המצווה כדי למנוע את הבעיה[481]. [זוג צעיר ראה הערה[482].]

עד שימצאו פתרון לדבר, חובה עליהם להמשיך לקיים המצווה כרגיל, ועל הצדדים להשתדל כמה שאפשר לשמח אחד את השני[483].

במצב הקשה ביותר, שגם בצורה כזה אין להם שמחה וסיפוק, יש חובה עליהם לקבל עזרה וטיפול מקצועי בעניין. מכל מקום יש חובה עדיין להשתדל לקיים את המצווה בצורה האפשרית עד הצלחת הטיפול בדברי ריצוי וחיבה. להשאיר את המצב במצב של

--------

שהאישה הולכת לטבול אין לבעל להגיע לכולל כלל בסדר [ב' ו-]ג' ויש עליו חובה של הכנת המצווה. כמו כן יש על הבעל לעזור באותם ימים של קיום המצווה עם הילדים ולעשות כל מאמץ הנדרש כדי להקל על אשתו. כמו כל מצווה דאורייתא, יש חובה להשקיע מהונו כדי לקיים את המצווה בהידור. [לא שונה מהידור ארבעת מינים וכדומה.]

[481] אני מזכיר שחז"ל שיבחו את בית מונבז שקיומו את המצווה ביום בגלל בעיה זו.

[482] אם מדובר בזוג צעיר, חשוב ללמוד הדרך להביא את אשתו להגיע לשיא השמחה, וזה כמו כל מצווה שיש עליהם לקיים. ואם לא יודעים איך, יש דרכים ללמוד ואין להרפות ידיהם מזה עד שילמדו.

חשוב להדגיש, שלפעמים האישה יודעת מה שטוב ונעים לה, וחלק מהמצווה זה להשתתף את בעלה בעניין. חשוב לאישה לומר לבעלה מה מרגיש טוב, וחשוב לבעל להיות רגיש ולהבין שלאישה קשה מאד לחשוף ולשתף אותו בעניין זה. אם הבעל יהיה רגיש ומכבד את החשיפה, זה יוסיף להם לאושר ויעמיק את החיבור בצורה נפלאה. ולהיפך, אם הוא לא מכבד את החשיפה, אפילו ללא כוונות רעות אלא מאי-נעימות שהוא חווה, זה פוגע ויכול לגרום לאישה להתאפק מלחשוף את רצונה בעניין.

[483] למרות שזה "בדיעבד", ברור שיש עדיפות לקיים את המצווה בצורה של בדיעבד מלא לקיימה כלל. ויש להקפיד על ליטופים, חיבוקים וכדומה, כל מה שנותן הרגשה טובה לבן/בת זוג (וכן דברי עידוד).

שעת הדחק כזה אסור, וגורם לקושי רב לבני הזוג. זה גורם לקושי עצום גם לאישה וגם לבעל[484]. במצב כזה יש לפנות למומחים בתחום[485].

## סימן נ"ד - תאווה ככלי להשיג קדושה הראוי או כלי של היצר הרע - בחירתך

---

[484] יש לדעת, לפעמים הבעיה נובעת מבעיה רפואית (שניתן לפעמים לטפל בקלות), לפעמים מקור הבעיה הוא רגשי. בכל אופן חשוב לדעת שמומחים שמטפלים בתחום לרוב מבינים את הרגישות והעדינות בדבר. <u>חשוב גם לזוג לדעת שבעיות בתחום הזה מצויים וניתנים לפתור אותם.</u> אין סיבה לסבול בשקט, אי-טיפול גורם לבעיות גדולות מאוד. [אין לפנות למשפחה ולחברים לקבל עצות סרק, אלא יש לפנות לאנשי מקצוע ולקבל את העזרה שניתן לקבל. [485] לא כל מדריך או מדריכה מומחים בתחום ריגשי זה, ויש תמיד לברר איזה מדריך, מדריכה, או רב נחשב למומחה בדבר. מי שמתכוון לטובה אבל אינו מומחה יכול לגרום לבעיות וסיבוכים עוד יותר קשות, ולכן יש להשתדל למצוא מי שראוי בתחום. [הרי כל אחד מבין שרופא רגלים הוא לא רופא עיניים, אז צריך להיות פשוט גם בתחומים אחרים שלא כל אחד מומחה לכל דבר. נכון שיש רבנים שיש להם הרבה ניסיון בתחום של שלום בית. לא לכל הרבנים יש הידע, הניסיון או הגישה בתחום של שלום בית כשהבעיה מובע ממקור מורכב או עמוק. לכן בכל בעיה יותר עמוקה או מסובכת יש לשקול מי הכתובת הנכונה לטפל בדבר]. יש לדעת שיש רבנים, מומחים, רופאים ומטפלים בבעיות כאלו שיודעים לטפל בעניינים אלו ברגישות ובצניעות הנדרשת. אין להימנע מללכת לאנשי מקצוע כשנדרש, במיוחד לא בתחום שמשפיע כל כך על איכות החיים, ושנוגע בכל כך הרבה דאורייתא חמורות כמו שיש בזוגיות. לרוב זה לוקח זמן ומאמץ על ידי הבני זוג ללכת ולקבל את הטיפול הנדרש, אבל הניסיון מוכיח שזה שווה. זוגות שהלכו לטיפול והשלימו את הדרך הופכים להיות מאושרים ושמחים, עם הרבה סיפוק.

# בנין עדי ע.ד

## אישות בעיני חז"ל

**שאלה:** אם תאווה זה דבר גשמי, איך ניתן לפשר המאמר חז"ל "זכו, שכינה ביניהם, לא זכו אש אכלתם"[486]?

**תשובה:** בדרך הפשט מסביר רש"י שם שאם ישמרו ללכת בדרכי ישרים ויהיה שלום ביניהם אז יזכו שהשכינה ישרה בביתם[487] ויוסיף שלום ביניהם. אלא יש כאן נקודה יותר עמוקה בהבנת אנשים. הקב"ה ברא כלי נפלא כדי לחבר איש ואישה יחד, ותאווה שמה. כמו כל כלי עוצמתי יש בו כוח גדול מאוד, וכשמשתמשים בו בדרך הנכון הכלי מפיק תועלת רב. מאידך, הכוח העצום הזה גם יכול להיות הרסני (מזיק) כשמשתמשים בו בצורה לא נכונה. בעל שרוצה להתחבר עם אשתו ולבנות קשר עמוק עד שיהיו לבשר אחד, יכול לעשות את זה דרך אישות וחיבור המצווה. בדרך זה ניתן לבנות יחד יצור חדש ולהפוך הזוג מלהיות שני אנשים נפרדים ולהיות אחד ממש[488] "לבשר אחד".

מאידך, יש בעל שלא מחפש להשתמש בכלי של תאווה לתכליתו ולהתחבר עם אשתו בכדי לבנות זוגיות אחידות עד שיהיו בסוף לבשר אחד, אלא רוצה לספק לעצמו את תאוותו ללא התחשבות של הזולת[489]. גם לזה יש לנו דוגמה בדברי חז"ל בסיפור של אמנון ותמר. התשוקה שהיה לאמנון היה עצום, אבל זה היה רק לסיפוק

---

[486] ע' גמרא סוטה יז. וע' רש"י שם.

[487] ידוע דברי חז"ל ששם של הקב"ה הוא "שלום" ואין כלי מחזיק ברכה אלא "שלום", כפשוטו.

[488] כל אחד מכיר את הסיפור הנפלא של רב אריה לוין זצ"ל שהגיע לרופא ואמר הרגל שלנו כואב. זה דוגמה טובה של והיו לבשר אחד.

[489] הרי אמרנו שתאווה הוא דבר טוב, אבל זה רק שמשתמשים בתאווה כדי לבנות בית ביחד.

את תאוותו, ולא להתחבר יחד עם תמר להיות לבשר אחד. לכן ברגע שהוא סיפק לעצמו את תאוותו, כתוב ״וישנאה אמנון שנאה גדולה מאוד״[490]. מי שרק מספק לעצמו את תאוותו בסופו של דבר גורר שנאה ולא אהבה. עד כדי כך גורר שנאה שכתוב שנאה גדולה מאוד.

היסוד הוא כשמכניס את עצמו לתוך התוואה לגמרי, הוא מכניס את עצמו לגמרי תוך שליטת היצר הרע. לכן השנאה הגדולה, כי בעצם הוא שונאה את עצמו על הנפילה לתוך הסטרה אחר, ולא קשור כלל לאישה (שהיא עבורו רק אמצעי וכלי לשמש לתאוותו[491]). אבל בטבעת האדם הוא לא יכול לשנוא את עצמו, ולכן הוא מכוון השנאה כלפי האישה שהוא השתמש בה כדי לספק את תאוותו[492].

בדומה לכך מצאנו בחיי נישואין, כשהבעל מתעסק עם אשתו בעיקר לספק את תאוותו ולא כדי לבנות קשר עם אשתו ולשמח אותה, נמצא שהמצווה בכלל לא מוספיה לאהבה תוך הבית. לא מצידו ולא מצידה, כי האישה מרגישה באופן ברור כשהבעל מסתכל אליה רק ככלי להשיג את תאוותו ותו לא. ולכן בהמשך

---

[490] שמואל ב׳ פרק י״ג פסוק ט״ו. ע׳ שם שתמר התחננה לאמנון להתחתן איתה, ואמנון סירב בכל תוקף. החיבור עם תמר עבר טמנון היתה חיבור של תאווה בניתוק טוטלי מצד הרגשי והנפשי.

[491] ע׳ לדוגמה גמרא מגילה יב: שאחשוורוש קורה למלכה שלו (לושתי) ״כלי שאני משתמש בו״, היא רק אמצעי להגיע לתאוותו ואין לה חשיבות כלל, גישה שהיא הפוכה לגמרי מהגישה התורנית.

[492] ולכן האישה הזו סובלת פעמיים, פעם על ידי השימוש של הבעל, ופעם נוספת לאחר המעשה שהיא סובלת השנאה של בעלה באשמתו, השם ירחם.

הזמן התוצאה יהיה "אש אכלתם"[493], גם מצידה וגם מצידו.
האישה תשנאה את בעלה כי הוא משפיל אותה ומשתמש בה ככלי
אמצעי בלבד, מה שמהווה השפלה גדולה עד מאוד[494]. והבעל ישנא
את אשתו כי היא מזכירה לו בעומק הנפש על ההשפלה שהוא
משפיל את עצמו לעמקות היצר הרע[495]. לכן יוצא שכל אחד אש
אוכלת אותם מבפנים.

תוצאה נוספת נגרם שהאישה מרגישה כאילו היא אשמה בשביל
החיסרון אהבה ושנאה של בעלה, וזה גורם לא רק "כמים הפנים
לפנים"[496] של שנאה, כתוצאה מהיחס של בעלה, אלא יכול להביא
אותה לדיכאון וכל התוצאות מזה.

---

[493] עי' עוד זוהר חלק ג' לד. שזה מבחינת "אש זרה" שמביאים על גבי המזבח
(שעונשו) שהתוצאה של זה הוא מוות.

[494] לגבי אונס הפסוק התייחס לזה כהריגה ממש, לכן ניתן לראות (רמז) ששימוש
של אישה לכלי אמצעי של תאווה בעלמא, מתקרבת להריגה ממש.

[495] הרי גם אם אשתו מותרת לו מצד עריות, לחיות בצורה כזו רחוק מאוד
מתכלית של אישות בגישה התורנית ומקיום המצווה של "ואהבת לרעך כמוד".
אדרבה לא רק שהוא בוודאי עובר על מצוות אלו, אלא בדרך כלל עובר בתוך
ביתו על הרבה מצוות עשה ולא תעשה בתחום של בן אדם לחיבורו גם כן. לכן
יש לבעל הזה שתי קשיים שהוא חווה בו זמני. הראשון, שהוא מרגיש באופן
תדירי, שבמקום שיש לו עזר כנגדו שעוזרת לו לעלות בעבודת השם לחיות חיים
טובים, הוא משתמש בה ככלי להרחקה מעבדות השם ואי-קיום רצון השם. לא
רק שהתכלית של "עזר כנגדו" הוא מפספס, אלא מפעיל תגובה נגדית ממש.
בנוסף לזה, מרגיש בנשמה שלו שמחפש את ההשלמה וקיום ציווי הקב"ה של
"ויהיו לבשר אחדי", שהוא לא מקיים את מצוות השם, דבר שמציק לו בעמוק
נפשו באופן תדירי. הרגשות האלו, גם אם הבעל לא מודע להם מקשיים עליו
מבפנים (וכמובן, משפיעה גם על אשתו).

[496] עי' משלי פרק כז' פסוק יט' "כמים הפנים לפנים כן לב האדם לאדם".

מאידך, בעל שמשתמש בתאוותו כדי לקרב לאשתו, ולבנות את הקשר ביניהם, רק מתקרב יותר ויותר לאשתו, ובונה קשר עמוק וחזק עם אשתו. הוא משתמש בכלי הנפלא של תאווה עם אשתו כדי להפוך שתי אנשים להיות בשר אחד ממש, הוא זוכה לקשר שמתחזק ומתעמק יותר ויותר[497] זוכה לדרגה של "רעות". בעל הזה שמצליח להתגבר ולעבוד על עצמו[498] ולהשתמש בכלי הנפלא של תאווה לעשות רצון הקב"ה של ויהיו לבשר אחד. עליו ועל זוגיות כזה נאמר שכינה שרויה ביניהם, נצחיות ממש[499], טוב לו בעולם הזה וטוב לו בהבאה.


סימן נ"ה - הבנה נכונה של טומאת השכבת זרע


**שאלה:** אם המצווה כזה קדוש, איך זה מתיישב עם טומאת קרי, הרי טומאה זה דבר שלילי?

---

[497] לכן מברכים הזוג בשבע ברכות שיזכו ל-"רעות" דהיינו קשר שמתחזק יותר ויותר וכל הזמן שנמצאים ביחד נהנים יותר ומעריכים יותר מהשני, כל הזמן שנמצאים יחד הקשר מתחזק. כך שמענו מהרב א.י.ל. שטיינמן זצ"ל.

[498] זה לוקח עבודה פנימית על ידי הבעל, לא לריק יש מצווה של שנה ראשונה בתורה, מצווה מיוחדת על הבעל לפנות מכל עסקיו ולהשקיע שנה שלמה בקשר זוגיות יחד עם אשתו. בשנה ראשונה נותן לו להתרגל איך ימשיך להתנהג כל החיים, וחכם עדיף מנביא. מי שמשקיעה כמו שצריך וכמו שמצוותו בשנה הראשונה, יפיק טובה מזה לכל החיים. ושמענו מגדולי ישראל שהיום זה כבר לא מוגבל לשנה הראשונה בלבד מצד החיוב.

[499] עי' זוהר חי"ג רע"מ לד, א, וזהו שכתבו המקובלים, מי שאינו חש תאווה זו, חמור טוב ממנו, ואין לו אפשרות להבין שום דבר במילואו, וגם לא יוכל לאהוב את ה' באמת. ראה בנוסף ראשית חכמה שער האהבה סוף פרק ד'.

**תשובה:** נתחיל בהסבר של מה זה טומאה וממה נובע טומאה ובמה שייך טומאה. טומאה[500] שייך בעיקר בדבר שהיה בו פוטנציאל של יצירה רוחנית, היכולת של עשייה, של יצירה, בניה של דבר רוחני חדש או נוסף בעולם. דהיינו דבר שהיה בו היכולת לבנות או להוסיף רוחניות לאומת מה שהיה קיים קודם. ברגע שהיכלות לעשיית רוחניות נוספת או חדשה מסתיימת, העדר היכולת עשיית רוחניות הזה, נקרה "טומאה".

דהיינו דבר שהיה בו פוטנציאל להוסיף רוחניות וקדושה בעולם, בשלב שזה כבר לא יכול לעשות כן יותר, העדר פוטנציאל הזה נקרה טומאה. למה? כמה שהיה פוטנציאל יותר חזק ועוצמתי להוסיף רוחניות וקדושה בעולם, העדרו של היכולת הזה בהתאם מורגש יותר חזק, והחיסרון הזה נקרת ומתבטאת כטומאה. כמה שהפוטנציאל הרוחני היה יותר עוצמתי, כך העדרו גורמת לטומאה יותר עוצמתית וחומרת הטומאה גוברת.  לכן, אבי אבות הטומאה הינו המת שהיה בו היכולת האין-סופי להשיג רוחניות, ועכשיו אחרי פטירתו אינו יכול להשיג רוחניות כלל. וכן לדוגמה, טומאת לידה, למרות שהאישה בנתה חיים ולידה זה ייצרת הפוטנציאל הגדול שאפשר, בכל זאת נבצר ממנה האפשרות להמשיך לבנות עכשיו, ולכן היולדת טמאה מהלידה[501].

---

[500] זה כמובן בשונה מטומאה שעצם הדבר הוא טומאה כמו שרצים וכדומה. מדובר כאן בעיקר בדברים שהופכו להיות טומאה.

[501] צריך להסביר שטומאה לאו דווקא הוא דבר רע במהותו, הרי לידה זה דבר טוב, אלא טומאה הוא יכול להיות העדר היכולת לבנות רוחניות, שלילת הוספה של קדושה הוא מה שנקרה טומאה ונחשב ל"ירע". ולכן, למרות שלאישה לאחר הלידה עכשיו מתחיל השלב של בניית הילד וחינוך הילד שכבר נולד מגופה שהוא הדבר הטוב ביותר. אישה לאחר לידה יש לה טומאה לידה כי הסתיים שלב בניית

שכבת זרע יש בו פוטנציאל עצום של בניית רוחניות, ועולמות בקדושה[502], ובפליטתו מסיימת ההוספה שלו ומשלב הזה מה שיוצא מהזרע הפוטנציאלי הזה, זה מה שיהיה. ולכן, מהרגע שהזרע יוצא ומה שאינו נקלט כדי לייצר תינוק, העדר ממנו האפשרות בניית דבר רוחני והפכו להיות טומאה.

יש לשים לב שמדובר לא על הקדושה בפועל שהוסיפו, אלא היכולת הבלתי מוגדר עדיין (הפוטנציאל להשיג, לא מה שכבר השיגו). העדר הפוטנציאל של הוספת קדושה, זה מה שמכונה כ"טומאה". לכן מצאנו טומאת נדה שהעדר היכלות להיכנס להריון, טומאת מת שהעדר יכולת לעשות מצוות, וכדומה. טומאה אינו דבר שלילי בעצמו, אלא העדר יכולת עשיית ויצירת רוחני.

לסבר את האוזן, עזרא הסופר תיקן שמי שרואה קרי בין באונס בין ברצון לא ילמד תורה עד שיטבול במקוה טהרה[503], והגמרא

---

הפוטנציאל, של הוספת רוחניות בתוך גופה ועם הלידה נקבע הילוד איך שיצא ומתחיל שלב חדש ונוסף. [יש שאומרים שיש ביטוי לזה אצל חלק מהנשים שסובלות אחרי לידה מהרגשות סוערות למספר ימים משום שמרגישות בעמוק את ההפסד של בניית הפוטנציאל שהיה להן, כי אחרי הלידה הילד כבר מוגדר בצורה ברורה.]

[502] הרי יודע שבכל פליטה של שכבת זרע יש מיליונים של זרעים שכל אחד ואחד יכול לעשות ילד, ולכן היה פוטנציאל עצום בכל פליטה, וגם אם האישה נכנסת להריון באותו פליטה, עדיין יש מיליונים של זרעים שהולכו "לאיבוד". לכן בכל פליטה של שכבת זרע יש טומאת קרי, בין אם זה בדרך מצווה דאורייתא מהודרת, ובין אם חס וחלילה מסיבות אחרות.

[503] עי' גמרא בבא קמא פב: ועי' רא"ש שם.

מביא כמה סיבות לגזירת עזרא[504]. מכל הטעמים בהסבר לגזירה שמובא בגמרא אין להבין מהם משהו שלילי בקיום המצווה או הוצאת זרע, אלא שיש לכל דבר זמן מוגדר לעצמה ויש להפריד אחד מהשני. מההסבר של הגזירה שמובא בירושלמי[505] ניתן להבין שזמן בית המדרש לחוד וזמן המצווה לחוד, ושהם זמנים שונים ואין לערבב אותם יחד.

כיון שיש דחף טבעי לקיום המצווה, יש נטיעה לפעמים להפריז על המידה בקיום המצווה (שגם היא מצווה דאורייתא), במיוחד בן אדם שמבין את ערכה וחשיבותה. לכן גזר עזרא הסופר שיש להפריד ביניהם, בין המצוות החשובות האלו של קיום העולם[506] וקיום התורה[507] על ידי מעשה הטבילה.

אין להבין מהגזרה הזה שיש משהו לא טוב חס וחלילה בקיום המצווה, הרי זה מצווה דאורייתא. אדרבה רואים שעזרא הסופר, אותו עזרא הסופר שתיקן טבילת עזרא, תיקן גם תקנות לעודד קיום המצווה וחיבוב האישה על בעלה. תיקן תקנה שיאכלו שום בלילי שבת כדי להרבות בזרע ולהתעורר תשוקה לקיום המצווה. תיקן תקנה נוספת שיסתובבו הרוכלים מעיר לעיר כדי למכור

---

[504] משום שצריך ללמוד תורה בדומה כמו שקבלו את התורה בסיני, היינו באימה, יראה, רתת וזיעה. ומי שמוציא זרע עושה זאת מתוך קלות ראש, או כדי שלא ימצאו תלמידי חכמים אצל נשיהם, ע׳ גמרא ברכות כב.

[505] טעם שלישי מצאנו בגמרא ירושלמי ברכות פרק ג׳ הלכה ה׳ שלא ישמש מיטתו וילך ישר לבית המדרש.

[506] מצווה זה מביא את הגאולה ע׳ גמרא יבמות סב. וע׳ אליהו זוטא י"ד.

[507] ששתיהן מתעסקים בקיום, אחד מלמעלה (מהעולם הרוחני על ידי לימוד התורה) למטה, והשני למטה (על ידי קיום המצווה) ל-למעלה (שאם מקיימים אותה כמו שצריך מביא שפע עצום לעולם, ובונה הדורות של לומדי תורה).

תכשיטים ובשמים לנשים, כדי לחבב את האישה על בעלה[508]. לכן ברור שאין הכוונה של תקנות עזרא להרחיק את הבעלים מקיום המצווה, אלא להגדיר זמנים ברורים נפרדים מקיום מצוות אחרות של קיום התורה ולימודיה.


## סימן נ"ו - קדושת הברית ותיקונו


**שאלה:** קשה לי מאוד להשתלט על עצמי בזמן שאשתי אסורה, ופעמים אני נכשל, מה עליי לעשות?


**תשובה:** ראשית דבר, צריך לדעת שהיצר בתחום הזה חזק וטבעי ביותר[509], וקשה[510] להשתלט על היצר הזה[511]. עד כדי כך, שהגמרא אומרת שרווק שמצליח לשמור על עצמו, הקב"ה מכריז עליו כל יום[512]. <u>חובותינו להשתדל כמה שניתן לשמור על קדושת הברית, ואין חלילה להקל בדבר.</u>

---

[508] ע' גמרא בבא קמא פב.-פב:

[509] ע' גמרא סוכה כו: "הבחורים לעולם חולצין תפילין" היות והם מהרהרים אחרי נשים, ויש חשש שיראו קרי מהמחשבות, וע' בית יוסף אורח חיים סימן לח ד"ה וכתב עוד הכל-בו שמביא כן להלכה בשם המהרי"מ מרוטנבורג!

[510] ע' גמרא קידושין כט: שמי שלא התחתן עד גיל עשרים מתרגל למחשבות אסורות וקשה, אם לא בלתי אפשרי, להתפטר לגמרי מלחשוב מחשבות כאלו לשאר החיים.

[511] חס וחלילה לומר שזה תירוץ להתיר, אלא יש להבין שמי שחוטא בדבר אין זה נובע מרשעות, ומי שנופל בדבר אינו רשע, אלא מדחף טבעי ונורמלי. אין זה דומה בכי הוא זה למי שחוטא בדברים שאין כזה דחף חזק וטבעי לחטא בו.

[512] ע' גמרא פסחים קיג. לומדים מצד אחד החשיבות לשמור מהחטא, ומאידך אם זה לא היה קשה מאוד, הקב"ה לא היה מחרב אותו אדם כל כך.

עם זאת יש צורך להתייחס לעניין, היות ויש לא מעט שנכשלים בדבר, ובמיוחד עם האתגרים של היום[513]. הכי חשוב לדעת שמי שנכשל בעבירה זה, יש אפשרות לעשות תשובה. זה שאדם נכשל לא הופך אותו לאדם רע[514] ולא לרשע יותר מכל עבירה – ותמיד פתוחים בדרכי תשובה לפני כל אחד ואחד בהתחזקות בתורה ובמעשים טובים[515].

---

[513] כבר הבאנו לעיל שבזמן המעיל צדקה (בשנת תלי"ח-תע"ג) לפני כשלש מאות שנה סבלו מפריצות, ואם כך היה בפראג שהיא מדינה קרה, ובזמן שהקפידו על הלבוש הצנוע יותר, מה עלינו להגיד בזמן שלנו שיש הרבה מקמות בעולם שכלל לא מתייחסים לעניין של צניעות בלבוש?! [ע' פתחי תשובה אבן העזר עו/ג שמביא בשם המעיל צדקה סימן נ"א].

[514] מה שכתוב בדברים רבה בכתבי יד על הפסוק ועשיתם הרע בעיני הקב"ה (דברים פרק ד פסוק כד יש מחלוקת האם דובר בעבודה זרע או בזנות, אבל לכל הדעות אינו מדבור בהוצאת זרע לבטלה.

[515] ייתכן שהדבר הכי חשוב שיש להבין בעניין הוא, שהיצר הרע מנסה לשכנע מי שנכשל בדבר זה, שהוא רשע גדול מאוד, ושאין לו כמעט דרך איך לחזור בתשובה כלל. [יש לא מעט ציטוטים מספרים הקדושים שאומרים בדיוק זה, והיצר הרע לא יראה לו ההסברים בדבר ומי שמוכיח שהדבר אינו כן ודרכי תשובה תמיד פתוחים.] וכמובן מי שנכשל שוב ושוב, היצר הרע משכנע אותו שאין לו סיבה לחזור או להרהר בתשובה, כי יכשל שוב בכל מקרה. ומי שחוזר בתשובה, ואומר שיעבור שוב, אין תשובתו תשובה. בדרך זה מנסה היצר הרע לגרור מי שנכשל לעבירות יותר ויותר ואם מצליח לשבור את רוחו גם כן, יצליח לגרור את מי שנכשל לעבירות חמורות עוד יותר חס וחלילה.

חשוב לדעת, יש הרבה דעות לגבי חומרת האיסור. אבל בכל מקרה יש לזכור דברי רש"י בהסברו על הפסוק "ואם לא תשמעו לי" בהגדרה מה נחשב למזיד "ומה תלמוד לומר "<u>לי</u>"? אין לי אלא המכיר את ריבונו **ומכיוון למרוד בו"**. [וברור שמי שחטא בזה לא עושה בדרך כלל למרוד בהקב"ה אלא דחף התאווה מתגבר עליו, ורוח שטות נכנס בו]. וכן מובא ברמב"ם הלכות שגגות פרק ב' הלכה ב' שמי שיודע שעובר איסור אבל אינו ברור לו מה חומרת האיסור או טיב העונש,

צריך להבין שמושג[516] העבירה של ניאוף הוא באמת כמו שכתוב בדברי חז"ל גרוע[517] מאוד[518], בין היתר, כיוון שיש בה כוח למשוך

---

נחשב שוגג. וע' גמרא שבת סט. באותו עניין. יותר מזה יש להבין מדברי הרמב"ם בהלכות איסורי ביאה פרק א' הלכה ב'-ג' שגם תלמיד חכם שעובר על עריות (וברור ללא ספק שתלמיד חכם יודע מה מוגדר כעריות, ואסור) חייב בהתראה כדי להענישו, וזאת כדי להבחין בין שוגג למזיד (!). דהיינו, מי שיודע שיש איסור אבל נאנס על ידי יצרו אינו נחשב כמזיד אלא כשוגג. וע' גמרא סנהדרין כו: תוספות ד"ה החשוד ושם בדף ט: תוספות ד"ה לרצונו שמי שנכשל על איסור עריות. לכן חשוב להבין למרות שעובר עבירה אין הוא עושה זאת במזיד ולא בכוונה למרוד בהקב"ה, אלא נכשל ביצר הרע הטבעי ביותר והחזק ביותר (בדיוק בגלל שהוא "טבעי" ונצרך גופני ויש דחף עצום לקיימו במיוחד בגיל צעיר שאז עלולים לעבור בעבירות אלו ביותר), ודרכי תשובה תמיד פתוחים לשוגגים (ולמזידים).

[516] ע' בית שמואל אבן העזר כג/א "דעוון מוציא שכבת זרע חמור מכל עבירות <u>לאו דווקא"</u>. חס וחלילה לזלזל בדבר, אבל מצאנו הרבה בחורים שנכשלו בדבר ונכנסים למרה שחורה בעקבות זה, וזה רק מעשה יצר הרע. צריך להסביר על חומרת העניין, אבל גם לשמור חס וחלילה שהבחורים לא ישברו מהדבר, ומי שמאיים יתר מדיי על בחור שנכשל ובסוף הבחור נכנס לדיכאון וכדומה, יוצא שכרו בהפסדו. ועיין שלחן ערוך אבן העזר חכמת שלמה כג/א. וראה בנוסף עזר מקודש על שלחן ערוך אבן העזר כג/ב על הגדרת חומרת האיסור של שכבת זרע לבטלה (לפי הדירוג ההלכתי, ולא המושגי).

[517] ע' תנא דבי אליהו רבה י"ח/ח ד"ה פעם אחת הלכתי מה נגרם כתוצאה מהוצאת זרע לבטלה.

[518] ע' תורה תמימה במדבר פרק לא אות טו ו-מב שהעבירה בשטים נבע מזה שכלל ישראל התסכלו על בנות מדין, ועל זה בעיקר היו צריכים כפרה. וראה מדרש תנחומא י"ח שזנות יותר קשה לכלל ישראל מעבודה זרה, וניתן לראות את זה שבשטים שהחטא היה זנות מתו 24,000 - פי שמונה ממה שמתו שחטא בעגל שהיה 3000. ראה במדבר כ/כד שאם מישהו יחשוב שהוא חסין נגד עריות, מדובר בסוף 40 שנה שהלכו עם הקב"ה במדבר, מסובב עם ענני הכבוד ורואים ניסים כל יום.

את האדם אחרי תאוות עולם הזה [519] ולהגיע לתחתית עד כדי
עבודה זרה [520]. מובן מאליו שמסכנה חזקה כזו חובה עלינו לשמור
ולהגדיר גדרות כדי למנוע ממכשול שיכול לגרור לעבירות הכי
גרועות. ע׳ הערה [521].

---

[519] ע׳ בית יוסף באורח החיים תחילת סימן ר״מ שמביא בשם הראב״ד שיש
לגשת לעניין קיום המצווה עם שמאל דוחה שלא ייגרר אחרי הבלי ותאוות עולם
הזה (וימין מקרב), וזאת במותר לו ובעת קיום מצווה דאורייתא.

[520] ע׳ פרקי דרבי אליעזר פרק מ״ז. ידוע דברי חז״ל שאין בני ישראל עובדים
עבודה זרה אלא כדי להתיר עריות, כמו שמצאנו בדור המדבר שבני ישראל חטאו
בחטא העגל ובחטא בשטים (סוף פרשת בלק) רק כדי להתיר עריות. ולכן ברור
שביצר הרע כל כך חזק עד שיהודי יכול לשכנע את עצמו לכפור במציאות הבורא
[הרי באותו דור רואה ניסים באופן תדיר של ענני הכבוד, היה לכל אחד גילוי
אישי במעמד הר סיני, שכינה מדברת עם משה רבינו באופן תדירי, ראו קריאת
ים סוף, באר מרים עם כל הניסים הנלווים, ועד] ותכלית החיי העולם – כפרו
בכל זה ״רק״ כדי לחטאו בעריות – אז וודאי שאין להקל ראש בעניין. ע׳ לדוגמה
גמרא יומא עה.

[521] קשה לדעת מדברי חז״ל מה חומרת הדבר בהלכה, ויש בזה ריבוי דעות. אין
זה מקום להאריך בדיון הדבר. אביא רק מקורות והקורה היקר ילמד המקורות
לבד. הסמ״ק בספר מצווה קטן מצוה רצב (איסור לאו), הסמ״ג בלאווין סימן
קכו (איסור עשה) סופרים את האיסור של השחתת זרע לבטלה כאיסור
דאורייתא.

תוס׳ התייחסו לעניין בסנהדרין נט : כפגיעה במצוות עשה, ולא כעשיית איסור.
דהיינו מי שמוציא זרע לבטלה לא יוכל לאחר מכן לקיים המצווה, ולכן יש
איסור בהשחתת זרע. שיטת רבינו תם בדבר, שמתיר לאשה להשחית זרע, היות
וכבר קיימו המצווה כדבעי. [וע׳ מנחת חינוך סוף מצווה הראשונה בעניין סריס].
וכן על דרך זה ע׳ עזר מקודש אבן העזר כה/ב.

שיטת הריטב״א בגמרא נדה יג. הוא שכל פגיעה ביכולת בלהפרות אסורה, ולכן
יש איסור השחתה גם לאשה. ע׳ שם מהרש״א.

עם זאת, חז"ל גם הכירו בחוזק וכוח של היצר, ובדרכם הקדוש התייחסו לעניין. יש גישה [522] "להקטין הנזקים" דהיינו שמי שמרגיש שיצרו מתגבר עליו ויחטא עם האסור לו, מוטב שיוציא זרע לבטלה, ואחר כך תעשה תשובה על הדבר. ויש גישה [523] המרכזת בהתמקדות בדרך הטוב, ואפילו אם חושש שיחטא עם פנויה טהורה שעדיף שיוציא זרע לבטלה מלהיכשל עם פנויה, ואחר כך יעשה תשובה. מצאנו גם מקומות אחרים בהלכה שמוזכר העניין[524]. ע' הערה[525].

___________

לשיטת הרמב"ם, ע' פירוש המשניות סנהדרין פרק ז' משנה ד', יד החזקה הלכות תלמוד תורה פרק ו' הלכה יד' [וע' שם לחם משנה ד"ה המחלל] והלכות איסורי ביאה פרק כ"א.

ע' שלחן ערוך אבן העזר טז/א לגבי הבא על עובדת כוכבים, ואין השחתת זרע גדול מזה.

[522] ע' ספר חסידים סימן קע"ו ואומנם כותב שצריך כפרה על הדבר, וכותב כן רק אם יעזור לו להתגבר על יצרו ולא לחטאו רק אז עליו לעשות כן, וכן מובא בחלקת מחוקק על שלחן ערוך אבן העזר כג/א, בית שמואל על שלחן ערוך אבן העזר כג/א, בעזר מקודש על שלחן ערוך אבן העזר כג/א, ו-חכמת שלמה על שלחן ערוך אבן העזר כג/א.

[523] שו"ת מהרש"ג סימן רמ"ג.

[524] ע' נזר הקודש אבן העזר כה/ב.

[525] אם ישאל הקורה למה חז"ל השתמשו בביטויים חזקים לגבי חומרת האיסור, יש לזכור שחז"ל השתמשו בביטויים חזקים במקומות אחרים שחז"ל רצו להדגיש משהו חשוב שמטבע הדברים או מהרגל אנשים היו מזלזלים בדבר. ראה לדוגמה גמרא ערכין טו : שלשון הרע <u>הורג</u> שלושה אנשים, ראה בנוסף גמרא כתובות קי : שמי שגר בחוץ לארץ כאילו <u>עובד עבודה זרה</u>, ראה גמרא ברכות ג : המאחר קריאת שמע של ערבית לאחר חצות <u>חייב מיתה</u>, ועוד רבים כאלו. ראה גם רמב"ם הלכות חמץ ומצה פרק ו' הלכה יב' מי שאכל מצה בערב פסח <u>מכין אותו מכות מרדות עד שתצא נפשו</u>. ברור מכל הנ"ל, שיש להבין לעומק את דברי חז"ל למה השתמשו בחריפות הביטוי, אבל אין חריפות הביטוי תמיד משקף

**חשוב להדגיש בכל מקרה נדרש תשובה ומדובר רק במצב להציל את עצמו מלחטא בעבירה חמורה יותר.**

## סימן נ"ז - דרכי תשובה לנכשלים

**שאלה:** מה התשובה הראויה למי שלא הצליח לשמור על בריתו כראוי?

**תשובה:** אם כל כך קשה לשמור היום בברית ויש לצערנו אלו שנכשלים אז צריך לענות, אם כן, מה התשובה שראוי לעשות[526] על הדבר? ראשית כל, אין הדרך של התורה אפילו בעבירות הנחשבות חמורות ביותר לעשות תשובה בסיגופים ועונשים חמורים, כמו שכותב בקונטרס התשובה, אלא בדרך הטוב והישר להתקרב לעבודת השם ולהתחזק במותר לו. במיוחד בדור החלש שלנו, עיקר

---

חומרת הדבר לפי הלכה. בדרך כלל חומרת הביטוי מבטאת בעיקר את חומרת העניין מושגי, בשונה מהחומרה ההלכתית.

[לדוגמה, חומרת איסור נדה יותר חמור בהלכה מאיסור התחתנות בעכו"ם. עם זאת כל אחד מבין שלהתחתן עם עכו"ם במושג והבנת הדבר הרבה יותר חמור היות והעושה כן מאבד את עצמו וכל יוצא חלציו למשך הדורות מדרכי תורה. לכן מושגי חיתון עם עכו"ם יותר גרוע, למרות שלפי הלכה איסור נדה יותר חמור. לא תמיד חומרת האיסור מדורגת באותה רמה בחומרת "המושגי" וחומרת ההלכתית]. [כשיש היתר בהלכה, אבל מצד המושג נחשב חמור מאוד, זאת אומרת שללכת עם ההלכה יזיק אותו בהתרחקות מקיום רצון שמים, ואם כן זה נראה כאילו יש מכשול מן השמים ויש לשקול היטב ולהתייעץ עם מורא הוראה איך לפעול לפי הנסיבות!]

[526] שמענו מראש ישיבת סלבודקה הרב משה הלל הירש שליט"א שבחור שנכשל בדבר זה, אין לו להרהר אחרי עצמו כלל, ושיש עליו לחזור בתשובה אחרי שמתחתן.

הדגש בתשובה חייב להיות בלשים לב על ה"עשה טוב", ולא
להדגיש מדיי את ה"סור מרע", היות וזה גורם לשבירת הלב
והרוח[527].

כלל גדול נאמר במדרש[528] שבאותו דבר שעוברים עבירה, דווקא
דרך אותו הדבר יש לעשות את התשובה. לכן מי שנכשל בדבר
עבירה בשכבת זרע לבטלה, עליו לעשות תשובה ולתקן באותו עניין.
איך ניתן לעשות זאת? בקיום מצווה באמצעות אותו האיבר במלוא
ההידור, להקפיד על העונות שהוא חייב בהם, ולהתאמץ בשמחת
וריצוי אשתו. וכמו שמובא ברוקח הנ"ל[529], אם יש התנגשות בין
רצונו ורצון אשתו בעניין אישות, לקיים את רצון אשתו מעל רוצנו,
ובדרך זה יתקן את הפגם שעשה.

דבר נוסף שיש לעשות כדי לחזור בתשובה, [וזה תשובה מועילה
לרוב העבירות שקשה לעשות בהם תשובה] הוא להרבות בצדקה[530]

---

[527] כך שמענו בשם האדמו"ר מקרלין שאמר באופן כללי לאחר השואה שיש
להתמקד בעיקר "בעשה טוב" היות ואנחנו מדיי שבורים וחלשים רגשי להתמקד
ב"סור מרע", ומי שמתמקד ב"סור מרע" עלול ליפול למרה שחורה ובעקבות
זאת יעבור על עבירות חמורות עוד יותר.

[528] עי' מדרש ויקרא רבה כא/ה.

[529] עי' בנודע ביהודה מהדורה קמא אורח חיים סימן ל"ה.

[530] עי' ליקוטי מוהר"ן תורה רס"ד, צדקה היא תיקון הברית, כי פגם הברית הוא,
כי הוא היה צריך להשפיע בקדושה למקום שצריך להשפיע, והוא סילק ההשפעה
משם, והמשיכה חי"ו למקום אחר, ועל כן התיקון על ידי הצדקה, שעל ידי זה
חוזר ומשפיע לשם אל הקדושה, ועל ידי זה נתתקן : וזה בחי' ויבואו האנשים על
הנשים הנאמר בנדבת המשכן (שמות עה/ה). היינו בחי' זיווג שנעשה על ידי הצדקה
של נדבת המשכן כן נראה לי, ועל כן כשנותן לעני שאינו הגון, אזי אדרבא הוא

# בנין עדי ע.ד
## אישות בעיני חז"ל

לתקן העניין, כמו שנאמר[531] "צדקה תציל ממות". אדם שחוטא בעניין זה כיון שהוא השחית כוח החיים שלו "והרגי" אותו, זה תיקון ישיר לעבירה זה[532].

---

נפגם יותר, כי חוזר ומשפיע למקום שאינו צריך : ועיין במקום אחר (שם לעיל בסי׳ לא, ובסי׳ נד) שמבואר גם כן שצדקה הוא תיקון הברית :

[531] ע׳ משלי פרק י׳ פסוק ב׳, וראה גמרא ראש השנה ט״ז:, וגמרא ירושלמי פאה ג.

[532] יש עניין לצום כדי לעשות תשובה (תשובת המשקל), אבל הדור שלנו חלש ורוב אנשים לא מסוגלים לצום מבלי לפגוע בתפקודי חיים שלהם, יש לתת לפחות ערך סעודה (מכובדת) של יום שלם לצדקה. עדיפות יש לתת הצדקה הזה ללומדי תורה, ואם ניתן לשלום עבורם מאכלים, אז יש בזה עדיפות. לדוגמה, לקנות קפה, חלב או מאפים לכולל, ואין צורך לומר מה הסיבה לתרומתו. עליו לעשות כך כל פעם שנכשל.

ראוי לציין, יש להיזהר לא לשבור ולהרים ידים מעשיית תשובה וחס וחלילה, ולא להיכנס לתוך מראה שחורה עבור זה שהוא שנכשל בדבר זה. בחורים במיוחד חייבים לדעת שיש להשתדל ולהתרחק מעבירה בתחום הזה, אבל בו זמנית צריכים (וחייבים) לדעת שמצד שני להיכשל בתחום הזה לא הופך את העובר להיות "מורד בהקב״ה", וזה לא אומר שהוא רע ונמשך לטומאה ועבירות. צריך לדעת שזה ייצר טבעי, בריא וחשוב מאוד לקיום העולם. חז״ל חשבו לבטל היצר הזה, וראו שאין העולם יכול להתקיים בלעדיו, ואז רק שימו את עיניו.

בדור שלנו ידוע כיותר חלש מהדורות שעברו, ולכן יש להתמקד בעשה טוב, ולהוסיף מעשים טובים. לכן התשובה המומלץ למי שנכשל בדבר זה, הוא להוסיף זמן בלימוד תורה, להוסיף מעשים טובים, להרבות בצדקה וכדומה. כל אחד לפי הטבע שלו, ובדרך זה לעשות תשובה על מעשיו. ראוי שבתשובת "המשקלי" שישתדל להרבות בטוב "במשקלי" כמו העבירה שעשה. לכל הפחות שישתדל לעשות יותר השקעה ומאמץ לעשיית טוב מהשקעה ומאמץ שהוא עשה בכדי לעשות את העבירה. לדוגמה הזמן שאדם השקיעה בלעשות עבירה, ראוי שישקיעה יותר זמן בעשיית תשובה ומעשים טובים, והמבין יבין.

בנוסף, יש להקפיד לומר קריאת שמע על המיטה בכוונה[533] רבה ולהשתדל לעשות תשובה מאהבה על ידי מעשים טובים לשם שמים[534].

~~~~~~~~

כי הדבר בדוק ומעשה כי בשביל הצדקה שנותן לא יחסר לו אלא אדרבה תוסיף לו עושר וכבוד[535]

שכל השומר מעשר מובטח בכך שלא יבוא לידי היזק כלל והשומר חומש <u>מובטח</u> שיתעשר.
ויורש בזה מידת הבטחון. והלוואי כל ישראל היו שומרים מעשר היה מתקיים הפסוק "אפס כי לא יהיה בך אביון[536]

כתב הרב המעילי ז"ל כל המדקדק בזה (חומש)
<u>מובטח לו שיצליח בנכסיו</u>[537].

---

[533] עי' גמרא ברכות ה.

[534] עי' תניא חלק ראשון, ליקוטי אמרים, פרק ז' ועל ידי תשובה מאהבה יזכה להפוך את הזדונות לזכויות, ולהוציא את כל מה שהפיל ולהעלות כל הפגם שעשה.

[535] עי' טור יורה דעה סימן רמ"ז, ועי' רבינו יונה על מסכת אבות פרק ה' משנה י"ד על הפסוק במשלי "יש מפזר" יעשה צדקה והשם יתברך יוסיף על ממונו ויעשירנו עושר גדול, וכן רבינו יונה כותב על מסכת אבות פרק ג' משנה י"ג ובהרבות בצדקה יוסיף עושר על עושרו.

[536] עי' סידור הגר"א – אשי ישראל חלק כתר ראש סימן קכ"ג

[537] עי' שיטה מקובצת כתובות דף נ'
~~~~~~~~

# שער הבתולים

סימן נ"ח - הבנה נכונה של "עשיית כלי" על ידי הסרת הבתולים

**שאלה:** שמעתי שאומרים שאישה שאין לה בתולים היא "פגומה" ואינו יכולה לבנות קשר שלם עם מי שהיא מתחתנת, האם זה נכון ומה המשמעות של זה?

**תשובה:** ידוע הגמרא[538] שאישה כורתת ברית עם מי שעשה אותה "כלי", ולכן אנשים חושבים שאישה שאין לה בתולים[539] היא "פגומה" ואינו יכולה לכרות ברית נישואין בדרך כל העולם. ראשית, כתוב[540] שמדובר רק בעניין שכתוב בגמרא שלא נכנסים להריון מבעילה הראשונה, ולגבי להיכנס להריון האישה נעשתה

---

[538] ע"י גמרא סנהדרין כב: "אמר רב שמואל בר אוניא משמיה דרב אישה גולם היא ואינה כורתת ברית אלא למי שעשאה כלי שנאמר (ישעיהו נד, ה) כי בועליך עושיך ה' צבאות שמו".

[539] לדוגמה אישה שחוזרה בתשובה, בתולים שנעלמו מעשיית פעילויות גופנית, מכת עץ ועוד. יש להעיר שמצוי היום שהבתולים נעלמים באופן טבעי ועצמאי עד שמתחתנים בגיל עשרים ויותר.

[540] ע"י בן יהוידע כל גמרא סנהדרין כב: ע' שם עוד דברים נפלאים ונשגבים על חיבור בין כנסת ישראל והקודש ברוך הוא.

כלי על ידי הבעילה הראשונה[541]. לכן בהבנה פשוטה "עושה כלי" מדבר על היכולת להיכנס להריון.

מבט נוסף בעניין החיבור "שאינה כורתת ברית" אלא עם בעלה הראשון מדובר דווקא באהבת נעורים[542], כמו שכתוב בגמרא שהקשר עם אשת נעורים הוא עמוק וחזק יותר (בהרבה) מהקשר של זיווג שני[543]. באותו מובן מדובר שלרוב אישה אינו "כורתת ברית" באותו חוזק ריגשי ונפשי בזיווג שני[544] לאומת הקשר שהיא יכלה לבנות עם בעלה הראשון[545]. כל עניין הפיכת מ"חומר גלם" ל"כלי" הוא רק מתייחס לאפשרות להיכנס להריון, הא ותו לא.

---

[541] דהיינו כדי שהזרע יכול להגיע למקום צריך הסרת הבתולים שמכסים הכניסה למקום, היות והיה מצוי אצל רוב הנשים שהבתולים שלהם כיסה וחסם האפשרות לזרעים להיכנס למקום שבה מתאפשר הריון. כתוצאה מזה, הסרת הבתולים מכין האפשרות לכניסת הריון, לכן מתואר כ-"עשיית כלי".

[542] ע' חידושי אגדות על גמרא סנהדרין כב :

[543] ע' עין יעקב על גמרא סנהדרין ב/י"ז-י"ח.

[544] יש להדגיש כבר עתה שמדובר בזוויג שני לאחר חיי נישואין בריאים וטובים בזווג ראשון, אז מטבע הדברים הקשר השני עלול להיות יותר חלש. זה אינו חוסם האפשרות לבנות קשר חזק ובריא גם בזיווג שני. ברור שבמקרה שלא היה קשר אמיתי בזיווג ראשון אז אין ספק שהזיווג ראשון לא מפריע כלל וכלל לבנות קשר חזק מאוד בזיווג שני.

[545] שבמצב תקין הבעל הראשון הוא עושה אותה "כלי" לגבי הקשר פיזי לבן זוגה. [עם זאת חושב להבין, אם חס וחלילה משום איזשהו נסיבות האישה נבעלה טרם הנישואין, זה לא מוריד ממנה או פוגע בקשר שעלולה להיבנות עם בן זוגה בעתיד, **כי מדובר בקשר אחר לחלוטין** ממה שכורתת עם בעלה.] ראה בספר החינוך ער"ב שעניין החומרה לא להתחתן עם אישה באין לה בתולים הוא אפילו מוכת עץ וגרומים אחרים (דהיינו אין לה בתולים מכל מיני סיבות כלל גם "מותרות" מה שבמצוי מאוד היום) **הוא דווקא לכהן גדול** וגם אצלו זה רק לכתחילה ואם התחתן אין להוציאה אם מצא מוכת עץ בדיעבד.

# בנין עדי ע.ד
## אישות בעיני חז״ל

ברור אפוא שאין לדחות הצעת שידוך ראוי וטוב מסיבה זה בלבד, אם אין סיבות נוספות[546] ובאלמנה אין לחשוש כלל[547].

יותר מזה, ברור שהתייחסות לאישה ״ככלי״ בלבד, זה היפך הגמור של גישת התורנית לזוגיות. הכוונה של לשון ״עשיית כלי״ יש לפרש על דרך קבלה שבזיווג עם אשתו בדרך הראוי אדם יכול להגיע לחיבור בשכינה ממש על ידה, ולכן האישה נקראת ״כלי״ שרק על ידה הוא זוכה לדרגה כזה[548]. ומי שמעניין בספרים הקדושים על עניין כריתת הברית יבין שמדובר שאישה שמתחברת עם בעלה מתחברת באופן חזק ועמוק ביותר בדרך שכל מחשבתיה מתרכזים לבעלה[549].

## סימן נ״ט - משמעות שנה ראשונה לעתיד

**שאלה:** אם שנה ראשונה הוא רק תקופה מוגבלת מה המשמעות לעתיד?

---

[546] עי׳ ספר קדושה, שמואל הומינער פרק א הלכה ח.

[547] עי׳ בן יהוידע לבן איש חי על גמרא פסחים קיב. שאצל אלמנה אין החשש קיים

[548] עי׳ ראשית חכמה שער האהבה ד/יא. באותו דרך אמרנו מכבר שעוצמת הקשר בין בעל ואשתו הוא קובע עוצמת החיבור בקדושה, ולכן אשת נעורים שמטבע הדברים החיבור הוא יותר עוצמתי מזיווג שני (בדרך כלל) הוא בדרגה כזה כאילו שאינו כורתת ברית עם מישהו אחר (בהשווה זיווג הראשון).

[549] וע׳ בדרך רמז דובר צדק ליקוטים ד/פג, כתונת פסים שלח מ״יב, אור לשמים פרשת חוקת יי״ח, אגרא דכלה מטות יי״ח

**185**

# בנין עדי ע.ד
## אישות בעיני חז"ל

**תשובה:** התורה מדברת על שנה ראשונה כמצב מיוחד עם הלכות מיוחדות[550] בהדגשה שיש על הבעל החדש להשקיע כל כולו בקשר הזוגיות החדש שלו. כבר אמרנו שלרוב הדעות תקופת השנה הראשונה היום נמשך ארוך יותר[551], ויש אומרים שנמשך כל החיים. בכל זאת חשוב להבין שעבור האישה תקופה הראשונה של הזוגיות המרוכזת ב"שנה ראשונה" הינו משמעותית ביותר עבורה. לכן, החשיבות לנסות ולקבוע הנהגות (וזיכרונות) טובות. בניית אימון, כבוד ודאגה לרצונות הדדית נותן תשתית לשאר החיים בכל תחום של הזוגיות, דבר שנכון לא פחות בעניין האישות. חשיבות של הגילוי יחד, ועשיית חוויה חיובית בתחום הזה בונה עתיד רגוע ומהנה לשתי הצדדים.

אי אפשר להדגיש מספיק כמה שדווקא בשנה ראשונה ניתן לבנות את התשתית של חיי הזוגיות למשך כל החיים. לכן זה זמן, מצד אחד להנאת מהחוויה של להיות זוג צעיר ומאידך זמן הניתן לעבודת המידות להתחבר ולהיות אחד ממש. חכם רואה את הנולד (תרתי במשמע), שלאחר שנה ראשונה לרוב יש טרדות בחיים המפריעים בהשקעת מלוא תשומת הלב בזוגיות, כגון ילדים,

---

[550] ע' ספר המצוות מצוות עשה רי"ד. בשנה ראשונה ישנם שני מצוות, הראשון "ושמח את אשתו אשר לקח" והשני "נקי יהיה לביתו שנה אחת". בשנה ראשונה, חובת הבעל להיות נקי לביתו ונאסרת עליו להתעסק בדברים שיפריעו לו מלהתרכז בביתו, גם אם זה הסכמת אשתו. הלכה זו שייכת רק בשנה ראשונה. ע' פירש הסולם על זוהר כי תצא דף רע"ז: ד"ה והא אוקימנא דחדוה מצוות ושמח את אשתו יש דעות שהמצווה אינה מוגבל לשנה ראשונה אלא החיוב בלבד. ע' גמרא סוטה מ"ד. מי שמתעסק בדברים אחרים ולא משמח את אשתו בשנה ראשונה עובר על שני לווים.

[551] ע' לדוגמה ספר מצוות הקטן רפ"ה בשם רבינו תם שתיקן להמשיך הדינים של שנה ראשונה למשך 18 חודש.

186

פרנסה וכדומה. מי שבנה תשתית בריא לזוגיות, השקיעה
בתקשורת פתוחה ומכבדת, הקשבה וכו' יפיק תועלת מזה כל
החיים. לכן, ראוי כמה שניתן להקדיש את השנה הראשונה לזוגיות
בלבד[552].

**שלש הסימנים הבאים אינם שאלות הלכתיות אלא מניסיון אלו
שאלות שחוזרות שוב ושוב, ולכן אני מוסיף אותם כאן.**

## סימן ס' - דם בתולים

**שאלה**: בשעה טובה ומוצלחת התחתנו, אבל יש קשיים שכל פעם
שאנחנו מנסים לקיים את המצווה יש עדיין דם בתולים. מה עלינו
לעשות?

**תשובה**[553]: בדרך כלל בפעם הראשונה של קיום המצווה הבתולים
נקרעים ונבלעים מעצמם תוך כמה שבועות. לכן, על פי רוב בפעם
שניה של קיום המצווה, כבר לא יראו דם בתולים[554]. אם זאת,
לפעמים מצוי שבמקום שהבתולים נקרעים, הם רק זזים לצד ולכן
ממשיכים לראות דם בתולים לזמן ממושך, גם אחרי פעם שניה או

---

[552] גם אם רוצים להזמין חברים, זוגות צעירים אחרים ולבקר משפחה, יש
להקפיד על עיקר השקעה של זמן וכוח בזוגיות הנבנית בשנה זו ולשמור על
מפגשים אחרים לדבר חיצוני ומינימום הנצרך.

[553] אין להבין במה שכתוב בחלק הזה בתור המלצה רפואית, או איך לטפל
בדברים, אלא זה מובא כאן רק כדי לתת הבנה לחתנים איך ניתן להבין הדבר
וכלים לשקול איך לגשת ולבקש עזרא בקבלת טיפול. במיוחד חשוב לחתנים
לדעת שהם "לא לבדי" ובעיות האלו מגיעים למדריכים באופן קבוע.

[554] וכן לא יהיה כאבים בקיום המצווה

שלישית של קיום המצווה. במצב שרואים דם בתולים בפעם
שניה[555] שמקיימים את המצווה, מומלץ ללכת לרופאה או לאחות
ולהסיר את שאר הבתולים[556]. דבר זה מונע הרבה אי-נעימות
וקשיים לזוג צעיר[557]. יש להדגיש שאין איסור או מניעה הלכתי כלל
מלעשות את הטיפול, ואדרבה, זה יכול למנוע הרבה שאלות[558].

---

[555] או שלישי אם כמות הדם ממש פוחת, רק עדיין יש טיפה, או לחלופין, אם יש
כאב לאישה לקיים את המצווה כמו בפעם הראשון. אלו סימנים שלא נקרעו
הבתולים, אלא נדחפו לצד, ולכן הדימום ו/או הכאבים ימשיכו יותר זמן, וכדאי
לעשות טיפול כדי להקל על הזוג הצעיר.

אם יש טיפה דם בלבד בפעם שניה  או שלישית, לפעמים לוקח זמן רב יותר
להרפות ולכן אין ללחץ. יש משחות שניתן למורח בפנים כדי לעודד ההחלמה,
ניתן להתייעץ עם רוקחת או רופא משפחה.

[556] במקומות של ריכוז שומרי תורה דבר זה מצוי ויש אחיות שמקבלות בבתיהם.
זו "פרוצדורה" קלה ללא כאב של ממש. מומלץ לפנות לאחות מיד אחרי פעם
שני אם יש עדיין דימום יותר "מקצת" (טיפה או שתי טיפות נורמלי לראות) או
כאב בתשמיש (יכול להיות סימן שהבתולים "נמשכים" הצידה במוקם להיקרע).
<u>יש להדגיש שזו התערבות רפואית, ולכן יש להתייעץ עם רופאת נשים או בעל
מקצוע אחר מוסמך, וכן יש להקפיד להשתמש אך ורק בבעל מקצוע מוסמך
לעשות את הפעולה. חס וחלילה לעשות על ידי מי שלא בעל מקצוע, שזה ניתן
בקלות לעשות נזק.</u>

[557] הזוג נמצאים במצב לא טבעי של הרחקות ממשוכות בזמן שהקירוב אמר
להיות אמצעי לבניית הקשר העמוק ביניהם. העצירה והאיפוק גורם להרבה
קשיים, ולכן מומלץ לעשות הטיפול הקל ומהיר.

[558] גם מבחינת עניין של "בתולים" או "לעשות כלי", היות וכבר נעשתה עיקר
הפעולה נחשב שהבעל כבר הסיר את הבתולים ועשה "כלי", ואין עיכוב כלל
להסיר שאר הבתולים על ידי אחות.

# בנין עדי עד

## אישות בעיני חז"ל

### סימן ס"א - זמן עד קיום המצווה בהצלחה בפעם הראשון

יש על חתן לדעת שאחרי שמתחתנים למרות שיש לחץ מסוים לקיים המצווה בלילה הראשון מצוי שלא מצליחים בלילה הראשון, ולפעמים זה לוקח כמה ימים עד שמצליחים[559]. לפעמים עייפים מהחתונה, רעבים, או סתם מתרגשים מהחוויה, וזה נורמלי ומצוי. חשוב לשים לב, אם הכלה לקחה כדורים לפני החתונה כדי לסדר את הווסת, שהיא תקבל וסת קרוב לחתונה, שאין להפסיק את הכדור לפני שמצליחים או לכל הפחות להצליח להכניס העטרה. אחרת, אם הכלה מקבלת וסת ועדיין לא קיימו את המצווה [לכל הפחות הכנסת העטרה], יהיה   עדיין חל עליהם איסור יחוד. מומלץ מאוד, להתייעץ עם רופאה או מדריכה על הסוג של הכדורים שלקחה הכלה ואיך להפסיק אותם.

### סימן ס"ב - צורת הגוף בעת קיום המצווה

חשוב לדעת, על החתן להישען על המרפקים שלו בעת קיום המצווה, ואין להישען או לשים את משקלו על אשתו. משקל הבעל אמור להיות על הידיים/מרפקים ועל הברכיים שלו. זאת אומרת בתחילת קיום המצווה, האישה אמורה לשכב מתחתיו על הגב, עם רגלים פתוחות, ברכיים מקופלות. הבעל אמור להיות בין הרגלים של אשתו, כשהוא נישען על הברכיים שלו ומשקל הגוף שלו על הידיים/מרפקים שלו. זה תחילת הצורה לחתן טרי.

---

559 ע' בן איש חי הלכות שנה שניה וירא ד"ה ודע - שאם מתקשים פרקטי יש מקילים בביאה ראשונה לקיים המצווה כשיש אור בחדר

# סוף דבר

העיקר לדעת, כמו שכתב הט״ז[560] שהכל יהיה לשם שמים, לקיים את רצון הבורא ״ודבק באשתו והיו לבשר אחד״ ועל ידי זה יגיעו לתכלית האישות. כתב העמק דבר[561] שיהיו לבשר אחד שיאהבו אחד את השני כאילו שהם אדם אחד ממש... וכמו שהוא חושב לטובת עצמו ורוצה שאשתו תשלים את רצונו לגמרי, כן תחשוב גם שאשתו מבקשת טובת עצמה ושהבעל ישלים רצונה לגמרי[562]. מי שמצליח לעשות מאמץ ולכבד את אשתו יותר מעצמו מביא ברכה לביתו[563].

מכל מקום, הועיל ויצירת האישה הראשונה נעשתה בטבע של עזר (כנגדו) לבעלה, כתוצאה מזה האישה מתחברת חזק ומהר יותר מהבעל.  לכן על הבעל לעשות את המאמץ להתחבר לאשתו, היות

---

[560] עי׳ ט״ז אבן העזר כה/א.

[561] עמק דבר בראשית כד/א.

[562] כמו שאומרים בשבע ברכות, שאם הבעל מתייחס לאשתו כמו מלכה והאישה תתייחס לבעלה כמו מלך אז יהיו שמחים, וזה היסוד של להיות בשר אחד. שכל אחד יכבד את הרצון של השני, ויעשה את מיטב יכולתו למלאות אחרי רצון השני. חלילה וחס, מי שניגש לחיי זוגיות במחשבה שהוא מלך ולכן אשתו צריכה לכבד את רצונו, ואשתו חושבת שהיא מלכה ולכן הבעל צריך למלא את רצונה. זה היפך הגמור מתכלית האישות והזוגיות בעיני התורה. זה המצב שכל אחד רק רוצה לספק את התאוות של עצמו, ועל זה נאמר ״אש אוכלתם״.

[563] עי׳ בבא מציעא נט אמר רב חלבו לעולם יהא אדם זהיר בכבוד אשתו שאין הברכה מצויה בתוך ביתו של אדם אלא בשביל אשתו, שנאמר ״ולאברם הטיב בעבורה״ והיינו דאמר להו רבא לבני מחוזא אוקירו לנשייכו כי היכי דתתערו.

# בנין עדי ע.ד

## אישות בעיני חז"ל

ולאישה בטבע יש נטיעה להיות עוזרת ומחוברת לבעלה, דהיינו לחשוב עליו ולהתחבר אליו[564].

וכבר למדנו שמצוות "וְאָהַבְתָּ לְרֵעֲךָ כָּמוֹךָ" (ויקרא יט, יח), שעליה אמר רבי עקיבא שהיא "כלל גדול בתורה"[565] מתקיימת בשלימות אך ורק בין בני הזוג[566] ובלי זה אי אפשר לקיים את כל התורה כולה. לכן מוטל החיוב על הבעל לעשות כל מה שביכולתו לשמח את אשתו. וגם האישה צריכה לעשות כל מה שביכולתה לשמח את בעלה גם כן בכל יכולתה. ככל ויעשו יותר מאמץ הדדי להיטיב עם הזולת יזכו לקיים המצווה בשלמות ובהידור.

ראוי לסיים בדברי הספורנו "בכל פעולות להשיג השלמות המכוון ביצירת האדם כאילו שניהם נמצא בשר אחד". וטמון בזה סוד בגימטרייה "חתן וכלה" שהם בשר אחד[567], ויש בזה רמז שישתדלו להמשיך להתייחס אחד לשני כמו שהיו כחתן וכלה, בעזרת השם יזכו לדורות ישרים מבורכים ושמחת הבניין עדי עד.

---


564 עי' בראשית רבה פרשה כ/ח אין תשוקה לאישה אלא לבעלה.

565 עי' שם ספרא.

566 עי' אריז"ל ספר הליקוטים פרשת עקב.

567 עי' נחל קדומים בראשית כד/א דהיינו עם שני כוללים, עי' שם עוד.

# דיכאון לאחר לידה

[568]השינויים ההורמונליים לאחר לידה בגוף האישה אינם קלים כלל, והתקופה הראשונה לאחר לידה יכולים להיות אתגרי להורים החדשים או שהתווסף להם עוד ילד. זה נורמלי ורגיל ואין לחשוש מזה כלל, לרוב זה עובר תוך ימים ספורים.

חשוב לבעל לדעת שהשינויים האלו הם טבעים ולא באשמתו. הבעל צריך לעשות מאמץ לתמוך באשתו ולעזור לה עם הנטל, במיוחד בתקופה הראשונה, כשהורמונים עדיין משתנים חזק. מומלץ, כשאפשר, לארגן עזרה בבית עם התינוק כדי לאפשר לאמא לנוח ולהתאושש.

לעתים השינויים מתגברים וגורמים לבעיות לבעיות של דיכאון לאחר הלידה [569]. לצערנו, דיכאון [570] לאחר לידה שאינו מקבל טיפול

---

[568] למרות שפרק זה נכתב בהתייעצות עם תלמיד חכם שהוא פסיכולוג מומחה בארצות הברית  אין פרק זה מחליף התייעצות מקצועית ואינו בא להיות הדרכה רפואית. פרק זה בא לתת כיוונים בלבד איך לאבחן ומתי לפנות למומחה לקבל הדרכה, יועץ וטיפול.

[569] כ-15% מנשים סובלות ברמה אחת או אחרת מדיכאון לאחר לידה. לרוב, ברמה נמוכה שעובר. קיים מיעוט מאלו שהדיכאון לאחר לידה מתפתח ומחמיר עד כדי השפעה על החיים, ויש להיות ערני לאפשרות זו. מומלץ מאוד להגיש עזרה ברגע שמתחילים להיות שינויים ניכרים כדי להימנע מהתפתחות למצב חמור יותר.

[570] פרק זה מוקדש לדיכאון לאחר לידה, עם זאת הסימפטומים והסימנים הנזכרים בפרק זה מהווים אזהרה בכל מצב של דיכאון ומי שמגלה הסימנים

המתאים בזמן, יכול לגרום ולפתח לסיבוכים נוספים. לכן, כדי להפיץ ההכרה איך לאבחן בין מצב רגיל ומצב חמור הוספנו פרק בסוף הספר כדי לאפשר לאנשים להכיר את הבעיה, ואם יש צורך, להזיק לעזרה בזמן ובדרך זה למנוע הרבה עוגמת נפש בהמשך.

<u>כאשר הסימפטומים נמשכים יותר משבועיים, מחמירים או מתעצמים כדי להשפיע על איכות החיים או ניהול חיים נורמטיביים</u> - אלה עשויים להיות סימנים לדיכאון אחר לידה שצריך התערבות רפואית.

ביצוע הבחנה בין מצב רגיל לבין מצב חריג יותר על ידי בדיקת הסימנים יסייע להורים טריים לפנות להתערבות רפואית מתאימה בהקדם האפשרי לפני שהמצב מחמיר. ככל ויש יותר סימנים והסימנים מתבטאים יותר חזק, או ממשיכים יותר זמן – זה משקף צורך התערבות רפואית יותר חזקה.

<u>שינוי בהתנהגות או באישיות</u> :

כאשר מחפשים סימנים לדיכאון לאחר לידה יש לזהות כל שינוי ניכר ומדאיג באישיות, במצב הרוח ובהתנהגות. אלה עשויים לבוא וללכת, או שהם עשויים להיות כרוניים וארוכי טווח.

<u>סימנים התנהגותיים</u> :

---

הנזכרים בפרק זה גם ללא קשר ללידה צריך לפעול בהתאם ולהתייעץ עם מומחה בהקדם.

אולי כמה מהסימנים הבולטים ביותר של דיכאון לאחר לידה הם השינויים הפתאומיים והדרמטיים בהתנהגות. כשמרגישים כאילו השני הפך לאדם אחר, כשהאישה מתרחקת מבן זוגה, חבריה ובני משפחתה. כשהאמא לא רוצה להיות לבד עם התינוק, לא מעוניין בטיפול או בקשר עם התינוק, לא רוצה להשתתף בפעילויות הרגילות שלה, כגון פעילות גופנית ותחביבים, הצגת התפרצויות כעס או זעם המופנות כלפי אחרים, הימנעות ממשימות ואחריות.

סימנים רגשיים :

בכי מוגזם לפרקי זמן ארוכים ללא סיבה לכאורה. שינויים דרסטיים במצב הרוח שהופכים מרגועים לעצבניים לעתים קרובות, כועס או מתעצבן בקלות. מפגינה חרדה, דאגה ופחד עזים שמונעים ממנה לבצע משימות יומיומיות. הבעת רגשות של בושה, אשמה או חוסר תקוה. תיאור תחושות של עצב ויאוש קיצוניים.

**כשקיים סימפטומים אלו[571], מדובר באותות אזהרה ועל ההורים לפנות לייעוץ וסיוע רפואית מידי[572].**

סימנים נפשיים :

קשיים בלהתמקד או להתרכז, שכוחה והסחת הדעת בקלות. תחושות של חוסר ערך או חוסר התאמה, קשיים (חדשים) בקבלת

---

[571] ככל וקיים היסטוריה של קשיים נפשיים או סימפטומים אלו מופיעים בצורה יותר בולטת וחזקה, יש לפנות להתערבות רפואית במהירות.

[572] סימנים אלו עלולים להיות סימן לסכנה, ולכן כשמופיעים סימפטומים אלו, יש לפנות להתייעצות רפואית בהקדם, עם רופא נשים, משפחה או מומחה לבריאות הנפש כדי להימנע הסתבכות במצב.

החלטות. מחשבה שהיא אשמה בכל אופן שבו היא מרגישה ופועלת.

<u>סימנים פיזיים</u>:

בשל הלחץ הרגשי והנפשי של דיכאון לאחר לידה, נשים יכולות גם לחוות סימפטומים פיזיים[573]. לדוגמה - כאבי ראש או שרירים, כאבי בטן, עייפות כרונית, אובדן אנרגיה, שינוי בתיאבון - בין אם זה לאכול יותר מדי או מעט מדי, בעיות שינה, שינה יתר.

<u>גורמים פוטנציאליים</u>

קשיים בשלום בית, תמיכה חברתית ומשפחתית מוגבלת, היסטוריה של חרדה או דיכאון, התמודדות עם אובדן, ח"ו התמודדות עם אלימות משפחתית, חוסר הקשבה לדעתה, חוסר התייחסות במסגרת הנישואין.

אישה צריכה להיות מודעת לכך שאם המצב לא מרגיש נאות, אז כנראה שאכן קיים בעיה שיש לטפל בה. אישה שחוששת שהמצב בבית אינו כפי שהוא צריך להיות, לא צריכה להסס לפנות לייעוץ מרב שונה מזה שבן זוגה מבקש ממנו ייעוץ בדרך כלל, כדי לאשר אם משהו מתאים.

---

[573] כמובן שאלו דברים שיכולים להתקיים גם במצב רגיל, ולכן יש לכתוב לעקב אחרי הסימפטומים כדי לראות מתי שהם יוצאים מגדרי נורמה ונהיים קיצוניים.

מה לעשות אם אתה רואה סימנים של דיכאון לאחר לידה?

אם שמת לב לכמה מהסימנים הנ"ל של דיכאון לאחר לידה בשנה הראשונה לאחר הלידה, הנה כמה טיפים מה לעשות הלאה.

- שימו לב לסימנים, תרשום תאריכים ושעות ותיאור מדויק.
- שימו לב לדפוסים ולקומפולסיבית.
- להעריך את המודעות שלה להתנהגויות שלה.
- **קבע פגישה עם הרופא -** קיים עדיפות לרופא שמכיר את האישה היטב, או מומחה לדיכאון לאחר לידה, ולא כל רופא. יש להביא את הנכתב לרופא להתרשמות.

דיכאון לאחר הלידה זה דבר מצוי ואין סיבה להתמודד לבד. עם עזרה ניתן לעבור את הקושי ולחזור לחיים שגרתיים ללא בעיות כלל. ביחד עם הבעל והמשפחה של הזוג, ניתן לעבור את התקופה, לקבל הטיפול המתאים, ולהחלים מהמצב הנורא הזה. חשוב לא לזלזל או להעלים עין מהדבר, אלא לחפש התערבות רפואית בזמן, מה שיכול למנוע הרבה בעיות לאחר מכן. הבעיות שלהם מקור בדיכאון לאחר לידה, ניתנים רובם ככולם, להימנע על ידי טיפול קל בזמן.

בעזרת ותמיכת הבעל במעקב אחר סימנים של דיכאון לאחר לידה, ניתן להבטיח את יקירך, שהיא תקבל את הטיפול המתאים שהיא צריכה כדי להחלים מהמצב הנורא הזה.